Ines Geipel

Der Amok-Komplex

oder die Schule des Tötens

Klett-Cotta

Klett-Cotta
www.klett-cotta.de
© 2012 by J.G. Cotta'sche Buchhandlung
Nachfolger GmbH, gegr. 1659, Stuttgart
Alle Rechte vorbehalten
Printed in Germany
Schutzumschlag: Rothfos & Gabler, Hamburg
unter Verwendung eines Fotos von Guns and Bullets
Gesetzt von Kösel, Krugzell
Gedruckt und gebunden von Kösel, Krugzell
ISBN 978-3-608-94627-7

INHALT

Vorwort 7

PROLOG
PORT ARTHUR, 28. APRIL 1996

Das Arsenal in der Clare Street, Nr. 30 13

ERFURT, 26. APRIL 2002

Elster hört!
Polizeinotrufe, Erfurt, am 26. 4. 2002 57

Betreff: Kein schneller Notzugriff 71
Der Fall nach dem Fall 114

EMSDETTEN, 20. NOVEMBER 2006

Ich bin keine Kopie
Aus dem Textnachlass von Sebastian Bosse 167

S. A. A. R. T. 174

WINNENDEN, 11. MÄRZ 2009

Kaba und Rührkuchen
Auszüge aus den Zeugenvernehmungen zum Amoklauf
in Winnenden/Wendlingen vom 11. 3. 2009 223

Spur Nr. 244 236

EPILOG
INSEL UTØYA, 22. 7. 2011

Auf Autopilot 299

Quellenhinweise 335

Danksagung 337

Literaturauswahl 339

VORWORT

Nach dem Todeslauf von Robert Steinhäuser am 26.4.2002 am Erfurter Gutenberg-Gymnasium hieß es von seiten der Politik, die Tat sei »ein Unheil, das vom Himmel gefallen ist«. Die Schockstarre schien so groß, dass es unmöglich war, den Fall umfassend aufzuklären. Nach Erfurt aber kamen Coburg, Emsdetten, Winnenden, Ludwigshafen, Lörrach. Mehr als 100 Menschen wurden in Deutschland allein im vergangenen Jahrzehnt durch hochkalibrige Schusswaffen getötet. Wie viel sind zehn Jahre im Lebenstakt einer Gesellschaft?

Die Welt ist grenzenloser, schneller, atemloser geworden. Dem Amoklauf von Port Arthur folgten Columbine, Minnesota, Pennsylvania, Cleveland, Jokela, Utøya, Lüttich. Amok ist zum globalen Handlungsmodell geworden, die Schule des modernen Tötens zu einem Topsystem der Destruktion. Es giert nach maximaler Resonanz, bei der die dramatische Szene je nach medialem Referenzsystem umgebaut wird. Nach wie vor gehören Schulen als Tatorte dazu, aber mehr und mehr – wie Tucson und Oslo 2011 belegen – auch Senatorenbüros und Regierungsgebäude. Was sind zehn Jahre? Im Epizentrum der Tat ereignet sich unverändert das Absolutum, der Schrecken, nur Sekunden später unendliches Leid bei den Opfern und Angehörigen. Außerhalb des Epizentrums zeigt sich mehr und mehr Achselzucken. Ein Amoklauf? Schon wieder? Bloß gut, dass ich weit weg gewesen bin. Die gesellschaftliche Halbwertszeit der Trauer sinkt mit jedem Fall. Ist das die Lösung?

Das Buch nähert sich dem Amok-Komplex über fünf Fälle. Fünf biographische Vignetten, in denen jeweils ein anderer Fokus gewählt wird: In Port Arthur 1996 rückt das Transgenerationelle in den Blick, in Erfurt 2002 die Politik, in Emsdetten 2006 das Täterprofil, in Winnenden 2009 die Angehörigen und das deutsche Waffenprinzip, in Utøya 2011 die versuchte Virtualisierung und Ideologisierung von seiten des Täters. Parallelen und Muster sind das eine, Konkretes und Überkomplexes dieser menschlichen Katastrophen das andere. Es geht ums Beschreibbare, um Selbst- und Fremdbilder, um seelische Verkrümmungen, Indifferentes, Entglittenes, Psychotisches, Verstörtes. Wo sonst kreuzen sich Wirkliches und Unmögliches so dicht wie im Töten?

Dieser Zugang legitimiert weder Gewalttätigkeit noch Brutalität. Er sagt nur, dass es nichts bringt, Amokläufe zu anonymisierten Menetekeln zu machen. Die Täter sind keine Monster, Dämonen oder Teufels-Killer. Sie haben mit 17 ein Auto, eine Doppeletage im Haus der Eltern oder ein dickes Konto. Amokläufer töten aus unserer Mitte heraus. Sie zu psychiatrisieren hieße, sie aus der Gesellschaft zu exkulpieren. Hilft das weiter? Der kategorische Nichtumgang der Politik mit dem offenkundigen Grauen hat die Ohnmacht nur potenziert. Was sind zehn Jahre? Das Einrichten in Politfloskeln, einer Angstkultur und gesellschaftlicher Abwehr, aber auch jede Menge Mordswut.

Verleugnete Instanzen arbeiten effizient. Seit Columbine beziehen sich die Täter auf ihre dunklen Väter aus dem Internet. Das Gefangensein in der virtuellen Welt ist eine Parallelerfahrung zur Demütigung im Realen geworden. Dabei liegt der Unterschied auf der Hand: Amokschützen lernen schnell, und sie lernen voneinander. Sich im Virtuellen aufzuladen und der problemlose Zugang zu Waffen ermöglichen das Systemische, aber auch Systematische ihrer

Inszenierungen: Anders Breivik und sein Kompendium »2083« oder der parzellierte Amok der Jenaer Todes-Troika, die im November 2011 ganz Deutschland in Bann hielt, sind ein Beleg dafür, dass sich die Täter in ihrem Verwüstungs-Akt nicht mehr entladen. Sie sind in der Lage, ihr Negations-Programm im Inneren zu halten und über den Anschlag hinaus zu verlängern. Wenn alles zum schrankenlosen Spiel erklärt ist, warum nicht auch das Töten? Auf diese Weise sind Amokläufe zu kaltblütigen Entrees für den vermeintlichen Missions-Akt nach der Tat geworden. Ein herber Paradigmenwechsel.

Der Amok-Komplex im Zeitalter der Neuen Medien hat die Gesellschaft zum Komplizen gemacht. Das Buch handelt von seelischen Inseln, Vulkanen, Abrissen, Vakuen und einem unerhörten Schmerz. Ihn wahrzunehmen könnte bedeuten, sich von der Aufforderung zur Destruktion frei zu machen, die jeder neue Amok-Fall offeriert.

Ines Geipel, Januar 2012

PROLOG

PORT ARTHUR, 28. APRIL 1996

DAS ARSENAL IN DER CLARE STREET, NR. 30

SAND-ÖSEN UND EXKULPIERTES. Von Frankfurt nach Hobart, der Hauptstadt von Tasmanien, über Singapur, Sydney, Melbourne. Ein Flug ans andere Ende der Welt. Die Maschine kämpft sich durch dichte Wolkenmassive, ineinander geschoben, übereinander gestapelt, aus sich heraus quellend. Mit einem Mal reißen sie auf. In den Blick über die linke Tragfläche schiebt sich nach und nach die Anwesenheit der Welt: das Meer, jede Menge Spinnaker und Fischerboote, das Gesetz der Vögel, die scharfe Landkante, ab da viel dunkles Grün. Das Flugzeug steuert direkt auf den einzigen hellen Fleck in ihm zu. Es ist Hobart. Der Kapitän schaltet sich aus dem Cockpit ein, plaudert eine Weile übers Inselwetter, teilt mit, dass der Sinkflug begonnen hat, verabschiedet sich. Das Mikrofon knackt, die Fernseher werden abgeschaltet, die Sitze senkrecht gestellt, der Druck auf die Ohren nimmt zu. Als befände man sich in einem Vakuum. Wozu diese weite Reise?

Avis, Sixt, Hertz, Europcar. Die Mehrheit der Passagiere trifft sich nach der Landung an den Schaltern der Autovermietungen wieder. Der Andrang ist groß. Alle haben es eilig. Niemand achtet auf den schwarzen Rucksack, der auf der Bank vor dem Sixt-Stand abgestellt wurde. Binnen Sekunden ist die Halle voll mit Polizei. Jeder hat seinen Ausweis zu zeigen. Die Uniformierten wirken streng. Zwei junge Frauen gehen nach ihrer Kontrolle in Deckung, die Augen ängstlich auf das schwarze Teil fixiert. Jetzt sehen es alle. Es ist, als würde die ganze Halle einen Moment lang den Atem anhalten. Ein Polizist kommt mit einem Bombendetektor. Er hantiert professionell, stellt das Gerät einen reichlichen Meter vor dem Rucksack auf. Vier seiner Kollegen riegeln ab, drängen die Leute zu den beiden Ausgängen. Der Mann am Detektor schaut so konzentriert durchs Visier wie die Umstehenden auf ihn. Erneut das Vakuum-Gefühl. Nach einer Weile klappt er das Gerät ein, nickt die Runde ab. Die Angelegenheit ist beendet. Die Polizisten ziehen ab. Am anderen Ende der Halle ist noch ein helles Lachen zu hören, das die Angst verabschiedet. Die Autoausleihe läuft weiter wie immer. An den Ausgängen hängen zwei gelbliche, meterlange Bänder mit grellroter Schrift: »Welcome to Tasmania!«

Vom Flughafen aus Richtung Süden. Unaufhörlicher Wind und ein Licht, das ständig auf Anfang steht: klar, grell und durchweg in dem seltsam satten Grün, das schon vom Flugzeug aus zu sehen war. Die Fahrt durch eine Landschaft, die man mit dem Kosewort Urvertrauen ansprechen möchte: entschieden, archaisch, zart, zerzaust, wild, und die doch viel von Zivilisation erzählt. Alte Brücken, stämmige Siedlungen im Kolonialstil, abseits liegende Farmen, von denen jede zweite zum Verkauf steht. Die Straße führt entlang der Uferzonen, durch rissige Landengen, an Meeresklippen vorbei und wird zu einem großen Bericht über Schönheit und Grenzen. Nach anderthalb Stunden Fahrt ist man am Eaglehawk Neck, dem »Eingang zur Unterwelt«, wie eine Tourismus-Tafel preisgibt. Dabei ist dieser Zugang ins Dunkle etwas sehr Lichtes, eine Sand-Öse, eine Art Landbrücke, an der schmalsten Stelle nur 30 Meter breit. Ein Durchgang. Von wo nach wo?

ALTE UND NEUE WELTEN. 160 000 Häftlinge hatte man allein zwischen 1788 und 1868, zumeist aus England, Irland,

Schottland und Wales, nach Australien – in die sogenannte »Verbrecherkolonie« der Alten Welt – geschickt. Vor allem die Briten suchten einen Ort, um sich ihrer wie auch immer auf Abwege geratenen Landeskinder zu entledigen und setzten diese zumeist lebenslänglich in der Ferne aus. Doch das notwendige Arrangement im Deportationskosmos Australien zwischen Militär, Siedlern, Gefangenen, Missionaren und ehemaligen Sträflingen führte eher zur gesellschaftlichen Modellwerkstatt denn zum Desaster. Der Gouverneur von Neusüdwales, der Schotte Lachlan Macquarie etwa, machte in seiner Amtszeit zwischen 1810 und 1821 einen in England verurteilten Fälscher zum Staatsarchitekten und einen ursprünglich zum Tode verurteilten Meuterer zu seinem Leibarzt. Der Fälscher Francis Greenway baute die generösen Kolonialbauten in Sydney. Nach dem meuternden Arzt William Redfern wurde gar ein ganzer Stadtteil benannt. Das roch nach »Mensland«-Pragmatismus, handfestem Egalitarismus, starkem Aufbruchswillen und Standesdurchbrüchen, die in dieser Zeit nur in der Neuen Welt denkbar waren.

Das aus der Not geborene Integrationspotential der Neugründer schmiedete zusammen und machte das forcierte Gesellschaftsexperiment am anderen Ende der Welt zu einem glücklichen. Und doch war es genau diese Energie, die zu einer folgenschweren Black Box im Inneren der sich suchenden Nation führte. Ob Rassismus oder kategorischer Ausschluss alles Fremden: Die vom Mutterland Ausgesetzten wiederholten, was ihnen widerfahren war und gingen in ihrer Zweitheimat nicht eben zimperlich vor. Ihre Kultur des Gelingens sollte durchgesetzt werden. Exkulpiertes Leben, die Überfahrt als Trauma, ein ungewisser Alltag, innere Verunsicherung und das Unbedingte des Neustarts gehörten zum unerlösten Schweigevolumen der australischen Überlebensnation. Ein offenbarer Double-Bind, dem zuerst die Aborigines, die Ureinwohner des Kontinents, zum Opfer fielen und der noch heute nicht ohne markante Schatten ist.

Tasmanien selbst wurde innerhalb dieser gesellschaftlichen Tour de force zur Insel der doppelt Ausgesetzten. Neben Häftlingen mit Höchststrafen aus Großbritannien brachte man vor allem diejenigen hierher, die wegen besonderer Renitenz von den Gefängnissen auf dem Festland ausgespuckt oder nach ihrer Entlassung zu Wiederholungstätern wurden. Eine Auswahl, die den südlichsten Süden Australiens zum dreifachen Sinnbild machte: zur »Endstation für die schlimmsten Verbrecher der Kolonie«, zum Brennspiegel für den nüchternen Reformwillen des jungen Kontinents im Hinblick auf das eigene Straf-System und zu einem kollektiven Greuel-Kosmos. Denn die Neusiedler, allen voran entlassene Häftlinge, jagten, quälten und massakrierten die Aborigines mit einer Grausamkeit, dass nur wenige der Ureinwohner die Exzesse überlebten.

Eaglehawk Neck diente in diesem geschlossenen System als strategisch wichtige Schleuse, als Durchgangszone zwischen Insel-Hauptland und südlichstem Hinterland. Wer sich retten wollte, musste da durch. Und retten wollten sich auf der Insel viele. Nicht nur die zum Abschuss freigegebenen Ureinwohner, sondern auch die Häftlinge von Port Arthur, der größten australischen Sträflingskolonie. Sonderlich aussichtsreich waren die Fluchtaussichten nie. Die Landenge wurde strengstens bewacht; mit viel Personal, durch einen meterhohen Zaun und besonders ausgehungerte Hunde, die man allein darauf abrichtete, jeden Flüchtling zu zerfleischen, der sich dem Übergang Richtung Freiheit näherte.

Den letzten Zipfel Tasmaniens – oder auch alles hinter

Eaglehawk Neck – nannten die Inselbewohner lange Zeit »natural prison«. Ein Niemandsland, in das es einen besser nicht verschlug. Es war die »Gegend mit dem Makel« und der »Makel« nichts anderes als Port Arthur, der rasch legendäre Ort, dazu auserkoren, die »Schurken ehrlich zu machen«. 1830 zunächst als Holzfällerlager errichtet, wurde es 1833 zum Straflager. Eines der ersten Gefängnisse nach dem Panoptikum-Modell, jenem Überwachungssystem, das der französische Philosoph Michel Foucault um einiges später als »Maschinenarchitektur«, als moderne Technologie von Macht, Wissen und Raum beschrieb. Anonymität, Medizinisierung, Ordnung, Isolation im Sinne von Totalhierarchie wurden zu neuen Standards der Kontrolle. Port Arthur – eine Verwandlungsinstitution par excellence, mit der Überlegung, physische Strafen zunehmend durch psychische zu ersetzen.

Die panoptische Reform in diesen Jahren war einschneidend – und brutal für den Einzelnen. In Port Arthur verbrachte jeder Neuankömmling die ersten Monate zunächst in Einzelhaft. Dauerschweigen unter Dauerbeobachtung. Nicht wenige Häftlinge waren dem modernen Psychoterror nicht gewachsen. Sie töteten sich oder andere, kamen in die basilikaartige, rote Irrenanstalt oder ins »Simulantenhaus«, das Krankenhaus. Wem es nicht gelang, sich dem ausgeklügelten System der Reform-Stille zu unterwerfen, landete in der Strafzelle: bis zu 30 Tagen totale Dunkelhaft bei Wasser und Brot. Mitten in der Bucht von Port Arthur liegt der Friedhof der Sträflingssiedlung, die Insel der Toten. Häftlinge, die den Drill nicht überlebten, wurden hier in anonymen mehrstöckigen Massengräbern verscharrt, zwischen 1831 und 1877 fast 2000. Die Aufseher und das Militär bekamen am obersten Punkt der Insel Einzelgräber. Ihre hellen Grabsteine stehen als sichtbare Reste einer Schattenwelt.

Man hat unwillkürlich Arnold Böcklins »Toteninsel« vor Augen. Vor der Insel eine Insel, auf der der Tod wohnt.

Der Transport von Häftlingen nach Port Arthur endete 1853. 24 Jahre später wurde die Sträflingssiedlung geschlossen, die mittlerweile 12 000 Häftlinge von innen gesehen hatten. Die letzten von ihnen, etwa 250, wurden auf die Gefängnisse von Hobart verteilt. Es brauchte nicht lange, bis man entdeckte, dass aus dem Ort jenseits aller Orte und dem Schmerz der Häftlinge Kapital zu schlagen war. Zwischen den Ruinen entstand ein kleiner Ort mit dem Namen »Carnarvon«, der sich für das, was man Knast-Tourismus nennt, umfassend verantwortlich fühlte. Ein einträgliches Geschäft. Bei dem es geblieben ist. Seit mehr als 100 Jahren gibt es sie, die Pilgertouren hin zum Leid, in die Weltabgewandtheit Port Arthurs, durch eine Landschaft, die wenigstens ab Eaglehawk Neck ganz auf Erhabenheit aus ist. Was ist Schönheit? Die Straße scheint sich zusammenzuziehen, als liefe sie auf die eine Frage hinaus, als könne sie sich nur darauf konzentrieren.

IM BROAD ARROW CAFÉ. Es ist dieselbe Straße, auf der am 28. 4. 1996 mittags kurz nach 13.00 Uhr ein gelber Volvo mit einem Surfbrett auf dem Dach Port Arthur ansteuert. Das Auto kommt von der Palmers Lookout Road, einer etwas entlegenen Straße zwischen Meer und Busch, nur ein paar Kilometer entfernt. In ihm sitzt ein junger Mann. Blonde, schulterlange Haare, Mitte 20 vielleicht, in grüner Jacke. Ein Sonnyboy-Typ. Auf dem Rücksitz eine große, mehrfarbige »Prince«-Sporttasche. Es ist Sonntag. Port Arthur hat annähernd 700 Besucher an dem Tag. Vergleichsweise wenig. Es ist Herbst, nichts mit Pilgerzeit, keine Saison.

Der Volvo parkt in der Nähe des Besucherzentrums. Ian Kingston, ein Sicherheitsbeamter, entdeckt das gelbe Auto und ermahnt den Fahrer, nicht zu nah am Wasser zu parken. Der Mann in grüner Jacke mault etwas zurück, was nach »Fuck you!« klingt. In jedem Fall ignoriert er die Anweisung, steigt aus und läuft in direkter Linie zum Broad Arrow Café, das unmittelbar am Wasser liegt. Dort holt er sich am Tresen etwas zu essen und setzt sich draußen auf die Veranda in die Sonne. Sporttasche und Videokamera neben ihm auf dem Boden. Nach einer Weile spricht der Blonde eine Frau am Nebentisch an: »Sie müssen hier auf die Tourismus-Wespen aus Europa achten!« Sie schaut ihn ungläubig an. Ein paar Minuten später steht der Mann auf und geht zurück ins Café. Sein Blick fällt auf ein Paar aus Südkorea. Er stellt seine Sporttasche auf den Tisch und öffnet sie.

13.15 Uhr. Knapp 80 Leute sammeln sich in dem Moment für eine anderthalbstündige Führung. Treffpunkt ist die Informationstafel am Haupteingang. Das Gelände ist weitläufig. Es gibt viel zu sehen: die eigentliche Strafanstalt, die von weitem wie eine Schlossruine wirkt, den Wachtturm, das Haus des Kommandanten, das Krankenhaus, die Wäscherei, die Irrenanstalt, das Einzelgefängnis, das Pfarrhaus, die Kirche, die Angestelltenhäuser, die Docks, die Gärten und Parks. Fast alle buchen die Fähre auf die Insel der Toten oder noch ein Stück weiter, zum Point Puer, dem ersten Jungen-Gefängnis der Alten Welt. Die Gruppe wartet noch auf ihren Guide, als plötzlich ein starker Knall zu hören ist. Alle Blicke gehen in Richtung Café. Nach ein paar Sekunden kommt ein Körper durch eins der Frontfenster geflogen. »Wieder mal Filmaufnahmen«, sagt einer aus der Gruppe und wendet sich erneut der Informationstafel zu.

Ian Kingston, der soeben auf dem Parkplatz zu tun hat, hört das laute Geräusch ebenfalls. Vermutlich eine Gasexplosion, denkt er, und stürmt zur Eingangstür des Cafés.

Keine fünf Meter von ihm entfernt sieht er im Innenraum von hinten einen Mann mit einem Gewehr auf Hüfthöhe. Das ist kein Spaß, weiß Ian Kingston sofort. Der Mann mit der Waffe geht von Tisch zu Tisch. Sehr schnell, doch dabei ohne Eile, schießt er auf die Touristen, die vor ihm sitzen. Er stellt sich so nah vor seine Opfer, dass er aus kürzester Entfernung auf sie zielen kann. Ian Kingston hört ihn dabei laut lachen. Dem Sicherheitsbeamten ist klar, dass er unbewaffnet keine Chance hat, den Schützen zu stoppen. Es gelingt ihm, sich in Richtung Informationszentrum zurückzuziehen, um Alarm auszulösen und die Besucher zu warnen.

Im Café ist Panik ausgebrochen. Einige haben sich in den Toiletten versteckt, einige in der Küche, einige sitzen unter den Tischen, einige rennen den Flur Richtung Souvenirladen entlang, einige sind schreiend nach draußen gelaufen und suchen Schutz hinter den großen Bäumen im Park. Der Mann mit der Waffe weiß das Chaos zu nutzen. Sein Lachen wird zum Schreien. In weniger als zwei Minuten gibt er im Broad Arrow Café 29 Schüsse ab. Manche Kugeln treffen mehrfach. Er tötet 20 Menschen und verletzt 12 weitere. Als das Magazin leer ist, verlässt der Schütze den Ort des Geschehens, wechselt binnen Sekunden das Magazin und tritt auf die Terrasse, ins Freie.

Ian Kingston ist es mittlerweile gelungen, Polizei und Besucher zu alarmieren. Doch trotz Warnung glauben viele noch immer an ein Re-enactment, laufen zum Café und dem Mann mit der Waffe direkt vors Visier. Dem geht es ums Ballern, ums Weitermachen, darum, möglichst viele »Wespen« zu töten. Das hat keine Methode. Er verlässt das Café, läuft los, streunt, schießt auf alles, was sich bewegt, entscheidet sich dabei für den Busparkplatz, schießt wahllos in die Busse hinein und tötet vier Menschen. Erneut an seinem Volvo, wechselt er zum zweiten Mal das Magazin. Aus dem Augenwinkel heraus sieht er, dass jede Menge Touristen den Hügel hochrennen, um sich in den Ruinen des Gefängnisses zu verstecken. Er will eine Geisel haben, was mit dem Auto am einfachsten zu machen ist. Noch im Anfahren entdeckt er etwa 100 Meter entfernt eine Frau mit zwei kleinen Mädchen. Er hält auf sie zu, stoppt und steigt aus.

Nanette Mikac, eigentlich Geistertour-Führerin in Port Arthur, ist an dem Tag mit ihren beiden Töchtern, der sechsjährigen Alannah und der dreijährigen Madeline, zum Picknicken auf die weitläufigen Wiesen der Anlage gekommen. Sie mag diese Art Sonntage mit den Mädchen, wenn ihr Mann mit ein paar Freunden den Tag im »Tasman Golf Club« verbringt. Walter Mikac ist der örtliche Apotheker. Die vier leben im größeren Nubeena, mit dem Auto kaum 20 Minuten von Port Arthur entfernt. Die Familie ist erst vor zwei Jahren von Melbourne nach Tasmanien gezogen. Bis dahin gab es keine Apotheke in der Gegend, ein Manko für die Bevölkerung im Südteil der Insel, die ohnedies unter medizinischer Unterversorgung leidet.

Der Mann mit dem Gewehr, noch an seinem Volvo, schreit Nanette Mikac aus einiger Entfernung hinterher, befiehlt ihr, stehen zu bleiben und ballert einige Male in ihre Richtung. Sie hastet zum Wasser, die beiden Mädchen panisch vor sich hertreibend. Die Jüngere schreit. Der Schütze erreicht die drei, drückt die Schulter der Mutter auf den Boden und befiehlt ihr, sich vor ihm hinzuknien. Nanette Mikac fleht nicht um sich, sondern um das Leben ihrer Kinder. Der Mann zögert keinen Moment, erschießt die Mutter und die dreijährige Madeline aus nächster Nähe. Alannah gelingt es, sich in dem Chaos loszureißen und hinter einem der großen Bäume zu verstecken. Der Täter hat sie in dem Gemenge offensichtlich übersehen. Zwei Touristen beobachten das Drama aus der Ferne und rufen das Mädchen, in der Hoffnung, wenigstens Alannah noch retten zu können. Sie rennt los. Der Schütze entdeckt sie zwischen den Bäumen und schießt. Er verfehlt die Sechsjährige. Nach einer kurzen Jagd erreicht er sie, hält ihr das Gewehr in den Nacken und tötet das Mädchen.

Der Mann verlässt den Tatort nahe am Wasser und fährt Richtung Straße oberhalb des Gefängnisgeländes. Auf diesem Teil des Parkplatzes steht ein goldener BMW mit vier Insassen. Er stoppt seinen Volvo, steigt aus, geht mit vorgehaltener Waffe auf den Wagen zu und ruft: »Ihr seid meine Geiseln!« Der Fahrer des BMW, um die 60, steigt ebenfalls aus und erklärt, dass das nicht möglich sei, denn er habe ein schwaches Herz. »Da hast du was für dein Herz«, sagt der Schütze, drückt ohne Vorwarnung ab und schießt dem Älteren direkt in die Brust. Der stirbt sofort. Der Schütze sieht den Körper vor sich fallen, läuft um den BMW herum und erschießt auch die anderen drei.

Und noch immer hat der Mann keine Geisel. Aus dem Kofferraum seines Volvos holt er sich einen Kanister Benzin, schiebt die Leichen kurzerhand aus dem BMW, steigt ein und fährt los. An der Tankstelle Stewart Bay, zweieinhalb Kilometer von Port Arthur entfernt, sieht er eine Frau und einen Mann in einem weißen Auto. Beide machen grad Pause. Der BMW-Fahrer fährt vor und kommt sofort zur Sache. »Ich nehme Sie als Geisel!«, droht er und fuchtelt vor ihren Augen mit dem Gewehr herum. »Nein, nicht meine Frau, bitte nicht«, wehrt der Mann ab. »Gut, dann eben Sie«, antwortet der BMW-Fahrer, legt ihm Handfesseln an und drängt ihn zum Kofferraum. Während er die Motorhaube des Wagens schließt, fällt sein Blick Richtung Tankstellen-Shop. Der Laden ist voll. Es gibt also keine Zeit zu verlieren. Er erschießt die Frau und prescht mit der Geisel im Kofferraum davon. Die Tour geht zum Gästehaus »Seascape«, unweit von Oakwood, mitten im Busch. Es gehört dem Ehepaar Sally und David Martin. In diesem Haus ist der Mann, der zu dem Zeitpunkt mehr als 30 Menschen erschossen hat, an dem Tag schon einmal gewesen.

WO IST DAVID? Noch einmal der 28.4.1996, früh am Morgen, in Hobart New Town. Der Wecker in dem weitläufigen, hellen Haus in der Clare Street Nummer 30 klingelt schon kurz vor 6.00 Uhr. Für das junge Paar oben im ersten Stock eine eher unübliche Zeit. Die Freundin, müde und überrascht, sieht den Mann im Bett neben sich irritiert an. Er habe ein paar Dinge zu erledigen, meint der knapp. »So früh?«, fragt sie. Bald darauf verlässt die Frau das Haus, um sich auf den Weg zu ihren Eltern zu machen. »Bis morgen!«, verabschiedet sich der Freund. »Ja, bis morgen!«, ruft sie ihm von der Straße aus zu. Um 9.47 Uhr – stellt später die Alarmanlage fest – und nach etlichen Schluck Sambuca zieht der Mann die Haustür hinter sich zu und begibt sich zu seinem gelben Volvo. Im Kofferraum: zwei Paar Handfesseln, ein langes Seil, ein Jagdmesser und verschiedene Kanister Benzin. In der bunten Sporttasche drei halbautomatische Waffen und ein ganzes Arsenal an Munition. Die Waffen: eine halbautomatische AR-15 des Kalibers .223, eine halbautomatische Military SLR des Kalibers .308 und eine halbautomatische Daewoo, 12-Gauge. Der blonde Mann fährt in seinem Volvo – eine Fahrerlaubnis hat er nicht – auf den Brooker Highway, um die Stadt über die Tasman Bridge zu verlassen.

Um 10.30 Uhr macht er zum ersten Mal Station, am Zeitungskiosk am Midway Point. Dort kauft er für 1,50 Dollar ein Feuerzeug. Er ist Nichtraucher. Zehn Minuten später hält er erneut, in Sorell, einer Kleinstadt auf dem Weg Richtung Süden. In einem Supermarkt holt er sich für 1,40 Dollar eine Flasche Tomatenketchup. In Forcett, zehn Kilometer weiter, stoppt er wieder, um an der Shell-Tankstelle einen Kaffee zu trinken. Zur vierten Unterbrechung wird die Bäckerei Taranna Convict, nochmal reichlich zehn Kilometer weiter gen Süden. Dem Bäckerei-Besitzer erzählt der Mann, dass er mit zwei anderen Jungs in die Norfolk Bay wolle, zum Surfen. Trotz gut sichtbaren Surfbrettes auf dem Dach des Autos hat der vermeintliche Sonntagsausflügler noch nie in seinem Leben gesurft und wird das auch an diesem Tag nicht tun. Der Volvo hält noch dreimal, an drei verschiedenen Tankstellen. Der Mann mit den langen, blonden Haaren tankt nur an der letzten.

Die zahllosen Stopps verkürzen den Vormittag. Gegen 11.00 Uhr verlässt der Volvo-Fahrer Taranna, einen Ort, den er gut kennt, da er mit seiner Schwester dort früher oft reiten gewesen war. Minuten später steuert das Auto die Farm der Martins an. Sally Martin, die Farmerin, sieht den Mann in der grünen Jacke schon von weitem. Sie kennt ihn seit seiner Kindheit. Sowieso kennt man sich hier. Jede Hochzeit, jedes neugeborene Kind, jeden Schmerz. In dieser Gegend sind alle Nachbarn, auch wenn eine Farm 20, 30 Kilometer von der nächsten entfernt liegt. Sally Martin ist nicht begeistert, als das gelbe Auto den schmalen Weg Richtung Seascape einschlägt. Das ist doch der Typ, der vor Jahren um jeden Preis ihr Anwesen kaufen wollte. Der Streit war heftig. Sie hat ihn nicht vergessen. Aber warum sollten sie verkaufen? Das Gästehaus läuft gut. Und außerdem die Landschaft, das nahe Meer. All das ist ihr Zuhause.

Die Martins hören ein Klopfen am Hintereingang. Sally geht zur Tür. Er brauche ein Doppelzimmer, sagt der einst Abgewiesene, für sich und seine Freundin. Es gehe nur um eine Nacht. Woanders sei nichts mehr zu bekommen, drängt er. Sally Martin nickt und bringt den Blonden mit der Sporttasche nach oben, in den ersten Stock. »Wo ist David?«, fragt der und wirft seine bunte Sporttasche aufs Bett. In der Küche, sagt sie. Er habe Geburtstag heute, seinen 72. Ein paar Minuten später steht der Gast unten in der Küche, mit einer halbautomatischen AR-15 des Kalibers .223 in der Hand. »Das ist ein Raubüberfall!«, schreit er. »Die Juwelen! Ich will die Juwelen!« Er gestikuliert mit der Waffe herum und befiehlt dem Paar, sich im Schlafzimmer aufs Bett zu legen, mit dem Gesicht nach unten. Er greift nach einem Kissen, drückt es David Martin auf den Kopf und schießt. Seine Frau schiebt sich auf den Schuss hin reflexartig zur Seite. Der Mann drückt ab, schießt an ihr vorbei. Er dreht ihren Körper und trifft Sally Martin aus nächster Nähe in die Brust. David und Sally Martin sind beide sofort tot.

Der Mann duscht und verlässt Seascape. Er fährt zur Carnarvon Bay, keine zehn Minuten entfernt. Es ist der Ort seiner Kindheit. Jedes Wochenende, jeden Feiertag, jede Ferien hat er hier verbracht. Jede Sandwelle, jede Grasnarbe, jedes Boot kennt er. Auf dem Weg zum Strand trifft er einen ehemaligen Nachbarn. Es ist mittags, genau 13.00 Uhr. »Wie geht's?« – »Und selber?« – »Och, bestens. Ich rauche und trinke nicht mehr«, sagt der Volvo-Fahrer. Er sei hier, um mit ein paar Freunden surfen zu gehen. Nebenbei wolle er sich ein bisschen umschauen, wegen einem Stück Land. »Willst du kaufen?« – »Ja, die Farm der Martins. Aber die geben ja nichts her.« – »Nein, da ist nichts zu machen«, weiß der Nachbar. »Und sonst?« – »Ach, einfach mal nach dem Rechten schauen. War lange nicht da«, sagt der Mann in der grünen Jacke. Die beiden verabschieden sich. Der Jüngere steht noch einen Moment lang am Wasser, geht dann zum Auto und fährt nach Port Arthur, zum Broad Arrow Café.

DEPOTS UND PANIK. Gegen 15.00 Uhr ist der junge Mann zum zweiten Mal an diesem Tag auf dem schmalen Weg zum Grundstück der Martins. Er stoppt den BMW, öffnet den Kofferraum, lässt die Geisel raus, setzt das Auto in Brand, treibt seinen Gefangenen in Handschellen ins Haus und verbarrikadiert das Gebäude. Das sieht nach Rückzugsmanöver aus, wird aber stattdessen der erhoffte, zähe Kampf mit der Polizei. Erst um 22.00 Uhr abends steuert ein Spezialeinsatzkommando das Seascape-Gelände an. Seit Stunden schon hatte der verschanzte Mann damit gerechnet. Zeit genug, um das Haus zu durchsuchen, neue Waffen zu finden, sich etwas zu essen zu machen. Der Show-down kann beginnen. Gegen 1.00 Uhr nachts landen zwei weitere Spezialteams zu je zehn Männern in der Nähe des Anwesens, direkt aus Melbourne herbeordert. Der Schütze hört, dass draußen etwas geschieht, rennt daraufhin von Zimmer zu Zimmer, macht Lichter an und aus, wechselt die Stockwerke, hastet von Waffe zu Waffe, schießt aus allen möglichen Positionen. Der pure Aktionismus, vielleicht Panik, den er aber die Nacht über durchhält. Stunden, in denen er mehr als 250 Schüsse abfeuert, einzig und allein, um die Polizei zu verunsichern und sie auf diese Weise in Schach zu halten. Die Taktik geht auf, da die Einsatzleitung zu dem Zeitpunkt von zwei oder mehreren Tätern ausgeht. Was könnte sie tun? Das Haus stürmen und damit die Martins und die Geisel in Gefahr bringen?

Morgens um halb acht ist aus dem Haus erneut eine ganze Serie von Schüssen zu hören. Keine zehn Minuten später schlagen hohe Flammen aus einem Fenster im Obergeschoss. Möbel landen im Garten. Jemand schreit. Jemand schießt. Die Situation ist vollkommen unübersichtlich. Die Männer vom SEK wollen das Gelände fluten, endlich ihren Job machen. Sie haben lange genug gewartet. Doch es gibt

keinen Einsatzbefehl. Es ist kurz vor halb neun. Die Rauch-
wolke um das Haus wird mit jeder Minute bedrohlicher.
Irgendwo explodiert etwas. Munition? Plötzlich kommt ein
Mann aus dem Haus gerannt. Eine Finte? Ist es der Schütze,
David Martin, die Geisel? Hat er eine Waffe? Er ist nackt und
brennt. Das SEK ist verunsichert. Der Mann wirft sich auf
den Boden, kämpft mit dem Feuer. Endlich rasen drei Fahrzeuge auf ihn zu. Vier Polizisten legen ihm Handschellen an
und fesseln ihm die Beine. Das Haus steht in Flammen und
macht die Suche nach Geiseln aussichtslos. Später findet
man in den Ruinen des ausgebrannten Hauses drei Menschen. Erschossen.

Der Mann mit den schweren Brandwunden wird am
späten Vormittag des 29. 4. 1996 ins Royal Hobart Hospital
eingeliefert. Im Handschuhfach des gelben Volvo, abgestellt
auf dem oberen Parkplatz von Port Arthur, hatte die
Polizei einen Pass gefunden, der auf einen in Hobart
geborenen Mann ausgestellt war. Ist er der Gesuchte? Ein
Ermittlerteam fährt zu der im Ausweis eingetragenen
Adresse – einem hellen Haus in der Clare Street – und
durchsucht es. Die Männer finden ein in alle Winkel des
Hauses verstreutes, wüstes Arsenal von Munition und
Waffen vor:

- eine Kiste mit 649 Patronen des Kalibers .308,
- eine Kiste mit 658 Patronen des Kalibers .308,
- eine Box mit 12-Gauge-Patronen,
- eine Kiste mit 16 Patronen des Kalibers .223,
- eine Kiste mit 20 Patronen des Kalibers .308,
- im Flur ein automatisches Gewehr der Seriennummer
  SAR020236, australisches Modell, ohne Magazin,
- eine Patronenhülse des .308-Kalibers in einer Kiste über
  dem Herd,

- eine Kiste mit 20 Patronen des Kalibers .308 in einer Papiertüte in einem Klavier,
- einen Munitionsgürtel mit 30 Patronen des Kalibers .223 in einer Papiertüte im Schlafzimmer,
- eine Zielfernrohrvorrichtung, ebenfalls in einer Papiertüte im Klavier,
- 44 Patronen des Kalibers .223 und 11 Patronen des Kalibers .308 in einer Tüte in einem zweiten Klavier,
- ein leeres Groß-Magazin, ebenfalls im zweiten Klavier,
- eine Kiste mit 9 Patronen des Kalibers .223 und eine leere Munitionskiste in einer Papiertüte im Wohnzimmer,
- 48 Patronen des Kalibers .308 in einer Teedose im Wohnzimmer,
- eine Plastiktüte mit 41 Patronen des Kalibers .223 im Schlafzimmer,
- drei Patronen des Kalibers .223 und eine Patrone des Kalibers .308 in einer Papiertüte im zweiten Klavier,
- drei Kisten mit je 55 Patronen des Kalibers .223 in einer Papiertüte im Schlafzimmer,
- eine Kiste mit 20 Patronen des Kalibers .308, ebenfalls im zweiten Klavier,
- ein Munitionsgürtel und 22 Patronen des Kalibers .308 in einer Papiertüte im zweiten Klavier,
- drei Kisten mit je 48 Patronen des Kalibers .223 sowie drei Kisten mit je 44 Patronen des Kalibers .308 in Papiertüten im Wohnzimmer.

Die ganze Mordswut auf zahllose Depots im Haus verteilt, wie verbuddelt, als solle sie versteckt bleiben, für immer. Daneben das schier endlose Kontinuum an Details zum Tatgeschehen, das nur eine Richtung kennt, den Schrecken: 35 Tote und 47 Verletzte an einem einzigen Tag. Man liest all das zusammen, listet hintereinander auf, sucht sich nach

Chaos und Katastrophe eine Ordnung zurück. Doch wozu? Wird dadurch etwas klarer? Lässt sich mehr sagen als das Konkrete, die aufgerissene, wunde, monströse Oberfläche? Die Fakten benennen, sich am Grauen nicht vorbeischummeln und die mediale Dauerdröhnung von Gewalt dennoch nicht bedienen – wie soll das gehen? Welcher Text also? Wie? Wie viel, wovon, wie lange? Welche Namen nennen, welche nicht? Leid, Erstarrung, Intimität, Vakuum. Wie all dem einen Platz einräumen und trotzdem nicht zum Fühlkino werden? Noch einmal den Spuren folgen, um jede einzelne Tat aus dem konkreten Umfeld zu berichten? Noch einmal die genealogischen und gesellschaftlichen Knoten suchen, um mehr als das Einzelne in den Blick zu bekommen und dabei nicht im Monokausalen zu landen? Jeder Amoklauf zielt auf Eindeutigkeit. Er beginnt und führt zu brutaler Konsequenz. Um ihn das Vakuum, die Abrisse, Verständnislöcher, das Fassungslose. Also wie? Statt nach Folien, Profilen, Flächen nach Räumen, nach historischen Landschaften suchen? Und dann?

HISTORISCHE ECHORÄUME. Die Durchsuchung des Hauses in der Clare Street ist noch am selben Tag, am 28. 4. 1996, abgeschlossen. Was zutage tritt, lässt keinen Zweifel zu: Der Fahrer des gelben Volvo, der Mann mit den Brandwunden im Royal Hobart Krankenhaus und der Bewohner des hellen Hauses in der Clare Street sind ein und derselbe. Der Gesuchte heißt Martin Bryant und ist am 7. 5. 1967 in Hobart geboren. Die Medien bringen ein Familienfoto: die Mutter im bunten Blümchenkleid und typischer Bouffant-Frisur der sechziger Jahre, der Vater leger, irgendwie sehr feminin und in Karo-Wollweste, dazwischen der blonde Sohn. Die Eltern lachen das Gründerlachen des langen Nachkriegs, von dem man nie recht weiß, was es bedeutet. Was es be-

deuten soll, ist in jedem Fall klar: Hier wollten zwei angekommen sein in einem sicheren und übersichtlichen Leben,
in dem die Liebe neu ist, das Reihenhaus, die Möbel, das
Auto. Zu all dem der Erstgeborene, schon bald auf einem
grünen Dreirad sitzend, das Strahlen der Eltern bei weitem
noch übertreffend. Das Auffälligste an den Fotos der jungen
Bryant-Familie sind dennoch die Hintergründe: die he-
runtergelassenen Jalousien, die zugezogenen Vorhänge, die
verschlossenen Fensterläden. Als säße das junge Glück unentwegt im Fotostudio, als sei es gedimmt und luftdicht verpackt besser zu schützen, als fiele es schier auseinander,
würde man es dem Tageslicht aussetzen. Dass es einigen
Grund gab, mit den Verhältnissen der Welt und der Zeit sorgsam umzugehen, verrät ein Blick ins Genealogische der
Cordwells und Bryants. Eine Skizze, nicht, um einen Genius
loci des Verbrechens auszumachen oder das Morden im
Nachhinein zu legitimieren, sondern der Versuch, die
Verbindung zwischen unerlöster Familiengenese und Destruktion ein Stück weit zu erhellen und damit nach den
historischen Echoräumen einer solchen Katastrophe zu
fragen.

Die Mutter Carleen Bryant, 1938 in North Motton, im
nördlichen Hinterland Tasmaniens, als Carleen Cordwell
geboren, äußerte in einem Interview nach dem Massaker
ihres Sohnes, dass sie von Geburt an mit einem schweren
Herzfehler zu kämpfen hatte. Tatsächlich fehlte ihr rein
physisch ein Stück Herz. Ein nicht eben marginaler Defekt,
der zwangsläufig reale wie projektive Folgen hatte. Wie jede
Familiengeschichte ist die der Cordwells mehrbödig ver-
knotet und lässt sich bis in die fünfte Generation zurücker-
zählen: Richard Cordwell, den Ururgroßvater von Martin
Bryant, hatte man in England wegen eines absurden De-
likts zum Tode verurteilt und am 26.4.1825 mit der »Me-

dina«, einem Sträflingsschiff, in die Neue Welt verschickt. Ganze 141 Tage war er unterwegs. In Hobart angekommen, gab man ihn postwendend zur Strafarbeit an einen Landbesitzer weiter.

Zehn Jahre später landete auch Eliza Fitzgerald auf dieser Farm. In England war sie wegen Alkoholbesitzes mit dem Satz »Guilty. Transported for life« verurteilt und zusammen mit 165 anderen Häftlingsfrauen in die Fremde verschickt worden. Mit Richard Cordwell und Eliza Fitzgerald begegneten sich zwei Verstoßene, zwei Gefangene, zwei absurd Verurteilte, zwei unverstandene Notgemeinschaftler. Sie wurden rasch ein Paar und heirateten. Mit welchen Hoffnungen, Lebensmodellen, Werten? Wer sich dazu bereit erklärte, nie mehr nach Europa zurückzukehren, durfte nach einigen Jahren Strafarbeit seine Begnadigung beantragen. Die Cordwells unterschrieben das dafür Notwendige und waren von da an frei – zumindest auf dem staatlichen Papier. Im Leben und in der Ehe blieben die Verhältnisse rauh, erwies es sich für die kleine Überlebenscrew bar aller Netze und Modelle als ungemein schwierig, im neuen Leben Fuß zu fassen. Viel Maloche, unsichere Jobs, nie Geld, zahllose Ortswechsel, unbehaust in der eigenen Biographie, wenig Sprache, jede Menge Lebensstrudel. Eliza Cordwell wurde regelmäßig wegen Alkoholdelikten von der Polizei aufgegriffen. Ihr Mann zog dann los, um sie wieder frei zu bekommen. Es gelang ihm, bis auch er sich in Gewalt und im Alkohol aufzulösen begann.

Ein Muster, das auch für die Folgegenerationen der Cordwells hartnäckige Prägekraft behielt. Noch der Großvater von Martin Bryant, der Eisenbahner Arthur Cordwell, Jahrgang 1884, delirierte sich in die eigene Alkoholwelt hinein, bis sie zur Psychose wurde. Auch seine europäische Zeit im Ersten Weltkrieg war nicht geeignet, diese Not zu lindern, im Gegenteil. Zwar kam er im März 1919 physisch fast unversehrt nach Tasmanien zurück, doch die neuen Schrecken des Krieges hatten ihn merklich gezeichnet. In seinen Schlachtbeschreibungen, die heute im Nationalarchiv in Canberra liegen, berichtet Arthur Cordwell nicht nur darüber, wo er war und was er sah, sondern auch von der enormen Verlustbilanz seiner Einheit an der Westfront.

Zum Zeitpunkt der Rückkehr des schwer demolierten Vaters war die Tochter Carleen, ältestes von vier Kindern, zwei Jahre alt. Die Familie zog von Hobart nach Montrose, von Montrose ins Derwent Valley, vom Derwent Valley nach Bridgewater und wieder nach Hobart zurück, mit der hartnäckig aufrechterhaltenen Hoffnung, der Vater würde irgendwann einmal ins Leben zurückkehren. Doch die Familie erlebte den Kriegsvater nur noch in Sonderzuständen: trinkend, schlagend und mit einem ganze Register an Grausamkeiten. Eine Zerstör-Struktur, die es in sich und über 20 Jahre Bestand hatte. Erst dann war die Hoffnung auf das einmal zurückkehrende Familienoberhaupt verbrannt. Freda Cordwell, die Mutter, schmiss ihn raus.

Das geschah Mitte der fünfziger Jahre. Carleen, die Älteste, war schon fast zwanzig. Der Teenager hatte das Pflichtprogramm in der Schule grad mal so geschafft. Bis über die Adoleszenz hinaus hielt Carleen vor lauter Angst tief die Luft an und schmiegte sich mit jeder Faser an die Mutter. Filtrierte Jahre, bestimmt vom Defekt am eigenen Herzen und dem defekten Vater. 1965 traf sie Maurice Bryant, den es als Nachkriegsemigrant 1951 im Zuge der großen Auswanderungswelle nach Übersee verschlagen hatte. Die Geheimnisse der Anfänge, der Gefühle, der Liebe. Eine schüchterne, zu blass wirkende, nervöse Frau und ein seltsam mild wirkender Mittdreißiger. Beide wortkarg, beide innerlich ausgehungert, beide mit einer gravierenden Lebenshypothek. Denn Maurice Bryant, 1929 in Dunston unweit von Newcastle-upon-Tyne geboren, kam ebenfalls aus einer schwer gebrochenen Kindheit. Als er sieben war, starb die Mutter an Tuberkulose. Der Vater gab ihn weg, in eine Farmerfamilie. Da es für Maurice im Nachkriegsengland kaum eine Chance auf Bildung gab, meldete er sich zur Armee. Die schickte ihn für ein Jahr nach Deutschland. Zurück in England, jobbte er als Holzarbeiter in Dunston, ehe er die zehn Pfund zahlte, die es brauchte, um sich nach Australien einzuschiffen. Passagier 11 821 mit Ticket nach Sydney, oder auch Passagier 11 821 und der Traum vom eigenen Leben. Dabei musste Maurice Bryant nicht mal bis Sydney. Melbourne war offensichtlich schon Verheißung genug. Er stieg aus, heuerte dort auf den Docks an, um ein paar Monate später nach Tasmanien überzusetzen.

INSELBEGABUNGEN. Als sich Carleen Cordwell und Maurice Bryant im Frühjahr 1965 begegneten, hatte er einen Job auf den Docks in Hobart, und sie arbeitete in einer Schokoladenfabrik. Ein halbes Jahr später heirateten sie. Die Fotos des 4. 9. 1965 haben etwas von einer betont stämmigen Gründerenergie. Das sollte nach etwas aussehen und trotzdem nicht zu dick aufgetragen sein. Das Brautpaar: sie ganz in Weiß, mit großem Schleier und kleinen weißen Enzian-Blüten im hochgesteckten Haar. Er trägt die Blüte am Revers seines schwarzen Smokings. Beide lachen, jeder in eine andere Richtung. Die Rollos im Hintergrund? Sie waren für den Tag immerhin auf halbes Licht gestellt.

Und nach der Hochzeit? Die Bryants arbeiteten viel und hart. Es ging ums Vorankommen, ums Ansparen, sich Situieren. Ansonsten las er alle Kriegsbücher, die auf dem Markt erschienen. Sie putzte die Wohnung, bis sie aussah, als ob niemand darin wohnte. Ab der Geburt des Sohnes Martin im Mai 1967 dürfte es jedoch mit dem enervierenden Weg-bosseln der eigenen Lebensspuren für die Mutter schwieriger geworden sein. Das Kind war hyperaktiv, unruhig bis aggressiv. Ein Junge mit andauernder oder auch inständiger Kontaktsuche, der regelmäßig über den Balkon verschwand und den die Mutter deshalb mit Hilfe einer Leine an sich band, wie sie in einer späteren Vernehmung sagt. Auf einem Foto hockt der vielleicht anderthalbjährige Martin Bryant im Bett auf dem Rücken des Vaters. Er pocht, hört, hofft. Der Vater schläft. Ein Bild, das im Nachhinein auf symbolischen Mehrwert aus ist.

1972 – der Sohn war fünf Jahre alt – entschieden die Eltern, den agilen Schützling in die lokale Vorschule zu geben und buchten für ihn zusätzlich eine Sprachtherapie am Royal Hobart Hospital. Etwas war da, das man sich besser mal anschaute. Nicht, dass der Junge stotterte, nein, ein Stottern war das nicht, aber irgendwas verhakte sich, verknäuelte sich, kam jedenfalls nicht aus ihm heraus. Eine Art Übersetzungsproblem? Eine Form spezieller Informationsverarbeitung? Der Vater sprach lächelnd von einem Tick. Der Therapeut sprach vom Aspergersyndrom, einer Form frühkindlichen Autismus. Und sonst? Könne man davon ausgehen, dass sich die aktuellen Defizite im Laufe der Entwicklung des Jungen spürbar abschwächen, ja im wahrsten Sinne des Wortes auswachsen würden. Neuere Forschungen hatten ergeben, dass solche Kinder oft ganz einzigartige Stärken in der Wahrnehmung oder gar Introspektion besäßen. Sogenannte Inselbegabungen. Es gehe darum, diese zu stärken.

Inselbegabungen, einzigartige Stärken: Gründe, warum die Bryants den Sohn ein Jahr später an die hochrenommierte Friends' School, die einzige Quäker-Schule der südlichen Hemisphäre, gaben. 1887 gegründet, mit charakteristischem Ausbildungsprofil und besten Startchancen für alle Absolventen, war die Eliteschule genau das, was sich die Eltern für den Einzigen vorstellen konnten. Doch schon nach einem Jahr kam das Aus. Die Anforderungen der Schule und das seltsame Verhalten des neuen Zöglings mitsamt seinem deliranten Sprechen vertrügen sich nicht, befand die Schulleitung. Der Sechsjährige musste die Friends' School verlassen, ging ab da auf die New Town Primary School und zusätzlich zum Kinderpsychologen. Denn seine Mitschüler wandten sich immer stärker ab, Nachbarskinder hänselten ihn. Merkwürdig, ungeschickt, oft wütend, ja blöd sei er, hieß es. »Er lernte langsam, hatte es schwer mit dem Lesen, Schreiben und Sprechen«, sagt ein ehemaliger Lehrer. »Das einzige, wofür er sich begeistern konnte, war das Fach Kunst.« Ein anderer Lehrer erinnert sich, dass Martin Bryant die isolierteste und einsamste Person war, die ihm je begegnet sei. »Sozial vollkommen unfähig. Er litt enorm darunter, dass niemand ihn zum Freund haben wollte.«

Eine zeitgenössische Kaspar-Hauser-Figur. Wild, unverstanden, hilflos, abgewiesen. Ein Kind, das alles unternahm, um sein Gegenüber zu erreichen und mit jedem Versuch erlebte, dass der andere Reißaus vor ihm nahm. Das verstörte, machte aggressiv und bekam eine gewisse Dynamik. Denn so wie Martin Bryant verletzt war, verletzte er – sich und andere. In einem Fall so stark, dass er ins Krankenhaus eingeliefert werden musste: Ein paar Jungs und er hatten sich Knallkörper besorgt. Als einer nicht losgehen wollte, fing Martin Bryant an, an ihm herumzubasteln, bis das Ding explodierte. Er erlitt schwere Brandverletzungen. Der Krankenwagen kam. Der lokale Fernsehsender interessierte sich für den Fall. Ein Reporter fragte den Jungen am Krankenbett: »Na, machst du das noch mal?« – »Ja.« – »Du hast also nichts aus der Lektion gelernt?« – »Doch, klar. Ich spiele weiter damit.«

Martin Bryant: Ein Heranwachsender mit handfesten Schwierigkeiten, ein Junge ohne eigene Mittel, und so Schuljahr für Schuljahr igeliger, unruhiger, widersetzlicher, verstörter werdend, mit einem tief versteckten Zorn, der völlig ohne Sprache blieb. Dabei war es beileibe nicht so, dass Carleen und Maurice Bryant die Probleme ihres Kindes nicht kundgetan hätten: Sprachtherapeuten, Schulpsychologen, Kinderpsychologen, Schulamt-Assessoren mitsamt Gutachten – alle kamen sie zum Einsatz. Aber offenbar wusste niemand die narzisstische Dynamik des Jungen aufzufangen. Was bleibt, wenn der gesellschaftlich-politische Resonanzraum von Schule und Therapie nicht zur echten Hilfe wird? Nicht viel. Die Bryants bekamen ihren ungestümen Jungen von der Gesellschaft zurück. Was nichts anderes hieß, als dass man einer schwer traumatisierten, aufgrund ihres Herzfehlers wenig belastbaren Mutter und einem elternlos aufgewachsenen Vater die Handicaps ihres Kindes unaufgelöst überließ. Als 1973 Lindy, Martin Bryants Schwester, geboren wurde, kam für den Sohn ein weiteres Problem dazu.

Im Oktober 1975 kauften die Bryants ein kleines Haus in der Carnarvon Bay, unweit von Port Arthur. Meer, Wind, Strand, viel Landschaft. Die Idee war, dass der Sohn durch die Stille des Ortes und weit weg von der ungeliebten Schule besser zu sich und damit leichter seine Spur finden könne. Die vier Bryants fuhren von da ab jedes Wochenende von Hobart aus in den Süden. Das Familienprogramm lief rasch auf Hochtouren und sah nach Idylle aus: lange Wanderungen, Lagerfeuer am weißen Strand, vier Collies, Pferde, Badminton. Der Vater besorgte ein Boot und nahm den Sohn mit hinaus, ins Tasmanische Meer. Da blieben sie und trieben so vor sich hin: fischten, tauchten und ließen sich von den Wellen schaukeln. Martin Bryant, nicht ohne Sinn für Slapsticks und Situationskomik, mauserte sich rasch zum Kapitän im männlichen Familienboot. Innige Zeiten im Schutz des Vaters und der Natur. Was Sigmund Freud »ozeanisches Gefühl« nannte und seitdem für die transpersonale Erfahrung des Aufgehobenseins in einem bergenden Kosmos steht, war in der Tasmanischen See nicht so ohne. In dem kleinen Zweimaster stand viel, genauer gesagt, nichts weniger als das Amt des Vaters auf dem Spiel. Ausflüge unter existentiellen Schwerstgewichten.

In der schwankenden Weite des türkisblauen Tasmanischen Meeres kamen die Verhältnisse – oder auch Familienreferenzen – jedenfalls gehörig ins Rutschen. Die genealogische Rechnung als bekanntermaßen dicke Post. Was passiert einem Vater in so einem Boot, der nie eine geschützte Kindheit hatte und sich selbst als gewollter und gehaltener Sohn nicht kannte? »Die Menschheit ist ein Universum aus lauter Kindern, durch das die Kategorie des mythischen Vaters wandert«, schrieb der französische Rechtshistoriker Pierre Legendre in seiner Lektion über »Das Verbrechen des Gefreiten Lortie. Abhandlung über den Vater«.

Weitere Fotos: Martin Bryant mit einem riesigen Lobster in der Hand, im schwarzen Neoprenanzug, im dicken, weißen Wollpullover am Strand, braungebrannt, erschöpft, glücklich. Auch ein Foto mit dem Vater. Er in derselben Ozeanik und mit fatalem Sommerhütchen, sympathisch verschusselt. »Niemand erzeugt sich selbst und niemand gründet sich selbst, jeder ist Sohn in zweierlei Hinsicht, Sohn der Referenz und Sohn seiner Eltern.« Ein Satz, allein dazu da, sich umso mehr in die versonnene Idyllik am Ende der Welt zu versetzen. Der Blick bleibt wie gebannt auf dem Foto hängen. Wie die beiden da stehen. Sehr eins, sehr einig, sehr innig. Nichts, was irritieren könnte. Wirklich nicht? – Nein, nichts zu machen.

Und wenn man das Foto zum inneren Bild machen würde? Man sähe einen Kind-Vater mit seinem Igel-Sohn. Als Doppelgänger, als Spiegelbilder? Der Vater als Vater, als Bruder, als Sohn des Sohnes? Wer war hier wer? Das Drama folgt der Mechanik der Introjekte. Oder auch: Man kann Maurice Bryant dabei zusehen, wie er für den ungehaltenen Sohn um jeden Preis da sein wollte, doch vor allem das Loch seiner Kindheit auffüllte. Wie er kaufte, spielte, ausstaffierte, bis die Kindheit des Sohnes so aussah, wie er selbst gern eine gehabt hätte: grenzenlos, glücklich, üppig, tröstend, nett. Dabei ging es in der Carnarvon Bucht längst nicht mehr ums Nette. Der Vater hatte zu trinken begonnen. Die Mutter kam nicht mehr aus dem Putzen heraus. Der Sohn traktierte mittlerweile seine Schwester. Denn Lindy hatte Freunde. Das behagte ihm nicht. Auch dass es ihr leicht fiel, welche zu haben, hielt er nicht aus.

Das Boot als schaukelnde Konstante. Dazu die verschreckte Familie, die mehr und mehr aus dem Ruder lief, dabei unbeirrt weiter heile Welt spielte. Maurice Bryant mit dem Sommerhütchen. Ein Vater, der sich gegenüber dem Knallkörper-Sohn und der putzmanischen Frau behaupten musste, was nicht gelang. Ein Vater, der im Inneren längst den Angst-Schirm aufgespannt hatte, vor all den Familien-Phobien, den eigenen und anderen schwimmenden, bisweilen wegdriftenden Ich-Grenzen, den inneren Ortlosigkeiten. Die Mutter in ständiger Abwehr vor dem eigenen zerstörerischen Vater in sich und somit vorm Leben. Der Sohn unter Dauerstrom, wütend, attackierend, mit einer alles beherrschenden Gier nach Aufmerksamkeit. Und Lindy? Auf allen Fotos steht da ein hübsches, blondes

Mädchen mit verschmitztem Lächeln. Ein Mädchen, das aussieht, als wäre es irgendwie rausgefallen aus der Szene, als gehöre es von Anbeginn nicht dazu. Familie als Endlosspiel, bei dem jeder sich mit jedem verwechselt, bei dem nicht mehr klar ist, wo der eine anfängt und der andere aufhört. Im Grunde war hier keiner am Ort.

DIE MUSCHELKÖNIGE. Sommer 1980. Im Interregnum zwischen Primary School und Highschool kamen der mittlerweile 13-jährige Martin Bryant und zwei Jungs aus der Nachbarschaft in der Carnarvon Bay auf eine vielversprechende Idee. Sie tauchten nach Meeresmuscheln, knackten, säuberten und trockneten sie am Strand, ließen sich von Vater Bryant helfen, die Schalen in Kisten zu verpacken, um die kostbare Ware nach Port Arthur bringen. Die drei Jungs eröffneten einen kleinen Stand auf dem Gefängnisgelände und verkauften die Muscheln – pro Stück einen Dollar – als Aschenbecher, Seifenschalen oder schlichtweg nette Erinnerung. Das Geschäft lief bestens. Die Touristen griffen zu. Die Troika war ungemein stolz. Ein erstes Hineinragen in die große Männerwelt, ein Spiel, ein Ausprobieren, und schon ein richtiges Geschäft. Endlich Erfolg, endlich einmal ernst genommen, endlich Anerkennung. Das Ganze lief auf Hochtouren, bis ein Nachbar im Geschenke-Shop anrief und die drei Muschelkönige noch am selben Tag aus Port Arthur vertrieben wurden. Aus war's.

Als Martin Bryant 14 Jahre alt war, entwickelte sich endlich die Freundschaft, die er so lang ersehnt hatte. Greg Lahey war gleichaltrig und ging mit ihm in dieselbe Klasse. Von der Schule hielten beide nicht viel. Ihre Welt war außerhalb. An den Nachmittagen bolzten sie auf der Straße, zogen rum. »Martin war merkwürdig«, erinnert sich der Freund. »Tieren gegenüber war er mitunter seltsam aggres-

siv. Man hätte denken können, er mochte es, sie zu quälen.«
Ab und an nahm die Bryant-Familie den Freund mit in die
Carnarvon Bay. Zu seinem 14. Geburtstag hatte Martin
Bryant vom Vater ein Luftgewehr geschenkt bekommen. Es
wurde sein Lieblingsspielzeug, das er im Bachbett neben
dem Haus versteckte. Wenn er in der Idylle ankam, wurde
es rausgeholt und damit rumgeballert. Er schoss auf Autos,
auf Tiere, vor allem auf Papageien, am liebsten aber aufs
Meer. Als Greg Lahey das erste Mal mit im Sommerhaus
war, griff sich Martin Bryant das Gewehr und richtete es
direkt auf den Freund. Das Gewehr war nicht geladen, aber
Greg entdeckte in Martins Gesicht die Lust, sein Gegenüber
in Angst zu versetzen. Schocker wie diese waren nicht dazu
geeignet, die Freundschaft der beiden zu beflügeln. Nicht
lange, und es kam zum Bruch. Er vollzog sich im Wasser:
Beide waren in die Carnarvon Bay rausgeschwommen. Sie
wollten tauchen. Greg Lahey war gerade an der Oberfläche,
um nach Luft zu schnappen, als er einen scharfen Stich am
Hinterkopf bemerkte. Der Freund hatte ihn mit einer Har-
pune getroffen. Da Greg Lahey seinen Neoprenanzug anhatte, kam er noch mal mit dem Schrecken davon. Zurück
am Ufer ging er auf Martin Bryant los. »Was soll das?«,
schrie er ihn an. Es kam zu einer handfesten Prügelei. Die
Reaktion des Freundes war immer gleich: ein breites Grinsen. Es sei doch nur Spaß gewesen, beteuerte er. Greg Lahey
packte sofort seine Siebensachen. Für ihn gab es keinen
Freund namens Martin Bryant mehr.

Situationen, Ereignisse, die sich häuften und zum Muster wurden. Martin Bryant suchte nach Menschen, Kontakten, der Welt, um sich und seine Grenzen auszuloten.
Für die Folgen seiner Attacken hatte er jedoch keinerlei Gespür. Das führte dazu, dass die anderen entweder den Kontakt zu ihm abrupt abbrachen oder man ihn ohne Wider-

stand gewähren ließ. Adoleszenz als Abenteuerspielplatz, bis nichts mehr gut war. Die Schule drängte auf eine Lösung. Und auch Maurice Bryant konnte die Schwierigkeiten des Sohnes nicht mehr länger als Ticks wegmoderieren. Dafür waren die Angriffe auf Schwester Lindy und ihre Freunde zu massiv. Etwas musste geschehen. Im Mai 1983 verließ Martin Bryant ohne Abschluss die Highschool. Die Eltern flogen mit dem Sohn nach Melbourne, zu Eric Cunningham Dax, einem der renommiertesten klinischen Psychiater Australiens. Der diagnostizierte ein ganzes Kompendium an Defiziten: Sprach-, Konzentrations-, Empathie-, Verhaltensdefizite. Der Arzt sprach von einer manifesten Entwicklungsstörung und hielt es für angebracht, für den Teenager eine Rente zu beantragen. War das die Lösung? Ihn zuerst aus dem Schulalltag zu nehmen und nun noch für arbeitsunfähig zu erklären? Im Februar 1984 war der Invalidenantrag bewilligt. Martin Bryant fühlte sich erleichtert. Kein Druck mehr, kein öder Unterricht, vor allem nicht mehr die immer gleichen Fragen nach einer anstehenden Ausbildung oder gar Jobsuche. Im Grunde aber bedeuteten die beiden Entscheidungen den sozialen Ausschluss, einen gesellschaftlichen Knockout. Was sollte werden?

Es war erneut der Vater, der eine Idee hatte: Er bat seinen Arbeitgeber, die Hafenleitung in Hobart, sich den Job auf den Docks so zu organisieren, dass er einen Großteil des Tages mit dem Sohn verbringen konnte. Da Maurice Bryant ohnedies kurz vor der Berentung stand, wurde ihm sein Ansinnen bewilligt. Der Vater kaufte ein Stück Land am Rand von Hobart und eröffnete zusammen mit Martin ein kleines Lebensmittelgeschäft. Ein Milchviehbetrieb aus Port Arthur brachte von nun an jeden Tag frische Milch. Das Duo machte Butter und Käse selbst, zog Gemüse, verkaufte lebende Gänse und Enten und mähte in den Reihensiedlungen von Hobart Rasen. Der Kundenstamm wuchs nicht rasant, aber stetig. Alles sah nach der in die Hauptstadt transponierten Muschelidee aus.

TATTERSALLS LOTTERY. Im Winter 1987 schlenderte Martin Bryant auf seiner notorischen Suche nach neuen Kunden durch die Straßen von Hobart New Town, entdeckte ein verwildertes Grundstück und spähte durch den Zaun. Helen Harvey, eine Frau Mitte 50 – er kannte sie nicht – öffnete ihm. Auf den ersten Blick hatte sie etwas Exzentrisches: das bis zur Maske überschminkte Gesicht, die aufgetakelten, schwarzen Haare, ihre noble bis obskure Form der Verwahrlosung. Erst später erfuhr er ihre Geschichte, die tief ins innere Australien hineinragt und noch heute genug Strahlkraft besitzt, um die moderne Psyche des Kontinents in Atem zu halten. Denn über Helen Harvey ließe sich das Abenteuer der gesamten australischen Lotterie-Kaste erzählen. Wie zu erwarten, geht es dabei um Geld, um sehr viel Geld, das zuallererst mit den beiden Namen George Adams und David Harvey in Verbindung gebracht wird. Ihr Imperium Tattersalls Lottery wurde rasch zur australischen Marke und ist es noch immer. Als Adams 1903 und Harvey 1927 starben, hinterließen beide große Familien, mit Geschichte, Privilegien, Immobilien, Reichtum und Glanz. Doch keiner der Nachkommen schien in der Lage, den Geschäftssinn der Gründerväter zu wahren. Eine Entwicklung, die die beiden Alten offenbar vorausgesehen und bei der Regelung ihrer Nachlässe bedacht hatten: Nichts durfte verkauft oder das Tattersalls-Vermächtnis betreffend essentiell verändert werden. Ein Vermächtnis, das eine spezielle Ausprägung des Niedergangs, auch etlicher Familienmitglieder, nach sich ziehen musste.

Martin Bryant traf im Winter 1987 vor dem Eingang der

Villa Clare Street Nummer 30 in Hobart New Town die millionenschwere Erbin Helen Harvey, eine Frau, von der es hieß, dass sie »unter anderen Prioritäten lebe«. Welche auch immer das waren, im Inneren ihres großen Hauses sah es weniger nach Prioritäten denn nach Chaos aus. In ihm lebte sie mit ihrer im Rollstuhl sitzenden Mutter, mit 40 Katzen, 14 Hunden, 9 wilden Ponys, 30 Kakadus und etlichen Schweinen. Das Haus stank vor Dreck. In der Küche kroch der Schimmel aus dem Ofen. Die freilaufenden Tiere taten ihr Übriges. Egal wie: Die Tatts-Lady und der Man-Boy, wie die beiden von den Nachbarn bald genannt wurden, hatten sich gesehen und gefunden. Martin Bryant zog ins Parterre der Villa. Sein Job: die mütterliche Freundin, ihre pflegebedürftige Mutter sowie den gesamten Harvey-Zoo zu versorgen und dazu noch den Garten in Ordnung zu bringen. Am Ende war es der Mann mit dem ausgesuchten Hütchen, Maurice Bryant, der das große Anwesen einigermaßen in Form hielt. Der Sohn war unterdes mit der Dame des Hauses unterwegs. Helen Harvey hatte einen Autofimmel, einen Tierfimmel, einen Klamottenfimmel. Sie aß und trank gern. Die beiden hielten sich des Öfteren auch in Port Arthur auf. Man schätzte das Broad Arrow Café wegen des ausnehmend schönen Blicks aufs Wasser. Meist ging Helen Harvey nach diesem und jenem Sunset-Drink noch in den Geschenke-Shop und kaufte zusammen, was sie ohnedies nicht brauchte. Ihre Maxime: auf irgendeine Weise jede Menge Geld loswerden.

Eine komplett entgrenzte Welt. Exotisch, schwerelos, alkoholschwanger und, wie das Paar befand, unerhört lustig. Was für ihn das Antiprogramm zum einst an die Leine gelegten Jungen, war für sie das Down Under zum Neuadel der Gewinne. Zwei, die sich in den Fluten ihres Lebens mit letzter Not auf ein Boot gerettet hatten, um nun zusammen weiterzuschwimmen. So wie die Exzentrikerin bei jedem Cocktail unentwegt von ihren Hollywood-Freunden schwadronierte, schwärmte Martin Bryant von seinem neuen, glücklichen Leben. Sicher war es alles Mögliche, aber absehbar keine Lösung. Sein ohnehin fragiles Ich wurde noch unberechenbarer. Das äußere Tohuwabohu glich zunehmend einem inneren. Der Vater reagierte auf den sich auflösenden Sohn mit einer tiefen Depression. Da bahne sich was an, mutmaßte er, etwas Unheilvolles. Gleichzeitig schützte er sein Kind – sein inneres Kind – bei den Behörden, den Nachbarn, in der Carnarvon Bay, wo er nur konnte.

Im November 1991 ging Maurice Bryant zum Public Trustee Buro in Hobart, um eine Verfügung aufzusetzen: Das Haus in New Town sollte Carleen Bryant überschrieben werden. Seine Rente, Commonwealth Life Policy Nummer 10311246 im Wert von 250 000 Dollar, übertrug er Martin. Eine Vorsichtsmaßnahme, die den Sohn im Falle aller Fälle absichern sollte. Lediglich drei Wochen später machte auch Helen Harvey ihr Testament. Darin hieß es, dass ihr Hab und Gut – die Tiere, die Villa in der Clare Street, der Bauernhof in Copping sowie ihr gesamtes Vermögen aus Tattersalls Lottery – an ihren einzigen Freund Martin Bryant zu gehen habe, »für seinen alleinigen Gebrauch und Nutzen«. Als ihren Treuhänder setzte sie Maurice Bryant ein. Martin, der mittlerweile 24-jährige Lebensschwimmer, war somit binnen Wochen zum Multimillionär im Wartestand geworden.

Wer aber hätte annehmen können, dass die beiden fürsorglichen Dekrete so schnell in der Realität zum Einsatz kämen? Nicht mal ein Jahr später – am 20.10.1992 nachmittags um 17.00 Uhr – waren die Tatts-Lady und der Man-Boy in einem Mazda 121 auf dem Highway Richtung Norden unterwegs. Sie wollten in der nächstgrößeren Stadt rasch noch ein paar Einkäufe erledigen. Die Millionärin saß am Steuer, der Freund auf dem Beifahrersatz, drei Hunde hockten hinten, als das Auto ins Schlingern kam und auf die Gegenfahrbahn zog. Beim Versuch, einem entgegenkommenden Ford auszuweichen, knallte der Wagen in die Leitplanke. Helen Harvey war sofort tot, der Freund schwer verletzt, von den Hunden überlebte nur einer. Wirklich geklärt wurde die Unfallursache nie.

Nur ein knappes Jahr später, am 13. 8. 1993, fuhr Maurice Bryant für ein paar Tage auf die Copping-Farm, die nun dem Sohn gehörte, um dort nach dem Rechten zu schauen. Seiner Frau sagte er, dass er mal ein paar Tage allein sein wolle. Gegen Abend rief er sie an. Beide sprachen nur kurz. Er beendete das Gespräch mit dem Satz, dass er sie liebe. Carleen Bryant war überrascht. In der Nacht des 13. 8. gab es noch einen zweiten Anruf, bei Tochter Lindy. Auch ihr sagte der Vater, dass er sie liebe. Mit dem Sohn sprach er nicht. Als am nächsten Morgen ein Nachbar wegen eines Pferdekaufs klingelte, steckte ein Zettel an der Copping-Tür. Auf ihm stand: »Rufen Sie die Polizei!« 20 Polizeibeamte und die lokale Freiwillige Feuerwehr durchkämmten zwei Tage lang die Gegend. Man fand Maurice Bryant in drei Meter Tiefe im Flussbett auf der Rückseite des Hauses. In der Tasche Serepax, ein angstlösendes Mittel. In der Packung fehlten 17 Tabletten.

ÜBERLANDFLÜGE. Zwei abrupte, unverstandene Tode. Für Martin Bryant waren es die beiden ihm nächsten Menschen, seine Lebensachsen, die ihm ohne Abschied und unerklärt abhanden kamen. Niemand weiß, was ihn in der Zeit noch erreichte, wer mit ihm sprach oder ihm Halt gab. Er griff nach dem Muster, das er kannte: Enttäuschung und

Leere in Action zu übersetzen. Bisschen Protz, bisschen blenden, bisschen Gaga. An der Shopping-Center-Sandwich-Bar erschien er mit knallroten, spitzen Schuhen aus Eidechsleder und Panamahut. Im North Hobart Restaurant versuchte er im glitzernden, stahlblauen Anzug und mit Rüschenhemd zu punkten. Mehr noch als bisher wollte er trinken, am liebsten alle Sambucas und Baileys dieser Welt. Mehr noch als bisher wollte er gesehen werden. Ein dominant Entgrenzter ohne jede tragfähige Beziehung, für den jedes und alles zur Disposition stand und von dem sich – wie er annahm – alle abgewandt hatten. Im Dezember 1993 verkaufte er die Copping-Farm, den Ort, an dem sich der Vater das Leben genommen hatte. Martin Bryant wollte weg, unbedingt, weg von Tasmanien. Wegfliegen, um nie mehr anzukommen?

Über Melbourne flog er nach Singapur, über Bangkok nach London. Dort blieb er sechs Tage, um nach Schweden zu fliegen. Zurück in London, flog er nach Los Angeles weiter. Hastige Stippvisiten. Trips, die mehr Fluchten als Reisen waren. Sydney – Frankfurt – Wien – Kopenhagen – Sydney in zehn Tagen. Melbourne – Auckland – Miami – Los Angeles – Amsterdam – Singapur – Melbourne in knapp zwei Wochen. Nach Tokio flog er für 48 Stunden, in Kuala Lumpur war er einen Tag. In den zwei Jahren zwischen Dezember 1993 und Dezember 1995 besuchte er sechsmal Europa, je dreimal die USA, Südost-Asien, Neuseeland und Japan. Zwei Jahre in der Luft. Um die innere Leere zu füllen? Er sei unterwegs, um auf den Touren Leute zu treffen, erzählte er der Mutter. Doch niemand wollte etwas von ihm wissen. Das Beste an den Reisen, sagte er ihr, seien die Überlandflüge. Im Passagierraum war es eng. Keiner der Sitznachbarn konnte weg. Jeder musste ihm zuhören.

Der komplett Ortlose fand seinen Ort in der totalen Ortlosigkeit, in der maximalen Entgrenzung. Kaum war er in Hobart gelandet, buchte er noch auf dem Flughafen neu. Wohin? Egal, nur weg, so weit weg wie möglich. Die Parallele lag auf der Hand: Für das ozeanische Gefühl, das er mit dem Vater im Tasmanischen Meer geteilt hatte, gab es über den Wolken, in den großen Himmelsbooten, ein touristisch-anonymes Äquivalent, eine freundlich-wattige Form der Auflösung, eine Art wohlige Urform. Anzunehmen, dass der Jetsetter mit jedem Flugkilometer noch immer auf Anbindung an die Welt hoffte. Sie ergab sich nicht. Was der Dauerflieger obendrein nicht wusste oder nicht realisieren wollte: Der Vater hatte noch zu Lebzeiten über die Treuhandagentur Perpetual Trustee verfügt, dass das millionenschwere Harvey-Erbe und seine Rente nur über einen festgesetzten Mechanismus, eine nicht überschreitbare Summe, an den Sohn ausgezahlt werden durften. Der Erbe flog Tour um Tour in den Flow, bis er im Januar 1996 sein großzügiges Limit überschritten hatte. Eine weibliche, sehr freundliche Stimme bei Perpetual Trustee teilte ihm am anderen Ende des Telefons mit, dass die Grenze überschritten sei und der nächste Überlandflug erst wieder im Mai 1996 stattfinden könne.

Wie bitte? Vier Monate kein Abheben, keine netten Flirts, kein Abrakadabra? »Nein«, sagte die weibliche Stimme. »Sie können gern in drei Monaten erneut nachfragen.« Vom Überflieger zum Sturzflieger. Kein Vergessen, keine Fluchten. Was nun? Martin Bryant zog sich in die helle Villa in der Clare Street zurück, begann den Tag mit Sambuca und Baileys, um es nachmittags mit Portwein zu versuchen. Zucker, der fraß, am liebsten die Erinnerungen. Zwischendurch sah er fern, hörte Musik oder schaute eins der 1300 Videos, die Helen Harvey ihm hinterlassen hatte. Dabei war sein Film- und Musikgeschmack so disparat wie alles an ihm. Elton John und Cliff Richard gehörten genauso ins Repertoire wie harte Pornos oder krude Gewaltfilme. Im Grunde war all das auch egal. Hauptsache, die Zeit verging, Hauptsache, jemand kam und sagte ihm, was er tun solle. Niemand kam. Ein Sturz ins Bodenlose, ein Leben in der Defensive, ohne jede Reserve. Er war allein mit dem Hass auf den ungreifbar gewordenen Vater, der ihn weiterhin dirigierte, auf die Touristen, die kamen und gingen, wann, wohin, wie lange sie wollten, auf die rigide, in ihrer Art abwesende Mutter, auf die so plötzlich verschwundene Freundin. Die Zukunft? »Es gab keine«, sagte er später in der Vernehmung. »Ich war allein, sozial isoliert, für immer. Besser, ich wäre gestorben«, setzte er nach. »Und Freunde, hatten Sie keine Freunde?«, fragte ihn der Vernehmer. »Doch, im Wasser.« – »Wie, im Wasser?« – »Meine Freunde waren die Fische.«

DUNBLANE. Das Einzige, was Martin Bryant in den Monaten seit dem Ende seiner Überlandfliegerei durch all den Alkoholdunst hindurch erreichte und vollkommen elektrisierte, war das Schulmassaker im schottischen Dunblane. Am 13.3.1996 war der 43-jährige Thomas Hamilton schwer bewaffnet in die Turnhalle der Primary School von Dunblane – einem 8000-Seelen-Städtchen nahe Glasgow – eingedrungen und hatte 105-mal um sich geschossen. Dabei tötete er 16 Kinder zwischen fünf und sechs Jahren, die Lehrerin und verletzte 12 Schüler. Am Ende erschoss er sich selbst. Bei Bryants Vernehmung im Oktober 1996 kam er von sich aus auf den Fall zu sprechen: »Das Dunblane Massaker, die Kinder«, sagte er. »Oh! Das war das schlimmste Massaker bisher, weil es um so viele Kinder ging, meinen Sie nicht?«, fragte er den Vernehmer. »Haben Sie Hamilton dafür bewundert?«, fragte der zurück. »Mein Eindruck war, dass der

Mann ein trauriges Leben hatte und bei ihm ein paar Dinge schiefgelaufen waren. Er wollte eine Pfadfindergruppe gründen. Das ist ihm offenbar nicht gelungen.«

Dunblane. Martin Bryant interessierte sich für jedes Detail: die Geschichte von Thomas Hamilton, die Waffen, den Tathergang, das Medienspektakel. Es war sein Initial. Bereits wenige Wochen nach dem Tod des Vaters hatte er sich im November 1993 seine erste richtige Waffe gekauft, eine halbautomatische AR-10. Er erstand sie für 600 Dollar problemlos per Zeitungsannonce. Niemand fragte nach, keiner wollte eine Lizenz sehen, die Waffengesetze in Australien waren lax zu der Zeit. Die zweite Waffe, einen Colt AR-15, besorgte er sich im Februar 1996, nachdem er für 9 000 Dollar das Boot verkauft hatte, in dem er mit dem Vater so glücklich gewesen war. Das ozeanische Gefühl eingetauscht in ein Arsenal zum Töten? Ab Mitte März 1996 – seit Dunblane – hortete er an Waffen und Munition, was ihm in die Hände fiel. Manche Waffen dealte er, manche kaufte er bei »Guns and Ammo« in der Stadt, seine Munition suchte er sich von überall her zusammen. Die Rafferei sollte nicht auffallen, der Showdown in aller Ruhe vorbereitet werden. Nichts fiel auf. Niemand interessierte sich für ihn und seine Waffenmanie. Im Kalender, der in seiner Küche hing, kreiste er ab Mitte März den 28. 4. 1996 ein.

Waffen statt Boot liest sich wie die Verwüstung des Vateramtes, Dunblane wie die Wiederholung des medialen Schauplatzes, das Verstecken der Waffen im Haus wie das Verbuddeln der über Jahre gesammelten Enttäuschungswut, der minutiöse Bauplan des Mordens wie der Versuch, sein vollkommen fragmentiertes Selbst in sich wiederherzustellen. Martin Bryant war dabei, den Schauplatz zu wechseln. Sigmund Freud nennt es »den anderen Schauplatz des Subjekts«. Dabei wäre er noch anzuhalten gewesen, der irrsinnige Wettlauf um einen Bezug, um eine Grenze, genau genommen um das Verbot. Doch die Manie versteckt Trauer, Ohnmacht, Angst. Inmitten all der strudelnden Dynamik begegnete der 29-Jährige im März 1996 Petra Wilmott, einer 20-jährigen Studentin. Sie sah jung aus, jünger als sie war, und wurde seine erste wirkliche Freundin. Nähe, weil der Show-down bereits entschieden war? Sie gingen ins Kino, ins Restaurant, in Clubs. Er hatte Geld, konnte groß auffahren, es tat ihm gut. In einem späteren Interview sagte sie: »Er war nett zu mir, aber auch widersprüchlich. Er hatte ein Faible für Waffen. Und dann mussten wir einmal das Kino sofort verlassen, als im Film ›Casino‹ einem Mann der Finger gebrochen wurde. Das war zu viel für ihn. Ich wusste oft nicht, woran ich mit ihm war, hatte oft das Gefühl, dass er sich langweilte.« Am Abend vor dem 28. April, es war ein Samstag, erzählte er der Mutter, dass er am nächsten Morgen nach Melbourne fliegen wolle, in den Zoo. Es war sein Lieblingsort.

Statt glücklicher Momente und Kindheitsgefühle fuhr Martin Bryant im gelben Volvo in seinen »anderen Schauplatz« hinein, nach Port Arthur. Für den einen ist es »das Ausbrechen aus jeder Institution«, für den anderen eine »Form der Depersonalisierung«, der dritte erklärt das Verbrechen zum Wahnsinn, zum Akt des Übels, zur Krankheit, der vierte fordert für diese »Übertretung« einen Platz in der Sprache, damit diese durch sie einen Sinn erhält. Der Sinn des Verbrechens, die Politik des Mordens. Sätze, die Zeit fordern, die über einen schmalen Grat führen, die sich am Rand bewegen.

KLEIN- UND GROSSKALIBRIGES. Am 30. 9. 1996 wurde Martin Bryant vom Risdon-Gefängnis in den Obersten Gerichtshof in Hobart gebracht. Der Sicherheitsaufwand war immens, der größte bisher in der Tasmanischen Geschichte. Unmittelbar nach der Tat war er von einem Psychiater untersucht worden und für zurechnungsfähig, das heißt im vollen Umfang schuldfähig erklärt worden. Im Gerichtssaal wurde die Anklageschrift verlesen. Es ging um Mord in 35 Fällen, versuchten Mord in 20 Fällen, um 15 Fälle von schwerer Körperverletzung, 12 Fälle von Körperverletzung, dazu versuchte Brandstiftung. Die sich anschließende Anhörung von Martin Bryant dauerte 23 Minuten. Er wehrte jegliche Tatbeteiligung ab und plädierte für nicht schuldig in allen Anklagepunkten. Stille im Saal. Eine Stille, die sich dehnte. Die Anwesenden standen unter Schock. Etliche Angehörige der Getöteten fingen an zu schreien. Es kam zu Tumulten. Der Richter setzte daraufhin den ersten Prozesstag auf den 19. 11. 1996 um 10.00 Uhr an.

Wenige Tage vor Prozessbeginn, am 7. November, kam es zu einem von der Tasmanischen Regierung angeordneten Pre-Termin, bei dem Martin Bryant noch einmal befragt werden sollte. Seinem Verteidiger gegenüber hatte er signalisiert, dass er seine Erstaussage revidieren wolle. In der Anhörung am 19. November bekannte sich der 29-Jährige für schuldig, in allen Anklagepunkten. Der sich anschließende Prozess dauerte nur drei Tage. Martin Bryant wurde zu 35 Mal lebenslänglich und zusätzlichen 777 Jahre Gefängnis, ohne jeden Anspruch auf Bewährung, verurteilt.

Die Mordserie von Port Arthur hatte ganz Australien geschockt und alarmiert. Walter Mikac, der bei dem Massaker seine Frau Nanette und seine beiden Töchter Alannah und Madeline verloren hatte, wurde Stimme und Initiator für ein generelles Waffenverbot im ganzen Land. Australien, der Kontinent der Farmer und Jäger, ohne Waffen? Die Nerven lagen blank. Dem engagierten Apotheker gelang es jedoch, nach und nach die Politik, insbesondere den erst kurz zuvor ins Amt gekommenen Premier John Howard, für die Dimension der Tat zu sensibilisieren. Am Tag, als die frisch gewählte Regierung über die Zugangsbeschränkung für halbautomatische Waffen entschied, flog Walter Mikac nach Canberra und steckte in aller Stille eine Blume an die Tür des Parlaments. Eine Geste, die den Ausschlag gab. Das neue Gesetz bekam die Mehrheit, was zur Folge hatte, dass knapp 700 000 private Schusswaffen im Rahmen einer Amnestie gesammelt und eingeschmolzen wurden. Die Regierung zahlte den Waffenbesitzern Prämien von insgesamt mehr als 500 Millionen australischen Dollar, setzte ein striktes Waffenverbot in Kraft und novelliert es seitdem aufmerksam. Beschränkungen, die von Schützenvereinen und Jägern heftig attackiert wurden und weiterhin mit Argusaugen verfolgt werden. Die Waffenlobby ging zeitweise derart aggressiv vor, dass John Howard bei Reden in der Öffentlichkeit eine schusssichere Weste tragen musste. Die Politik hielt durch, bis heute, und zwar in einer Konsequenz, die die Waffenkultur in Australien stark beeinflusste. Laut Studien konnte die Zahl der Gewalttaten, die durch Schusswaffen verursacht wurden, um 70 Prozent reduziert werden.

In Port Arthur wurde das Broad Arrow Café lediglich in seinen Grundmauern stehen gelassen. Besucher kommen zunächst durch die Ruine, als ein Zeichen für die reale Geschichte, die sich an dem Ort ereignet hat. Direkt hinter dem Café wurde am 28. 4. 1999, drei Jahre nach dem Massaker, ein Gedenk-Areal für die Opfer errichtet, mit hohen Gräsern, symbolischen Rosenbüschen, Eukalyptusbäumen und einem »reflecting pool«, einer großen, in grauen, sehr sachlichen Graphit-Stein gefassten Wasserfläche. In den Rand des Beckens sind drei Sätze von Margaret Scott, einer tasmanischen Schriftstellerin, eingraviert: »Mögen all die,

die in diesen Garten kommen, das Leben zu wahren wissen. Unser Mitgefühl denen, die halfen. Friede denen, die hier unter Schmerzen starben.« Auf dem Grund des Beckens liegen 35 Eichenblätter aus Bronze, zu einem Kreis vereint. Der Architekt der Anlage, Torquil Canning, betont: »Das Memorial ist ein Ort des Erinnerns und des Vergessens zugleich, eine kleine Landschaft mit einer großen Bedeutung. Möglich, dass es einmal in den Kontext einer historischen Landschaft aufgenommen wird.«

Auch in Großbritannien ließen die Reaktionen auf das Dunblane-Massaker nicht lange auf sich warten und schlugen hohe Wellen. Eine bewegende Bürgerinitiative, die sogenannte »Snowdrop-Kampagne«, sammelte Hunderttausende Stimmen gegen das Waffen-Prinzip auf der Insel. Nur Wochen nach dem Entscheid in Canberra verbot Anfang 1997 auch das britische Unterhaus den Kauf und Besitz großkalibriger Faustfeuerwaffen durch Privatleute. Damit nicht genug. Die neue Labour-Regierung, ab Mai 1997 an der Macht, legte in Sachen Waffenpolitik nach und entschied sich sogar für das völlige Verbot von kleinkalibrigen Faustfeuerwaffen. Ein klarer Paradigmenwechsel – hart umkämpft, aber durchgehalten.

Die Katastrophe von Port Arthur ist pur und transgenerationell, das Handlungsdiagramm archaisch. Vom genealogischen Muster her ähnelt es den typischen Amokläufen vor dem Einbruch der Neuen Medien. Eine Todespolitik, die rasch vergessen wurde, da jedes Erfahrungszeitalter offenbar auf seinen eigenen Schrecken aus ist. So tötete Andrew Kehoe am 18.5.1927 in Bath, Michigan, an einer Schule 45 Menschen und verletzte 58 zum Teil schwer. Am 6.9.1949 erschoss der Kriegsveteran Howard Barton Unruh in Camden, New Jersey, 10 Menschen und verletzte 13 weitere. Der ehemalige Marine-Infanterist Charles Joseph Whitman erschoss vom Hauptgebäude der Universität Texas in Austin aus am 1. 8. 1966 17 Menschen und verletzte 66. In San Ysidro, einem Stadtteil von San Diego in Kalifornien, erschoss James Huberty am 18. 7. 1984 in einer McDonalds-Filiale 21 Menschen und verletzte 19.

Der psychologische Mechanismus der Vollstreckung findet in all diesen Fällen seine Entsprechung in der Logik der entbundenen Enttäuschungswut des Täters. Martin Bryant sitzt im Risdon-Gefängnis in Hobart. Seit Beginn seiner Haftzeit hat er sechs Selbstmordversuche unternommen. Seine Mutter Carleen Bryant tritt seit einigen Jahren regelmäßig im australischen Fernsehen auf und besteht darauf, dass ihr Sohn unschuldig ist.

ERFURT, 26. APRIL 2002

ELSTER HÖRT!
POLIZEINOTRUFE, ERFURT, AM 26.4.2002

11.04 Uhr Polizeinotruf: Hallo, wir sind hier an der Schule. Hier
wurde gerade ein Lehrer erschossen. – Was? – Wir haben jetzt alle
Angst. – Wo sind Sie denn? – Weiß nicht, welche Etage sind wir?
Hallo, hier ist die Schule. – Ja und. – Hier hat gerade ein Mann
einen Lehrer erschossen. – Ein Mann? – Ja. – Ist der noch da? –
Wissen wir nicht. – Wisst ihr nicht? Wie ist denn dein Name? –
Bernd. – Gut, Bernd, wir kommen.

11.05 Uhr Polizeinotruf: Hier wird geschossen. Hier ist die
Schule. Mehrere Menschen sind schwer verletzt, schnell. –
Wo, direkt in der Schule? Ja, ja. – Wir kommen. Wer sind Sie
denn? – Ich bin der Hausmeister. Es sind mehrere Menschen sehr
verletzt, schnell!

11.05 Uhr Funkverbindung Kanal 356: 11 an die Elster. Sofort
zur Schule. Dort soll eine Straftat passiert sein. – Ich komme gleich
über Draht. – Was genau, wissen wir nicht. – 12 an Elster. Sofort
Wagen an die Schule. 11 führt. – Ich komme über Draht. – Moment
nochmal, wo ist der Krieg? – Haydn-Platz. – Was, Haydn-Platz? –
Ja. – Na gut. – Soll ich da auch mit hin? – Ja. – Elster 11 für 11/10.
Die 20 geht auch mit raus. – Ja, ich schick alles raus, was zur
Verfügung steht. – Genauso sieht's aus. – Das soll immer noch
in Gang sein. Also äußerste Vorsicht. – Jawohl, sperr ab. – Ja, in
der zweiten Etage soll eine verletzte Person liegen. – Wie gesagt,
der Täter ist noch im Objekt und führt sein Handeln durch. –
Alles klar.

11.06 Uhr Funkverbindungen 2 m-Kanal: Haben Sie Schusswesten bei sich? Die ziehen Sie jetzt an, los, ganz schnell. Wieder-

holen: Schusswesten anziehen. – Schusswesten? – Aber zügig. – Komme über Draht.

11.07 Uhr Polizeinotruf: Also wirklich, geht mal wieder keiner ran, wollt ihr mich verarschen? – Hallo, hier ist, wer? – Hallo. – Ja, an der Schule. – Ja, wir wissen Bescheid. – Okay. Alles klar.

11.08 Uhr Funkverbindung Kanal 256: Elster für Elster 11/10. Elster hört. – So, ich hab hier die totale Panik. Alle Schüler flüchten über alle möglichen Zäune. Ich hab hier den absoluten Ernst. Es ist in der zweiten Etage. Ich habe noch keine weitere Information, wie dort die Tat weiter gehandelt werden soll. Ich brauch alles, was zur Verfügung steht, plus Notarzt, SEK, et cetera pp. – Habe veranlasst. – 13 für die Elster. Ich schicke die 20, 21 und 23. – Klar. – Wen schickst du? – 21, 22, 22, 23. – Achtung, Schusswechsel auf Polizeibeamte. Ich wiederhole: Schusswechsel auf Polizeibeamte! – 13 für die 20. Wir sind auf dem Weg zu Ihnen. Wir sind grade am Knie.

11.10 Uhr Polizeinotruf: Ja, hallo, hier ist Suse aus der Schule. – Ja, Suse, was ist? – Hier wird, hier wird geschossen. – Ja, Suse, was ist? Wo bist du jetzt? – Wir sind hier oben in Chemie. Seid doch mal ruhig, ich hab die Polizei dran. – Bleibt im Raum, bleibt eingeschlossen, wenn's geht. – Ja, es gibt viele Verletzte. – Ja, ist klar, Suse, wir sind unterwegs.

11.10 Uhr Funkverbindung 2 m-Kanal: Der Täter ist auf dem Hof und schießt. Ich hab auf dem Schulhof noch viele Kinder. Der ist schwarz maskiert und schwarz bekleidet. Ich sehe ihn momentan nicht. Ich hab die Fahrräder vor mir. – Ja, nicht verständlich, wo bist du?

11.10 Uhr Funkverbindung 2 m-Kanal: Der Täter soll sich auf dem Hof befinden. – Wo soll er sein? – Der Täter schießt. Er hat auf Stefan geschossen. – Polizisten unter Beschuss. – Er hat auf Stefan geschossen. Stefan ist verletzt. – Wir brauchen einen Notarzt. – Wir brauchen einen Notarzt. Siehst du ihn irgendwo? – Stefan? – Stefan ist verletzt. – Der Täter befindet sich auf der 1. oder 2. Etage am Fenster. – 2. Etage, oben am Fenster? Wo? – 11, wir brauchen einen Notarzt und mehr Kräfte. – Wo? – Stefan liegt hinten am Eingang. Da kommt keiner ran. Er hat hier irgendwo geschossen. – Wo denn? – Hinten am Eingang. – Welche Straße? – Pestalozzi. – Der Täter ist in der Schule. Momentan kein Schusswechsel. Er ist nicht zu sehen. In der Schule befinden sich nach wie vor Leute. – Ich kann nicht rein. – Wir müssen sehen, dass wir irgendwie an Stefan rankommen, mit einem Fahrzeug am besten, oder wie?

11.12 Uhr Polizeinotruf: Ja, schönen guten Tag, ich bin von der Schule. – Ja, wir sind unterwegs. – Nein, ich brauche einen Notarzt. Hier oben im Biologieraum, ganz oben. – Ja, ist klar. – Es ist auf einen Lehrer geschossen worden.

11.12 Uhr Funkverbindung 2 m-Kanal: Elster für Elster 11/10. Ich rufe die Elster. Wie sieht's aus mit Sonderkräften? – Ich höre dich. – Eine Person, schwarz bekleidet, ballert wie wild um sich. – Elster, ich würde vorschlagen, die Schutzpolizei macht Außensicherung. Ich geh da jedenfalls nicht rein. Ich warte auf die Sicherheitskräfte, Sondereinsatzkommando, MEK, SEK und so. Es sind noch Schüler im Objekt. – Das ist mir auch klar. Ich weiß nicht, wo sich der Strolch befindet. – Wir sind völlig ohne Deckung. Wenn wir um die Ecke kommen und der uns erschießt, ist das auch nicht von Vorteil. – Alles klar. Wir müssen irgendwie an Stefan ran. Wir brauchen einen Bus oder sowas. – 11/10 an 200. Ja, ich höre dich. – Wir sind gleich drin. Sollen wir mit dem Bus kommen? Wir haben aber nur den großen. – Aber kommt mit schwerer Schussweste, okay? – Ja, wir beeilen uns. Wir sind eingetroffen. Nach Auskunft von Bürgern brauchen wir noch Notärzte, drei Stück. – Ich höre dich. – Ich bin jetzt ganz allein auf der gegenüberliegenden Seite von dir, Mühlenstraße, glaub ich. – Hast du noch irgendjemand, der Sicht hat auf diese Seite? Sag mir, wo ein Fenster offensteht, aus dem ich getroffen werden könnte. – Ich hab hier in der ersten Etage ein offenes Fenster. Von da aus hat der Täter vermutlich auf Stefan geschossen. Alle anderen Fenster sind zu. In welcher Etage der Täter ist, wissen wir nicht. Ich hab vorhin zweimal geschossen, ihn aber, wie's aussieht, nicht getroffen. – Ja, verstanden. – Elster 12, quatsch 23, für die 11/10. Lass mich jetzt mal kurz. – Moment. – Nee, nicht Moment. Ich bin jetzt hier am Einsatzort. Jetzt hören Sie mir zu: Sie schicken jetzt so viel wie möglich Kräfte her. Es geht um eine weiträumige Absperrung. Die müssen Sie jetzt koordinieren. Nehmen Sie sich einen Stadtplan, nehmen Sie sich die Schule, nehmen Sie sich die Querstraßen. Schicken Sie alle verfügbaren Kräfte und koordinieren Sie, wer wo zu stehen hat! Sperren Sie die Straßen ab! Uns laufen die Fußgänger rein und der Fahrverkehr. Elster? – Wir können die Kräfte nicht von hier vorn koordinieren. Wir haben hier Probleme, uns selber zu schützen und den Täter eventuell im Auge zu behalten. – Elster hört. – Wir stehen davor. Wir schießen, wir erschießen den, wenn er rauskommt. – Versteh nicht, noch mal. – Wir sind am Haydn-Platz. Kommt er hier raus, haben wir ihn. – Ja, ist klar. – Elster 74/1. Hört mal. Wir haben hier zwei Teams im Rennen. – Für wen? – Können Sie rechts an der Schule vorbei? Dort steht ein weißer VW-Bus, dahinter hab ich Deckung, weil – ich bin hier ganz allein und brauche unbedingt Verstärkung. – Ja, wir sind gleich da. – Elster, habt ihr noch Kräfte? Ich will mal zu Stefan. – So, ich fahr los. – Bus ist nicht, haben wir nicht. Wo sollen wir denn hin? – Mach Absperrmaßnahmen, in der Mozartstraße. – Da kommen Leute. Da sind Neugierige, zu viele Leute, die da rumstehen. – Ja, verstanden. – Ist meine Elster 1 in der Nähe? – Alle informiert. – Gut. – Ich hab den Täter unmittelbar vor mir gesehen. Schwarze Hose, schwarzer Kapuzenpulli, Strumpfmaske mit Löchern, schwarze Tasche. Pistole oder Revolver konnte ich nicht erkennen. Größe um die 1,75 Meter, normal, schlank bis sportlich. Wenn der sich allerdings einfach umzieht, war's das. – An alle eingesetzten Kräfte! Jede Person, die das Objekt verlässt, wird vorläufig festgenommen. Ich wiederhole: Jede Person, die das Objekt Schule verlässt, wird vorläufig festgenommen.

11.14 Uhr Polizeinotruf: Ja, hier ist noch mal die Schule. Ich hab einen Notwagen bestellt. Ich brauche hier Hilfe. Ich habe Tote. Hier wird geschossen. – Alles klar. Wir sind doch dort, oder zumindest werden wir gleich dort sein. Es ist alles unterwegs. – Ich brauche noch mehr ärztliche Hilfe. Hier sind 700 Schüler im Haus. – Wie viele Verletzte gibt es denn bis jetzt? – Ich habe zwei Tote und mindestens vier, fünf Verletzte. Ich weiß es nicht, ich kann das, kann das Haus nicht überblicken, kann hier nicht raus, weil der Täter schießt, bis eben geschossen hat. – Gut. Ich sage der Rettung noch mal Bescheid. – Alles klar.

11.15 Uhr Polizeinotruf: Weiß nicht, ob Sie schon informiert worden sind. An unserer Schule ist jemand, der läuft mit einer Schrotflinte rum. – Wir sind dort an der Schule. – Hm?– Ist okay. Wer sind Sie denn? – Ich bin eine Schülerin, und wie ich weiß, wurde ein Lehrer angeschossen. Hier ist total die Panik. Jeder läuft woanders rum. – Hm. – Und die meisten heulen.

11.16 Uhr Einsatzzentrale 1 der Polizeidirektion: Bin unterwegs. – Ja. – Konnten nicht koordinieren. – Nee, im Moment nicht. Ihr werdet vor Ort eingewiesen. – Also, was die letzten Meldungen waren, da sollen vier bis fünf Verletzte sein und zwei Tote wohl. – Gut, werden wir sehen.

11.19 Uhr Funkverbindung 2 m-Kanal: Es heißt, in der Schule wird ein Arzt benötigt. – Davon geh ich aus. – Aber ich kann den Arzt im Moment nicht schützen. – Bleibt dann vorläufig erst mal bei uns, die Ärztin. Bis das Spezialkommando da ist. – Eh, 11/19 für die 11/10. Ist der Stefan da? – Bis jetzt nicht. – Der scheint auf der Wiese zu liegen, wenn er sich nicht selber schon ein Stück vorgerobbt hat. – Was sagst du? – Wir müssen ihn da rausholen, egal wie. – Ich möchte, dass ein Funkstreifenwagen von euch da vorfährt und ihn irgendwie an Bord nimmt. – Schick mir hier noch ein, zwei Mann, dass wir noch absichern können. – Ich hab keinen mehr. – Hallo? – Elster. – Hallo? – Elster hört!

11.22 Uhr Polizeinotruf: Ja, guten Tag, hier ist Tobias, von der Schule. Wir würden gern mal wissen, was passiert ist. Hier wird andauernd geschossen, hier ist alles abgesperrt, wir sitzen auf der Toilette fest, im Schulgebäude. – Ja, dann bleiben Sie auch erst mal

61

dort. – Und woran merken wir, dass es vorbei ist? – Das wird Ihnen später bekannt gegeben. – Okay, danke schön.

11.25 Uhr Polizeinotruf: Ja, hier nochmal die Schule. – Ja. – Eh, ich habe jetzt nur mal 'ne Frage. Hier draußen ruft ein Lehrer um Hilfe. – Ja. – Er ist angeschossen worden. Können wir jetzt rausgehen und wenigstens Erste Hilfe leisten? – Nee, ihr bleibt im Klassenraum, und die Tür wird verbarrikadiert. Los, los, bis sich die Polizei bemerkbar macht. – Alles klar. Wiederhören. – Ja, das war's.

11.27 Uhr Funkverbindung 2 m-Kanal: Peter, hörst du mich? Peter? – Hört dich nicht. – Siehst du ihn? – Ja. – Er soll mal hinten vorkommen. Ich krieg schon langsam 'nen Krampf in der Hand. – Hans, bist du mit drin bei Stefan? – Nee, ich bin Eingang Beethovenstraße. – Eingang was? – Eingang Beethovenstraße. Wir stehen bei dem Täter vor der Tür. – Ja. – Hallo? Ja, was ist? – Ist das korrekt, dass sich der Täter in einem Zimmer eingeschlossen hat? – Ja, das sage ich seit zehn Minuten. – Das kam so noch nicht durch. Und wo ist er? – Er wurde von einem Lehrer eingeschlossen. – Und das Zimmer geht über Richtung Beethovenstraße raus, ja? – Ja, nach vorne raus.

11.32 Uhr Polizeinotruf: Ich wollte nur mal fragen, wie wir uns verhalten sollen. Wir haben beide Angst. – Wo sind Sie denn? – Na, wir sind hier an der Schule. – Ja, im Klassenraum oder was? – Ja, ganz oben. – Ganz oben. Dann machen Sie die Tür zu, versuchen Sie abzuschließen oder verbarrikadieren Sie sich. Die Kollegen machen sich dann bemerkbar. – Die Tür geht aber nach außen auf. – Ja, dann versuchen Sie, etwas dagegen zu klemmen. – Gut, okay.

11.36 Uhr Funkverbindung 2 m-Kanal: Wir haben eben Kenntnisse von einem Reporter, dass die Schüler eindeutig von zwei Tätern sprechen. Eindeutig von zwei Tätern. – Ja, was denn nun, ein Täter oder zwei? – Ein Täter war durch die Elster 11/19 genau beschrieben. Jetzt haben wir neue Informationen durch die Elster

12/22, dass Schüler von zwei Tätern sprechen. Aus diesem Grund geht keiner von den Notärzten in das Objekt, weil ich nicht für die Sicherheit garantieren kann. Das mit den zwei Tätern macht Sinn, so schnell, wie das vorhin passiert ist. – Also, das mit zwei Leuten macht Sinn? Ja, ist okay. – Hier ist nochmal die 12/22. Die Schüler sagen eindeutig, dass es auf jeden Fall zwei Täter sind. Es sind zwei Täter. – Was denn jetzt? – Definitiv zwei Täter, ja. – Alle anderen Kräfte mitgehört? Passt jetzt auf, Kollegen, bleibt besonnen. Wir stehen alle hier ringsrum. Nicht, dass wir uns gegenseitig abballern. – Ja, darum geht es ja, ist ja klar.

11.38 Uhr Polizeinotruf: Ja, wir müssen leise sein. Der Attentäter ist hier, in der Schule. Verstehen Sie mich? – Ich verstehe Sie. – Hallo? Wir sind 17 Personen im Raum 102. – Und wer sind Sie? – Ich bin der Lehrer. – Gut. Die Schule ist umstellt. Sie verriegeln sich in dem Raum und bleiben drin und warten ab. – Ja, gut. – Wo ist denn der Täter? Ist der auf Ihrer Etage? – Ich weiß es nicht. – Sie wissen es nicht. – Er war aber hier, vor unserer Tür liegen zwei Verletzte. – Gut, also, wie gesagt, Sie bleiben in Ihrem Raum. – Sicher, na Wiederhören.

11.38 Uhr Polizeinotruf: Guten Tag. Mein Name ist Henning. Mein Sohn geht auf die Schule. Da ist geschossen worden. – Ja. – Gibt es da Verletzte? – Gibt's, ja, wir sind unterwegs. Wir haben da, wir sind da im Einsatz. – Ja, toll. Wie erfahr ich denn, was mit meinem Sohn ist? – Das kann ich Ihnen im Moment nicht sagen. Da geht's noch drunter und drüber. Wir sind noch dabei, das alles zu sichten. – Toll, kann ich da jetzt hinfahren? – Nee, das bringt nichts. – Toll. – Da würden Sie nur unsere Maßnahmen behindern. Sowie was ist, melden wir uns bei Ihnen, wenn was sein sollte. – Toll. Das beruhigt mich jetzt aber, ehrlich. – Ja, ich kann Ihnen im Moment nichts weiter sagen. Ich kann Ihnen nur eins sagen, meine Tochter ist auch dort im Gymnasium.

11.41 Uhr Polizeinotruf: Ja, schönen guten Tag. Ich muss einen Unfall melden, und zwar gibt's Personenschaden. – Wo denn? – Auf der Mozartstraße. – Das ist da, wo der Polizeieinsatz läuft? – Läuft hier ein Polizeieinsatz? – Ich weiß nicht. – Ich steh gerade am Bus hier. Aber ich habe Blaulicht gehört, ja. – Tut mir leid, also ich kann Ihnen niemand schicken. Wir haben da 'nen Amokläufer. Das wird jetzt Stunden dauern, bis jemand zu Ihnen kommt. – Also, hören Sie, ich fahr zur Zeit 'ne Linie von Prag nach London. – Ja, das mag ja alles ein. Aber wir haben da 'nen Amokschützen mit mehreren Toten, und da kommen wir jetzt nicht, um Ihren Unfall aufzunehmen. Tut mir leid, sehen Sie zu, ob Sie sich selber einigen können. – Hören Sie, es geht hier um meinen Bus! – Na ja, müssen Sie halt warten. Wo stehen Sie genau? Welche Straße? – Blumenstraße, kurz vor der Kreuzung, Richtung Stadtmitte. – Zwischen Bus und PKW, ja? Und der PKW hat versucht, sich dazwischenzudrängeln? – Na sicher doch. – Wie ist denn Ihr Name? – Hertz. – Hertz, ist in Ordnung. Es kann aber noch paar Stunden dauern. – Wie? – Na, wie gesagt, wenn der Einsatz vorbei ist. – Paar Stunden? Das kann doch nicht wahr sein! – Gut na, dann Wiederhören.

11.41 Uhr Polizeinotruf: Ja, ich bin's noch mal, der Ronny. Ich hab jetzt noch weitere Informationen. – Hervorragend. – Eh, wie bereits kam, handelt es sich um zwei Täter. – Ja. – Gleichzeitige Handlungen in der zweiten und dritten Etage. Wo sind die Täter, weißt du das? – Nein, kann jetzt momentan nicht gesagt werden. – Welche Rufnummer hast du? Die 13? – Ich bin die 13/26. Habe aber kein Funkgerät. – Ja gut, weiter. – So dann hab ich eh, die Frau ––. – Wer? – Das ist die Klassenlehrerin. Die wurde im Raum 21 niedergeschossen, vermutlich Exitus. Dann der Herr ––. Warte mal, warte. – Niedergeschossen. – Wie heißt die Frau? Weiter. Die direkten Zeugen davon habe ich. – Ja, 211 niedergeschossen. – Die liegt noch da drin in dem Raum vor der Tafel. – Ja, weiter. – Dann ein Lehrer. – Ja. – Der soll irgendwo auf dem Gang liegen. – Alles klar, ich geb's weiter. – So, dann hab ich noch den Herrn ––. Wen? – Ja. Das ist der Oberstufenleiter. – Ja. – Wo der sich befindet, kann nicht gesagt werden, aber ebenfalls niedergeschossen. – Ja. – Und dann hab ich noch 'ne weitere Frau, die sich im Sekretariat befand, mit 'ner karierten Hose. – Ja. – Ebenfalls niedergeschossen. – Warte

mal. Frau im Sekretariat angeschossen. Alles klar. Dank dir. – Gut. –
Und tschüss.

11.42 Uhr Polizeinotruf: Ja, na endlich. 27-mal hab ich's jetzt
versucht. Passen Sie auf. Aus der Schule kam jetzt gerade ein Anruf.
Dort wird um sich geschossen. – Aha. – Schlimm wirklich, ganz
fürchterlich. – Wir sind dort schon im Einsatz. – Gut, Sie sind dort
schon im Einsatz. – Jooh. – Na dann, okay.

11.43 Uhr Einsatzzentrale 1 der Polizeidirektion: Hast du
noch jemand für 'nen Unfall? – Kann ich nicht. – Gut, alles klar.
Danke. PI Süd? – Nicht genau verstanden. – Hast du mal jemand für
'nen Unfall? – Hab dich nicht verstanden. – Hast du noch jemand für
'ne Unfallaufnahme? – Was sagt er? – Ich sag's noch mal. Hast du
noch jemand für eine Unfallaufnahme? – Im Moment hab ich alles
draußen, was laufen kann. – Gut. Na, da müssen sie halt warten.

11.44 Uhr Polizeinotruf: Guten Tag, Mahia Sobermann, Filmproduktion. Ich habe kurz eine Frage. Hier kreist über dem Kloster,
also über der Stadt, ein Polizeihubschrauber. Gibt's dafür einen
Grund, den gibt's doch sicher, oder? – Ja. Wir haben einen Amokschützen an der Schule, mit mehreren Verletzten und mehreren
Toten. – Ja, das reicht. Danke. – Das dauert dann 'ne Weile. – Gut. –
Wiederhören.

11.45 Uhr Polizeinotruf: Ja, also, pass auf, ich steh hier am
Haupteingang der Schule. Wir haben noch drei Kinder ausfindig gemacht. Die stehen jetzt hier. Wir kriegen sie aber nicht raus, weil
der genau über uns sitzt, der Täter. – Der sitzt genau über euch? –
In dem Zimmer da oben, ja. – Der sitzt genau über dem Haupteingang? – So sind jedenfalls die letzten Informationen. – Und du
stehst direkt am Haupteingang? – Ja, drin im Eingang, mit Hinze
und den drei Kindern. – Ihr seid die 11, nicht? – Ich bin die 13. –
Die 13, okay, ich sag gleich Bescheid. – Jo, weil ich hab keinen Funk.

11.56 Uhr Funkverbindung 2 m-Kanal: 11/19 für die 10. – Hört
dich. – Kriegst du irgendwas mit? – Gar nichts hier. Auf meiner
Seite ist Totenstille. Es tut sich nichts, und ich höre nichts, und hier

ist auch keiner weiter. – Ja, mir geht's genauso. – Bist du ganz allein, ohne Sicherung? – Sicherung steht 15 Meter hinter mir, danke. – Ich will ja nicht klugscheißen, aber gibt's eigentlich mittlerweile 'ne Seelsorge? Weil ein Großteil der Kinder ist immer noch hier und total verwirrt.

11.56 Uhr Polizeinotruf: Noch dran? – Ja, ich bin's noch mal, der Ronny. Ich hab die Berufsfeuerwehr bei mir. Die wollen ein Zelt aufbauen für die Betroffenen, die hier überall rumschwirren. – Hm. – Die möchten das gern aufbauen, auf dem Sportplatz. Ist das okay oder gibt es da irgendwelche Einwände?

11.57 Uhr Polizeinotruf: Haben Sie ihn? – Was denn? – Na, in der Schule? – Haben Sie ihn? – Bitte? – Ja, Sie haben ihn? – Was haben Sie? – Na, den Täter, in der Schule. – Wir sind noch dabei. – Sie sind noch dabei? Gut, dann bleiben wir versteckt.

12.00 Uhr Polizeinotruf: Es geht nochmal um den Busunfall. Er steht in der Stuttgarter Straße. – Hm, wie gesagt, wenn der Einsatz vorbei ist, der sich noch mehrere Stunden hinziehen kann, schicke ich jemand. – Es ist wirklich dringend. – Ich habe im Moment niemanden, verstehen Sie das nicht? Wir haben Amokschützen in der Stadt, da können wir so 'nen Blechunfall nicht aufnehmen. – Ja, ist in Ordnung.

12.00 Uhr Polizeinotruf: Entschuldigen Sie, dass ich noch mal störe. Ich bin's, der Ronny. – Ja, Ronny. – Ein Zeuge hier spricht davon, dass mehrere Lehrer auf den Gängen liegen. Also, nach dem, was wir bisher mitgekriegt haben, scheint der Täter es ausschließlich auf Lehrer abgesehen zu haben. Wir haben noch nichts von verletzten Schülern gehört.

12.02 Uhr Funkverbindung 2 m-Kanal: Pass auf, hier ist Presse im Objekt. – Hey, ihr da unten, ihr müsst doch sehen, wenn da jemand reingeht. – Der lief mir genau vor die Flinte. Du weißt schon, der Fremdenlegionär ist grade mit Kamera rausgekommen. – Ich bin seit 35 Minuten hier. In der Zeit ist er nicht rein. – Also muss er schon vorher drin gewesen sein.

12.06 Uhr Polizeinotruf: Hier ist Imkens. Ich bin in der Schule. Haben Sie wenigstens schon Einsatzkräfte reingeschickt? – Wo sind Sie? – Na, in der Schule. – Ja, ja, die sind jetzt drin. – Wir sind die Maler, wissen Sie, wir sind in der zweiten Etage. Wir haben uns in einen Raum gesperrt. – Gut, alles klar. – Na, Moment mal, nicht so schnell. Sagen Sie mir wenigstens, ob Sie was machen oder so? – Ich kann Ihnen gar nichts sagen. Bleiben Sie, bleiben Sie bloß drin.

12.10 Uhr Polizeinotruf: Ja, schönen guten Tag. Ich hab nur mal 'ne Frage. Ich hab gehört, dass da in der Schule irgendwas los ist. – Ja? – Eh, was war denn da, wenn ich fragen darf. – Dort hat 'ne Person um sich geschossen. – Gut. – Es gibt dort Tote und Verletzte. – Ach du Scheiße. – Ja. – Sind Sie, sind Sie – · – Meine Tochter ist in der Schule. – Gut.

12.15 Uhr Polizeinotruf: Ja, Hinze hier noch mal. So, pass auf, das SEK ist jetzt drin. Gib den Kräften, die auf dem Platz stehen – ich bin in der Schule – mal bitte über Funk durch, die sollen nicht einschlafen. Hier stehen fünf, acht Funkwagen rum und keiner observiert die erste Etage. Nicht, dass der uns noch durchs Fenster abschmiert.

12.20 Uhr Polizeinotruf: Also, hier Mahia Sobermann noch mal, von der Filmproduktion. – Ja. – Es geht nochmal um diesen Unfall in der Schule. – Ja. – Ich hätte von Ihnen gern ein paar zuverlässige Informationen. Wir möchten nämlich dann gern eine Ansage machen, und es wäre doch sicher nicht gut, wenn die Menschen einfach so in Panik ausbrächen. – Ja.

12.20 Uhr Polizeinotruf: Wissen Sie, dass es zwei sind? – Sind Sie in der Schule? – Nein, wir sind in einer Wohnung, aber ich wollte Sie darüber aufklären. Na, ich war unten und hab einen anderen gesehen als meine Freundinnen, die oben waren. Die beiden hatten auch unterschiedliche Waffen. Der Erste eine längere, der andere eine kurze. – Kann ich mal Ihren Namen haben? – Corinna. – Sie sind Schülerin dort? – Ja. – Gut, also es sind definitiv zwei Täter? – Es sind auf jeden Fall zwei. Wir wollten Ihnen das nur sagen.

12.25 Uhr Polizeinotruf: Hör mal, rufst du den Patzer mal an. Da ist dauernd besetzt. Der sitzt in der Führungsgruppe. Und sagst du ihm mal meine Nummer. Weiter keinem. Denen in der Presse nicht, um Gottes Willen. Du, Hans, haben wir einen toten Polizisten? – Ja, ich denke, ja. – Wen denn? – Ich weiß es nicht. – Sag aber nicht, Stefan. – Na ja. – Ach du Scheiße. Ist das definitiv? – Ich kann es nicht definitiv sagen. Der Arzt ist erst jetzt rein. – Ach so, alles klar. Hör mal, wenn du es weißt, sagst du Bescheid. Es würde uns alle interessieren.

12.57 Uhr Polizeinotruf: Ich höre Sie, erzählen Sie. – Es geht um die Schule. – Richtig. – Ich hatte bis vorgestern da oben eine Baustelle. – Ja. – Und ich glaube, dass die Leute mich haben wollten. Die wollten mich töten. – Weiter. – Hier geht's um Mafiakreise. – Was? – Ich hab es der Polizei oben bei der Sporthalle schon erzählt. – Was ist denn passiert? – Es geht um Drogen. – Ja, gut. Alles klar. Rufen Sie abends nochmal an. Jetzt haben wir keine Zeit für sowas.

13.01 Uhr Polizeinotruf: Ja, und hier ist Peschel. Mein Sohn ist an der Schule. – Ja, ich kann Ihnen --. – Nein, ich möchte Sie bitten, mich hier abzuholen, oder ich fahr mit dem Taxi hin und geh da rein. – Ja, Sie können kommen, aber Sie kommen nicht durch die Polizeiabsperrung. – Ich hab schon ein Kind verloren. – Ja, wir haben Betreuungspunkte am Landgericht. – Sie holen mich bitte jetzt hier ab. – Wir holen Sie nicht ab. Wir haben gar keinen Wagen, um Sie abzuholen. Stehen alle vor der Schule. – Ich komme da hin. – Ja, ja. – Ich geh da rein. – Ja, nun, Wiederhören. – Hören Sie, ich geh da rein.

13.05 Uhr Polizeinotruf: Ist es jetzt sicher? – Was? – An der Schule, ist das sicher? – Nee, noch nicht, bleibt in dem Raum, wo ihr jetzt seid. Wo seid ihr denn? – In der Mädchentoilette. – Was, welche Etage? – Zweite. – Wie viele seid ihr? – Ich weiß nicht. Wie viele sind wir denn? Na, so ungefähr. Vielleicht acht. – Alles klar, ich gebe unsern Leuten Bescheid, aber bleibt da drin.

13.28 Uhr Polizeinotruf: Hier ist Kuhn, Spielgartenstraße. – Und? – Ich möchte mal die Polizei hier haben. – Um was geht's denn? – Was? – Was haben Sie für ein Problem? – Einbruch hier, Diebstahl. – Diebstahl. Was ist denn entwendet worden? – He? Wie? – Was ist denn entwendet worden? – Was abhanden gekommen ist? – Ja, was weggekommen ist. – Die Hauswand. – Die Hauswand ist weggekommen? – Ja. – Na, du hast ja 'ne schöne Macke, du Frosch. – Ja, ja, ich hab 'ne schöne Macke.

13.36 Uhr Polizeinotruf: Ja, hier ist Polizeimeister Späher. Haben Sie noch ein Auto frei? – Nee. – Nicht mehr, also, dann notieren Sie sich mal Masimstraße (?). – Was ist denn da? – Ja, so ein chinesischer Händler hat hier ein Schild umgefahren. Das hab ich in Zivil beobachtet, ich bin Polizeimeister, und der hat aber nix, keinen Führerschein, kein gar nix. – Ja und? – Kennzeichen ist Main-Taunus-Kreis. – Warte mal, willst du da jetzt einen Funkwagen haben oder was? – Ja, klar, es muss doch jemand kommen.

13.39 Uhr Polizeinotruf: Ich bin's noch mal, der Ronny. Ich hab mal 'ne Frage. Es kommen jetzt immer mehr Kräfte, eigene und auch benachbarte, und die fragen nach dem Führungsstützpunkt. Wo ist der? Wer kommt? – Was für 'nen Führungsstützpunkt meinst du jetzt? – Ja, weiß ich nicht. Die fragen mich alle. Die wollen alle zur 12/01, zur Führungskraft.

13.47 Polizeinotruf: Schönen Tag, mein Name ist Minz. Ich wollte mich erkundigen, wegen der Schule. – Ja. – Ich hab hier ein soziales Studium absolviert und bin Lehrbeauftragte für Psychologie an verschiedenen Schulen. – Augenblick mal bitte. – Ja. – Hallo. Hier bin ich wieder. – Genau. – Sie sind die Frau...? – Mein Name ist Minz. – Gut, Psychologin, hm? – Ja, ich hab Sozialwissenschaften studiert und Psychologie und bin Lehrbeauftragte. – Also, Krisenbetreuung könnten Sie auch machen? – Könnte ich mir schon vorstellen, ja. – Gut. – Also, ich kann, ich weiß, ich lehre Psychologie an verschiedenen Schulen hier, ja. – Gut. Und Sie wollen sich zur Verfügung stellen, nehme ich an. – Also, ja, ich kann mir vorstellen, dass Eltern in dieser Situation, ja, dringend jemand brauchen. – Ja genau, ich schreib mir mal schnell Ihre Nummer auf. – Und aufgrund dieser Situation dachte ich mir, wenn's. – Ja? – Wenn's. – Hören Sie bitte. – Ja. – Gehen Sie am besten auf den Sportplatz. Dort ist der Anlaufpunkt für Eltern und Kinder. Dort wird jede Hand gebraucht. – Mensch, ist das nicht furchtbar? Ich kann mir sehr gut vorstellen, dass die Eltern ––. – Ja, wie gesagt, am besten, Sie wenden sich gleich dorthin. – Ja, das denke ich mir. Deswegen ruf ich ja an.

13.52 Uhr Polizeinotruf: Mein Name ist Sinowitz, Warschauer Straße. – Hm. – Und mein Nachbar. Also, gucken Sie doch mal auf Ihre Uhr! Wie spät haben wir es jetzt? – Und? – Ja, und der hämmert da drüben. – Ja. – Als wenn's ums Leben geht. – Ja. – Bei uns ist Mittagsruhe vorgesehen. – Ja, das mag sein, aber ich kann Ihnen heute niemand schicken. Wir haben heute einen Amokläufer in der Stadt, und der geht vor.

BETREFF: KEIN SCHNELLER NOTZUGRIFF

NINTENDO UND KALKREISSE. Nichts Unübliches für einen 19-Jährigen: Kurz nach 9.00 Uhr früh vor dem Computer sitzen und »Quake«, das Lieblingsspiel, spielen. Mit dem Cursor das Blut wegklicken, damit das Töten auf dem Bildschirm schneller geht. Dann das Gerät ausschalten. Das Frühstück: Kaffee und Salami-Brötchen. Kurz darauf sich fertigmachen, um die Wohnung zu verlassen. Es ist Abiturzeit und Englisch die vierte Schriftliche. Das sei jetzt die letzte Prüfung, muntert die Mutter den Sohn auf. Der Vater drückt den Jüngsten an der Tür an die Brust: »Jetzt geht's um die Wurst!« – »Ja, dann ist Schluss!«, sagt Robert Steinhäuser. Erfurt, am 26.4.2002. Das Morden beginnt über Umwege, denn kurze Zeit später kommt der vermeintliche Abiturient zurück. Er hat den Kuli vergessen, gibt er den Eltern gegenüber an. Die Rückkehr-Szene wiederholt sich. Die Eltern Christel und Günter Steinhäuser sind mittlerweile beim Einkauf, doch die Großmutter, ein Stockwerk höher, sieht den Enkel vom Fenster aus zurückkommen. Rauchend. Er sei Nichtraucher, dachte sie bisher. Er trägt einen Rucksack. Die dritte Rückzugsschleife hat schließlich die Nachbarin im Blick. An der Endhaltestelle der Linie 1 erkennt sie auf dem Nachhauseweg den mit schwarzem Rucksack und grüner Sporttasche ausgerüsteten Sohn der Vermieter. Aus der Sporttasche ragt eine Art Tennisschläger heraus, erinnert sie sich später. Die Frau läuft langsam. Als sie geraume Zeit später ihren Briefkasten öffnet, läuft »Steini«, wie ihn alle im Kiez nennen, an ihr vorbei, zurück zum elterlichen Haus. Die grüne Sporttasche fehlt.

Mittlerweile ist es 10.35 Uhr. Das Abitur läuft seit gut vier Stunden. Noch eine, dann ist es vorbei. Auf welchem Weg der 19-Jährige in schwarzer Jacke zum knapp einen Kilometer entfernten Gutenberg-Gymnasium gekommen ist, kann niemand sagen, bis heute nicht. Gesichert ist, dass er beim Betreten der Schule den Hausmeister Uwe Pfotenhauer trifft, der den jungen Mann aber nicht erkennt. Hätte er, wäre der Teenager der Schule verwiesen worden. Die Vorgeschichte dazu ist einschlägig. In der späteren Vernehmung sagt der Vater Günter Steinhäuser: »Bis zur zehnten Klasse waren Roberts Leistungen zwar nicht besonders gut, aber doch so, dass wir davon ausgingen, er besteht das Abitur. Es gab auch seitens der Schule offensichtlich keine Probleme mit ihm. Wir waren zu jedem Elternabend.« Vom Jugendweihe-Geld hatte sich Robert Steinhäuser seinen ersten Computer gekauft. Gameboy und Nintendo waren bis zu dem Zeitpunkt für ihn die absoluten Renner. Ab da standen andere Kaliber auf dem Programm. Die Mutter sagt in der Vernehmung: »Er hat fast ausschließlich so Kriegsspiele gehabt, worüber wir nicht glücklich waren. Mit schulischen Problemen ist er nie zu mir gekommen, auch mit anderen Problemen nie.« Der Vater ergänzt: »Nächtelang hat er mit Freunden am Computer gespielt, indem sie sich vernetzt und gegeneinander gespielt haben.«

Die sich ständig vernetzenden und gegeneinander spielenden Freunde der Nacht und das eigentliche Tagesprogramm. In einem Deutschaufsatz der elften Klasse hält Robert Steinhäuser fest: »Ich denke, ich stehe noch am Anfang meines Lebens. Momentan versuche ich, mein Abitur so gut wie möglich zu bestehen. Vor einiger Zeit war mein

Ziel, Informatik zu studieren, doch dafür benötigt man zehn Punkte im Leistungskurs, die ich nicht erreichen kann. Deshalb musste ich diesen Traum leider aufgeben. Zur Zeit ist die Schule alles andere als lustig, da es die ganze Zeit nur darum geht, irgendwelche Leistungen zu erbringen. Mein derzeitiges Ziel ist es, einmal ein gutes Abitur zu bekommen und zum zweiten als technischer Systemanalytiker zu arbeiten.« Doch die Schulsituation wird für den Computerfreak zunehmend prekär. Das anstehende Abitur ist kaum noch zu schaffen. Er weiß es. Das Endzeugnis der elften Klasse im Sommer 2000 hält für ihn fünfmal die Note 5 und zweimal die Note 6 fest. Eine Realität, die nicht ohne weiteres wegzuschieben ist. Ein Notstand, der zum Familiengespräch führt mit dem Ergebnis, dass der Vater am 20. 6. 2000 den Antrag stellt, sein Sohn möge die elfte Klasse wiederholen dürfen. Dem Antrag wird 14 Tage später stattgegeben. In jener Wiederholungsschlaufe der elften Klasse verändert sich für den Sitzenbleiber so manches, das Schulproblem aber löst es nicht. Stattdessen wird das Jahr zum Jahr der Videos, der harten Musik, der Drogen und des Rumhängens mit Freunden. Schule? Du meine Güte! Was soll der Quatsch?

Robert Steinhäuser wird Stammgast im »Videobuster«, einer Videothek am Juri-Gagarin-Ring. Ein Freund sagt: »Wir waren über eine Netzwerk-Karte verbunden, ohne eine Verbindung mit dem Internet herzustellen. Wir saßen häufig im Internetcafé in der Brühler Straße und haben nach Downloads von PC-Spielen gesucht oder Updates runtergeladen. Strategie- und Sportspiele oder First-Person-Shooter waren in. Hin und wieder haben wir auch gechattet, um da irgendwen kennenzulernen.« Derselbe Freund berichtet auch vom gemeinsamen Drogenkonsum: »Gras hat uns nicht so interessiert. Aber der Chemiekram, Ecstasy zum

Beispiel oder Tilidin – hat richtig Spaß gemacht, das auszuprobieren.«

Die Doppelschleife der elften Klasse wird für die spätere Tat in weiterer Hinsicht relevant: Neben der virtuellen Ballerei geht's auch ums Reale, zumindest unter einem Aspekt: Am 17.10.2000 stellt Robert Steinhäuser – mit Erlaubnis und Unterschrift der Eltern, da er noch 17-jährig ist – einen Aufnahmeantrag in den Schützenverein »Domblick«. Noch am selben Tag wird er Mitglied, erhält Schützenpass und Schießbuch. Sein Ballerpensum ist extensiv. Er wird Gastschütze in Wandersleben, auf der Schießanlage Kalkreiße, auf dem Schießstand Geienberg in Elxleben und beim BDMP, dem Bund Deutscher Militär- und Polizeischützen. Später heißt es, dass er zusätzlich eine Kampfausbildung mit einem Mann gemacht habe, der als Soldat im Kosovo-Krieg gewesen sei. Eine Aushilfe im »Domblick-Verein« erzählt: »Er schoss sehr schnell. Er freute sich immer, an Wettkämpfen teilzunehmen, zeigte dabei aber keine Auffälligkeiten und keinen sonderlichen Ehrgeiz. Er schoss immer auf 25 Meter.«

Um eine Waffenbesitzkarte zu bekommen, braucht es den Nachweis der Notwendigkeit. Den nötigen Antrag an seinen Verein stellt Robert Steinhäuser am 29.6.2001. Eine Sportpistole 9 Para und eine Flinte 12/70 will er erwerben. Der Antrag ist nicht unter der gängigen Rubrik »Sportschützen« gestellt, sondern unter der Rubrik »Waffenbesitzkarte zum Erwerb und zur Ausübung der tatsächlichen Gewalt über Schusswaffen«. Niemand stößt sich daran. Im Frühsommer 2001 legt der Schießenthusiast einen Waffensachkunde-Lehrgang ab. Just am 11.9.2001, dem Tag des Attentats auf das World Trade Center in New York, erhält er die Bescheinigung für Sportschützen, als Nachweis der Sachkundeprüfung.

Bei so viel außerschulischem Aktionismus rückt die Schule in weite Ferne. Genauer: Robert Steinhäuser lässt sie mehr und mehr ausfallen. Um die Fehlzeiten aufzufangen, fälscht er Krankenscheine. Als das rauskommt, wird von der Schulleitung am 4.10.2001 mit ihm eine Anhörung anberaumt, die die Direktorin mit dem Satz eröffnet: »Ich beschuldige Sie des Betrugs und der Urkundenfälschung der Krankenscheine von Frau Dr. Jaschke. Haben Sie etwas dazu zu sagen?« Laut Protokoll reagiert Robert Steinhäuser mit einem einzigen Satz: »Alle Ihre Anschuldigungen sind korrekt!« Befragt nach der Ursache der Fälschungen, gibt er an, dass er keine Punkte im Geografieunterricht erhalten habe und sein Abitur gefährdet sah. Doch wenigstens habe er sich bei der Ärztin entschuldigt. Der Nachsatz vermag nichts mehr zu bewirken. Das Resultat der Anhörung endet unzweideutig: »Die Schulzeit«, so die Entscheidung der Direktorin und fünf weiterer Kommissionsmitglieder, »ist für Robert Steinhäuser laut Schulordnung Paragraf 52, Absatz 3, an dieser Schule zu Ende«, heißt es. Die Suspension des Schülers ohne Einbeziehung der Lehrerkonferenz unterläuft das Thüringische Schulgesetz. Über die Falltiefe der Entscheidung dürften sich alle Beteiligten im Klaren gewesen sein. Zu dem Zeitpunkt blieb einem Zwölftklässler ohne Abitur in Thüringen nichts, keinerlei Bildungsnachweis, da er damit automatisch auch ohne Realschulabschluss war. Ein Entweder-Oder-System.

Robert Steinhäuser verlässt nach der Anhörung zusammen mit dem Kurssprecher die Schule. Sein Mitschüler sagt über die Situation: »Ich begleitete ihn nach Hause, da ich Angst hatte, dass er sich was antun würde.« Dort fällt über das soeben Stattgefundene kein Wort. Das Gymnasium braucht die Eltern nicht zu informieren, wenn der Schüler volljährig ist. Das persönliche Desaster des Herausgeworfenen bleibt in alle Richtungen ohne Sprache. Lediglich der kleine Zettel an der Wandzeitung gegenüber dem Schulsekretariat informiert Tage später lakonisch über die Entscheidung der Kommission. Einige Lehrer fragen nach. Die Antwort: Robert Steinhäuser sei ein Betrüger und Bummelant, die Entlassung sei unumgänglich gewesen. Das erscheint nachvollziehbar. Man erinnert den Schüler als nicht sonderlich angenehm. Die Sache ist erledigt.

Der juristisch fragwürdige Schulverweis wird im Nachhinein zur fatalen Schlüsselszene, da er das Leben von Robert Steinhäuser in zwei Richtungen regelrecht aufreißt, ja radikalisiert: Zum einen ist ihm durch die Entscheidung der Schulleitung der Ernst der Lage unmittelbar bewusst, das heißt: Er startet sofort einen letzten Rettungsversuch in Sachen Abitur. Zum anderen beginnt er parallel dazu, das konkret zu machen, was für den 26. 4. 2002 in seinen Augen nötig ist. Beide Handlungsstränge sind minutiös nachvollziehbar und laufen über genau einen Monat.

Noch am selben Abend, am 4. 10. 2001, hebt Robert Steinhäuser um 22.31 Uhr am EC-Automaten Gutenbergplatz 900 DM in bar ab, vier Tage später weitere 800 DM. Zwei Wochen später besorgt sich der Exmatrikulierte für 450 DM seine spätere Tatwaffe, eine Glock 17; einen Tag später die dazugehörige Munition – 1000 Schuss für 270 DM. Das reicht noch nicht: Nach einer weiteren Barabhebung über 1000 DM kauft sich der Ex-Gymnasiast am 30. 10. 2001 im Frankonia-Geschäft in der Erfurter Neuwerkstraße seine zweite Tatwaffe, eine Pumpgun Mossberg für 1279 DM plus diverse Munition.

Zwei scharfe Waffen sind eine Realität. Neben der versucht der gescheiterte Abiturient in Sachen Schule trotz Rausschmiss dranzubleiben. Große Chancen hat er nicht. Mitte Oktober 2001 wird er im Erfurter Schulamt vorstellig.

Heidrun Brauer, die Referentin für Gymnasien, gibt zu Protokoll: »Frau Alt teilt mit, dass sie diesen Schüler nicht mehr am Gymnasium haben will, es gebe nur Ärger, er solle sich ein anderes Gymnasium suchen. Am 16.10.2001 erschien ein Schüler bei mir im Schulamt als Robert Steinhäuser vom Gutenberg-Gymnasium. Er stellte seine Situation – er hatte Mist gebaut, die Schule vernachlässigt, Krankenschein gefälscht – offen dar. Ich hatte den Eindruck, dass er es ehrlich meinte. Ich habe ihn direkt gefragt, in welches Gymnasium er gehen wolle. Er sagte, er würde gern ans Königin-Luise-Gymnasium, da er dort Kumpels und Freunde hätte.«

Just an diesem Tag, dem 18.10.2001, erhält Robert Steinhäuser vom Ordnungsamt Erfurt seine lang ersehnte Waffenbesitzkarte, oder eher zwei: eine gelbe für einschüssige Waffen und eine grüne für mehrschüssige. Es ist derselbe Tag, an dem auch der Schriftsatz des Gutenberg-Gymnasiums erstellt wird, der die Fortsetzung des Abiturs am Erfurter Königin-Luise-Gymnasium möglich machen solle. Auch in dem Fall hätte die Lehrerkonferenz einberufen werden müssen. Auch diesmal geschieht es nicht. Sowieso erweist sich die neue Abitur-Option rasch als gegenstandslos, da das Wunschgymnasium den für Robert Steinhäuser nötigen Grundkurs Physik gar nicht erst anbietet. Das Erfurter Schulamt reagiert erneut und verweist den Schüler ans Martin-Luther-Gymnasium. Dort taucht der Geschasste nicht mehr auf. Der Glaube daran, das Ding mit dem Abitur irgendwie doch noch hinzubiegen, scheint abhanden gekommen. Diesmal kommt keine Reaktion, von keinem Schulamt, keinem Gymnasium, keinem Lehrer. Niemand geht dem Vorgang nach, keiner fühlt sich zuständig, die Eltern bleiben ohne Information, der Querulant scheint durch die Maschen gerutscht. Am 5.11.2001 teilt die

Leiterin des Gutenberg-Gymnasiums Robert Steinhäuser per Schreiben mit: »Hiermit beende ich das mit Ihnen bestehende Schulverhältnis auf der Grundlage des Thüringer Schulgesetzes entsprechend der durch Sie zu vertretenden Gründe mit Wirkung des heutigen Datums.«

MAHLWERKE. Ab November 2001 sitzt der Ex-Gymnasiast statt in der Schule täglich im Café »Marathon« im Kaufhaus »Breuninger«. Es ist ein zentraler Punkt der Stadt. Das Flüsschen Gera, das Wehr, die Neue Mühle. Die Paare sitzen verträumt auf der Steinmauer und hören dem Geschnatter der Enten hinterher. Gegenüber des Wehrs das Kaufhaus samt Café im zweiten Stock. Robert Steinhäuser kommt jeden Morgen von der Ottostraße, läuft das Lauentor, geht über den Domplatz, biegt zum Fischmarkt ein, lässt das Rathaus links liegen und ist da. Ein Fußweg von einer Viertelstunde. Zu Hause berichtet er über die Schule, über Druck und das anstehende Abitur. Real sitzt er hinter den großen Café-Fenstern. Unten der Fluss, die Leute, das ruhige Geschäft einer sehr ruhigen Stadt. Eine Servicekraft berichtet: »Meist kam er so gegen 9.30 Uhr, blieb eine ganze Weile, bestellte immer einen Eiskaffee. Er war ganz normal und unauffällig, kam immer mit einer Tasche, einer Sporttasche oder Aktentasche. Er las und schrieb viel, wenn er da war. Unterhalten haben wir uns nie.«

Ein Leser und Schreiber also, mit Dauerblick auf das große, vor sich hin stampfende Wasserrad der Mühle, auf seine kreiselnde Monotonie, seinen Rhythmus. Unwahrscheinlich, dass ihn zwischen dem Kaffeetassen-Takt und der Anonymität der Kaufhausstimmen familiäre Urgründe beschäftigt haben. Doch das Unbewusste, heißt es, ist auch ein Wissen. Es drängt nach, schiebt sich an der Stelle zu einem Bild zusammen, nämlich dem, wie einer seiner

Stammväter, Carl Steinhäuser, der zweite Sohn von neun Kindern, 1823 in der Rosenmühle zu Frankenhausen am Kyffhäuser geboren wurde. Wie er das Klappern der Mahlräder hörte, die Wiegenlieder, Zephyrwalzer, das Lied der Schwestern »Es regnet auf der Brücke« – so steht es in seinen Memoiren. Als er kaum zwei Jahre alt war, brannte die väterliche Rosenmühle ab. Der Junge konnte grad so gerettet werden. Später erklärte er das Ausbrennen seiner Herkunft zum Initial. »So lange der Mensch sich seiner nicht bewusst ist, solange befindet er sich im Zustand des Geborenwerdens«, heißt es in dem von einem seiner Söhne, dem Pfarrer Wilhelm Steinhäuser, 1908 herausgegebenen Erinnerungsbuch. »Er ist noch nicht ganz Mensch, denn er erscheint noch nicht als ein vom Geist belebtes Wesen.« Ein Lebensprogramm.

Was aber macht ein Müllers-Sohn ohne Mühle, ohne sein klapperndes Lied? Carl Steinhäuser erfand es sich neu, wurde einer der Ton-Macher oder auch Resonanzbildner seiner politisch irritierten Heimat. Ein Patriot, überzeugt vom Polyphonen. 1858 wurde er als Organist an die Marienkirche von Mühlhausen berufen, ein Jahr später kam die erste Dampfmaschine in die Stadt. Die Mahlwerke von Kultur, Geschichte, Nationalem und Industrie bewegten sich im sogenannten Herz-Deutschland ab der Zeit mehr und mehr synchron. Johann Sebastian Bach und Thomas Müntzer waren Tradition, die neuen Maschinen die Zukunft. 1861 wurde Mühlhausen ans Telegrafennetz angeschlossen, 1870 die erste Bahnstrecke eröffnet. Carl Steinhäuser war in all der Dynamik für den großen Klang zuständig, als Königlicher Musikdirektor, als Organist und Kantor, als Chorerzieher und Leiter von Gesangsvereinen, 1888 als Chef der Lutherfestspiele, als Komponist und Musikpädagoge. Mit seinem Männergesangsverein »Arion« zog er in die Sängerkriege von Gotha, Rudolstadt und Erfurt. Das Leben, schrieb er, sei eine Tonleiter, die man sich erobern müsse. Primen, Terzen, Quinten, Dur und Moll. Der Stammvater des späteren Ego-Shooter-Spielers Robert Steinhäuser wusste alles über Harmonie.

Dabei war Carl Steinhäuser nicht der einzige innerhalb dieser weitverzweigten thüringischen Familie, der mit aller Energie aufs geistig Belebte aus war. Die Kantoren der Familie wussten »mystischen Sopranglanz« zu zaubern, die Pfarrer waren von Rang, oft über die eigene Gemeinde hinaus, die Organisten »in sich geschlossene Charaktere«, lediglich von den Schriftstellern der Familie war später weniger die Rede. Die Kollektivbiografie der Großfamilie Steinhäuser ergäbe einen erstaunlichen Bericht über eine konzertant wirkende Hochkultur mitten in Deutschland. Das hatte etwas Vitales, Stämmiges, Experimentelles. Am Ende seines Lebens jedoch sieht man Carl Steinhäuser auf einem Foto mit schlohweißem Haar und derben, fahrig wirkenden Gesichtszügen. Harmonie? Sein Konterfei lässt nichts von der Freude auf das neue Jahrhundert vermuten. Es wirkt eher seismografisch forciert und gebrochen zugleich. Als sähe er sie schon, die neuen Mahlwerke: hektisch, gierig, hysterisiert. Er stirbt 1903, in das hinein, was man später Endzeitstimmung nennen wird.

Krisen und Kriege, neue Körperkonzepte und Wahrnehmungsprogramme, gebannte Hirne, Suggestionen, Radikalisierungen. Über das, was folgte, heißt es, sei man durchweg im Bilde. Dennoch: Warum eigentlich war das Urland der Sozialdemokratie, warum war Thüringen, besonders anfällig für den Nationalsozialismus? Aufgrund der mitunter gar obskure Züge annehmenden historischen Zersplitterung, aufgrund seiner bitteren Armut, des politisch speziellen Provinzialismus? In jedem Fall war Thüringen das erste Land, das bereits Anfang 1930 die NSDAP an der Regierung beteiligte. Grund genug für Hitler, es fortan als sein Experimentierfeld zu annoncieren. Wem gelang es, brauner als braun zu sein: Weimar oder Erfurt? Heimatkunde der besonderen Art, als ätzende Konkurrenz, die das Wesen dieser Art Herrschaft bis ins Innerste einsickern ließ und – bedingt auch durch die Präsenz und Agilität der starken nationalsozialistischen Eliten Thüringens – für das Mehrheitsbewusstsein beinah reibungslos selbstverständlich machte. Totale Verfügbarkeit als politisches Heimat-Prinzip.

Erfurt nach 1933? Die Hakenkreuz-Fahnenmeere an Feiertagen in der ganzen Stadt, die »Hitlertage« in Erfurt am 17. 7. 1933 mit vierstündigen Vorbeimärschen am »großen Führer« auf dem Erfurter Domplatz, einen Tag später die Kampfreden vor 150 000 Jubelnden auf der »Mitteldeutschen Kampfbahn«, dem heutigen Steigerwald-Stadion, die von den Kasernen im Süden der Stadt regelmäßig zum Bahnhof marschierende Wehrmacht, Menschen mit gelbem Stern, die später auf dem Bahnhofsvorplatz auf ihren Abtransport warteten, der Luftkrieg ab Sommer 1940, lichterloh brennende Häuser, Luftdruckschäden, Notabitur. Ab dem 1. 4. 1945 besetzten amerikanische Streitkräfte Thüringen. Im Zuge alliierter Abkommen wurde das Land am 2. 7. in die Sowjetische Besatzungszone eingegliedert und unterstand damit dem sowjetischen Militär. Wie folgenschwer diese Entscheidung war, konnte im unmittelbaren Nachkriegschaos niemand ermessen. Erfurt nach 1945? Exnazis, die nach den Amerikanern liebend gern Russen beherbergten, weil sie so dem Hunger entkamen und nicht mehr frieren mussten, viel Hoffnung, viele Tote, Warten auf die Heimkehrer, Enttrümmerung, Angst vor Plünderung und Gewalt. Ein Leben im Chaos. Der lange Nachkrieg als Fortsetzung des Krieges mit dem Gefühl des totalen Ausgeliefertseins. Bilder, abgespeichert im sogenannten »heißen« Gedächtnis, in den unzugänglichen Regionen des Stadt-Gehirns, seinem Trauma-Container. Auf ihn und in ihn hinein schob sich ein zweiter, die Folgediktatur DDR.

ENTBORGENES. Lebten die Eltern von Robert Steinhäuser, geboren als Kriegskinder, im Schatten der Mauer, wuchs der Sohn im Schatten der DDR auf. Robert Steinhäuser, am 22. 1. 1983 in Erfurt geboren, kurz vor Ladenschluss der DDR also, gehört zur Generation der Einheitskinder. Wo ansonsten von Euphorie, dem Glück der Deutschen und dem Wunder der Geschichte die Rede ist, scheinen die roten Fäden dieser Generation von Gefühlen der Heimatlosigkeit und Trauer zu erzählen. Die Journalistin Andrea Hünniger, Jahrgang 1984 und in Weimar aufgewachsen, schreibt in ihrem FAZ-Essay »Als der Globus explodierte« vom 8. 1. 2010 von einer »Erziehung durch melancholische, ja, depressive, eingeknickte, krumme, enttäuschte, beschämte, schweigende Eltern und Lehrer. Die Hälfte des Personals in unserem Leben musste ständig in Kuren oder in psychologische Betreuung.«

Verunsicherung, Schweigen, Ratlosigkeit, fehlende Auseinandersetzung am Ende einer abrupt entborgenen Kindheit. In dem 2010 erschienenen Buch *Zwischen Prekarisierung und Protest. Die Lebenslagen und Generationsbilder von Jugendlichen in Ost und West* wird der »Umbruchserfahrung der um 1980 im Osten Geborenen eine besondere Bedeutung« zugesprochen. »Eingedenk der Orientierungs- und Sinnkrise ihrer Eltern und dem Infragestellen der materiellen Grundlagen ihrer Herkunftsfamilien wurden sie doppelt verunsichert.« – »Es ist dünnes Eis, das uns nicht trägt. Es ist das Gefühl, schon einmal gestorben zu sein«, formulierte es die in Borna 1976 geborene Schriftstellerin Jana Hensel und nennt es Generationsgefühl.

Ein Foto mit einem etwa zweijährigen, blonden Jungen auf einer Schaukel. Ein x-beliebiger Hinterhof, in dem Fall in der Erfurter Ottostraße. Ein hoher Maschendrahtzahn, Obstbäume. Die ausgestreckte, nach dem Vater greifende Hand, die ins Leere greift. Vater und Sohn. Beide lachen. Es ist die Freude von Robert und Günter Steinhäuser. Als ob das Leben eine einzige Erzählung aus Bindung, Sicherheit und Kontinuität wäre. Dabei wächst eine Generation heran, von der man 20 Jahre später sagen wird, dass sie an den Sollbruchstellen ihrer Eltern heftig zu knabbern hat, dass sie viel zu lange um die Leerstelle DDR kreiselt, für die der Westen pragmatisch Kohle-Machen heißt und der Osten mehr und mehr zum inneren Märchen geworden ist, zu einer notwendigen, dankbaren und hinlänglich dehnbaren Projektionsfläche. Jahre, in denen es rüde zugeht, trashig, maulig, zu viel ohne Sprache. Eine Welt, die sich mit dem zu begnügen hat, was ist. »Generation ohne Utopie« nennt man die Einheitskinder auch.

»Diese ständige Flexibilität, dieses Verlieren der Wurzeln«, klagt Vater Steinhäuser über die Zeit nach 1989. Ein verschwundenes Land und seine Sprache, als befände die sich im Niemandsland. Was spricht diese Elterngeneration, was sprechen ihre Kinder? »Wie war dein Tag?«, fragt Christel Steinhäuser, wenn der Jüngste aus der Schule kommt. »Ganz okay«, lautet die Antwort, bevor der Sohn in seinem Zimmer verschwindet. Rare Tagesbotschaften. Zwischen 1986 und 1989 geht Robert Steinhäuser in den Kindergarten. Bis 1993 besucht er die Grundschule. Am Ende der vierten Klasse erhält er keine Gymnasialempfehlung. Die Leistungen seien zu mittelmäßig, meint die Schulleitung. Am Ende der fünften Klasse erfahren die Eltern in der Regelschule Erfurt/Hochheim auf einem Elternabend von den Problemen des Jahrgangs. Dabei geht es um eine generell schlechte Lernbereitschaft, ums Schuleschwänzen, um Messer in der Schule. Die Eltern sind alarmiert. Da der sechs Jahre ältere Bruder Peter, später Student für Wirtschaftsinformatik, bereits am Gutenberg-Gymnasium ist, soll nun auch der Jüngere dorthin. Ab 1995 – Robert Steinhäuser ist zwölf – beginnen für ihn die Schuljahre am Gutenberg-Gymnasium. Die Hürden sind hoch, die Schule versteht sich als Bildungselite, als Burg des Lernens. »Lerne um zu leben«, mahnt der rechte Seiteneingang der Schule. »Lebe um zu lernen«, fordert der linke. »Mit zwölf Jahren«, sagt die Mutter, »ist er mehr und mehr verstummt.« Bis dahin sei »das Verhältnis sehr innig« gewesen. Die Distanz zum älteren Bruder scheint unüberbrückbar. Er scheint eher jemand, dem die Dinge leicht fallen. »Wendig, wach« sei er gewesen, erinnert sich ein Lehrer, »ein extrem guter Handballer, irgendwie ein Sympath«. – »Na ja«, sagt ein anderer, »mitunter kam der auch mal mit dem Mercedes zur Schule.« Ziemlich windschnittig sei der Ältere gewesen. »Das kann für den Kleinen nicht einfach gewesen sein.«

»Robert darf die Freude an der Schule nicht verlieren, er muss eine richtige Arbeitstechnik finden«, heißt es in einem der ersten Gymnasialzeugnisse. Doch der Muttersohn wird ernster, verschlossener, fängt an, sich abzuschotten, wird zur Fernsehratte. Die Noten verschlechtern sich. Die Mutter bemerkt es, weiß aber nicht damit umzugehen. Kein Nachfragen. Mit 14 Jahren bekommt Robert Steinhäuser Susi geschenkt, eine grau-schwarz melierte Katze. Sie schläft in seinem Bett, wie er als Kind im Bett der Eltern schlief. Viel zu lange, wird die Mutter später sagen. Doch Susi allein ist nicht genug, um das innere Verkapseln des Sohnes aufzufangen. Ebenfalls mit 14 Jahren – zur

84

Jugendweihe – bekommt er das Geld für seinen ersten Computer. Es wird der Eintritt in eine neue Realität.

Eine Kindheit aus Schweigen und zunehmenden Nöten. Die Schuljahre gehen mehr schlecht als recht ins Land. Trotzdem ist äußerlich im November 2001 nicht viel mehr zu sehen, als dass ein mittlerweile 19-Jähriger vor seinem Eiskaffee im Café »Marathon« sitzt. Tag für Tag tut er das. Und dass er dabei liest und schreibt, wie sich die Servicekraft erinnert. Was? Dokumente gibt es bisher keine aus dieser Schläfer-Zeit. Die Jahre mit Captain Kirk und »Raumschiff Enterprise« – die Kinderwelt von Robert Steinhäuser – jedenfalls sind vorbei. »Mehr als angekotzt ist er im November 2001 gewesen, übelst entnervt«, weiß einer seiner Freunde zu berichten. Die Medien sind im Herbst 2001 randvoll mit Bildern vom 11. September, von den einstürzenden Twin Towers, von Staubwolken und den aus den Gebäuden fallenden Menschen. Das Unvorstellbare. Ground Zero. Der neue Krieg. Das Verschwinden der Realität. Die Mega-Operation. Der Super-Crash. Der Live-live-Moment. Die Zäsur. Die Wörter überschlagen sich, die Sätze suchen nach Einordnung. Etwas sei tief eingedrungen, meinen die Kommentatoren, sogar in uns. Die Welt sei mit einem Schlag eine andere geworden. Wir hatten ein Immunisierungsbild, jetzt haben wir ein Infektionsbild, sind sie sicher.

Robert Steinhäusers letzte Computer-Variante ist ein Pentium-II-Rechner, dazu Booster für authentische Schussgeräusche, ein Scanner und ein 17-Zoll-Monitor. Die Musik: meist Metal-Bands wie die nur maskiert auftretende Band »Slipknot«, »System of a Down« oder »Entombed«. Fette Dröhnungen aus Feuer, Tod, Blut, Inferno, Satan. Eine so martialisch wie verkitscht aufgemotzte Hyperreligion mit jeder Menge selbsternannten »Antichristen«, die alles

mobilisieren, um sich zumindest ein einziges Mal zu spüren. Da die Band Bezugsgröße beinah aller Amokläufer seit
Einbruch der Neuen Medien ist, steht sie unter permanen-
ter Erklärungsnot. Die Songs sind ganz aufs »Positive« aus,
lautet die chronische Botschaft.

Steinhäusers Spiele-Welt: »Homeworld«, »Hidden & Dan-
gerous«, der Ego-Shooter »Half-Live«, das Cyper-Epos »Medal
of Honor«, sein absolutes Lieblingsspiel »Return to Castle
Wolfenstein« und »Counter-Strike«, der bis Juni 2011 meist-
gespielte Online-Krieg. Szenarien, Schnittstellen, Maps,
Ausrüstungen, Waffen. Dauerdetonationen von Häusern,
Brücken, Fahrzeugen, Bunkern, Menschen. Immerzu geht
es unendlich laut zu, geht es schnell zur Sache, muss rasend
schnell alles zerstört werden. Die Akteure sind immer
Ninja-Krieger, schwarz maskiert. Pausenlos sieht man in
Gewehrläufe.

Passiver Horror, der einen rhythmisch trainierten Körper fordert. Laut Studien hat ein Jugendlicher in den USA
bis zum 18. Lebensjahr in den Medien 32 000 Tode gesehen. Die Fachdiskussion über die aktuelle Medienland-
schaft verläuft bekanntermaßen disparat und will noch
immer wenig gesichert sein. Nicht einmal fünf Prozent der
Realgewalt ließen sich aus vorangegangenem Medienge-
brauch erklären, wissen die Experten. Gleichzeitig betonen
wissenschaftliche Studien eine zunehmende Infantili-
sierung, Verwahrlosung und einen Empathieverlust von
Gesellschaft durch Fernsehen, Internet, Playstation. Durch
Sexualisierung und Gewaltdarstellung dringt die Welt der
Erwachsenen immer früher und stärker in die von Kindern
und Jugendlichen ein und lässt die Generationengrenzen
verwischen, was die Jüngeren nicht nur emotional überfordert, sondern auch kognitiv blockiert. Problematisch
sind dabei oft auch die Inhalte. Songs wie von »Slipknot«

oder Baller-Spiele wie »Quake« haben etwas rundweg Autoritäres und gleichzeitig enorm Suggestives. Ein Schwarz-Weiß, mit Einsprengseln von heiler Welt oder ozeanischen Naturgefühlen, ohne jede konkrete Bindung.

Robert Steinhäusers mediales Trainingsprogramm in seinem Kinderzimmer: Wie man im Laufschritt tötet, wie man Gebäude und Terrains strategisch perfekt sichert, wie man am schnellsten seine Waffen nachlädt und besonders kaltblütig mordet. Alles per Mausklick, über Jahre, Level für Level. Das Waffenarsenal von »Counter-Strike« gibt klare Anweisungen: »Wähle Primär- und Sekundärwaffe, Gewehr und Pistole!« Die Regeln besagen, dass der Munitionsvorrat eine Ressource ist, die man im Auge behalten muss, wobei das Ganze im Verlauf des Krieges immer wieder neu geladen werden kann. Der Internet-Krieg kennt keine Pausen, der Nachschub ist gesichert. Wer die Regeln einhält, kommt bestens voran. Die Mission ist, worauf sich die Einheit gemeinsam verständigt hat. Go, go, go! Krieg ist Teamarbeit.

Diese Welt der Baller-Spiele ist aus militärischen Simulationsprogrammen hervorgegangen, die die selektive Konzentration, Reaktionsbereitschaft und Treffsicherheit der Soldaten erhöhen sollen. Auf »Counter-Strike« folgten erweiterte Versionen wie »Counter-Strike: Source«. Der Anbieter verspricht hier mit dem Echtzeit-Spiel besser ausbalancierte Schusswaffen, Polygonmodelle, Schatten, Wasserreflexionen und eine neue historische Mission. Sie spielt Ende 1944 und hat jede Menge Späher, Scharfschützen, Achsenmächte, Einsätze, Schlachtfelder zu bieten. »Die wenigsten wissen wahrscheinlich, wie es ist, wenn man von einer Blend- oder Explosionsgranate erwischt wird, doch dank »Counter-Strike: Source« kann man es sich nun lebhaft vorstellen. Schlägt eine Blendgranate in der Nähe auf, wird das Bild erst weiß und ist danach noch ein paar Sekunden verschwommen, bis man wieder klar sehen kann. Und selbst wenn man dem Tod durch eine Explosionsgranate knapp entgehen konnte, hat man für kurze Zeit ein alles übertönendes Piepsen im Ohr«, erklärt der Anbieter und hält für Frühjahr 2012 die Super-Version »Global Offensive« bereit. Der Milliarden-Erfolg gilt jetzt schon als sicher.

Aber was ist es, was Jugendliche an der Welt der Spiele derart fasziniert? Die Ego-Shooter-Welt macht es offenbar möglich – neben der virtuellen Regression –, an die eigene emotionale Welt anzuknüpfen: Die Welt ist ein Naturzustand, das Leben eine Form von Krieg – unzumutbar, bedrohlich, unberechenbar, kurzum: nicht zu schaffen. Das Spiel sagt: Komm, mach dein Spiel, bleib im Team, sei unser Mitspieler, logge dich ein, bleib dran, zusammen erfüllen wir die Mission. Bei Lichte besehen simuliert die Simulationswelt der Ballerspiele die Realität der Jugendlichen, in der sie zumindest in der Pseudo-Welt des Virtuellen in der Lage sind zu bestehen. Ein simulierter Schutzraum für eine fragile, tief verunsicherte Teenager-Psyche? Belohnungseffekte, Glücksgefühle, ja Euphorie, Erfolgserlebnisse durch die Zeit im Virtuellen erleben sie als ein Stück weit Boden. In jedem Fall ist es ein Gegenland zu Frust, Druck, Stress und der bestimmenden Angst, in der realen Welt aus jeder Bindung zu fallen. Warum also nicht spielen?

COLUMBINE. Neben den neuen Spiel-Medien und dem 11. 9. 2001 in New York gibt es noch etwas, das Robert Steinhäuser in dieser Zeit in Bann hält und wofür es sich in seinen Augen lohnt, auf die Details zu achten: Columbine. Ein Synonym, ein Symbol, ein Modell. Die Geschichte von Eric Harris, 18 Jahre, und Dylan Klebold, 17 Jahre, die am 20. 4. 1999 bewaffnet mit halbautomatischen Waffen, Schrotflinten, über 900 Schuss Munition und Bomben in ihre

Schule – die Columbine High School in Littleton, Colorado, mit etwa 2500 Schülern – zogen, mit dem Ziel, das »System Columbine« zu zerstören. Es hatte sie gedemütigt und schikaniert, wie sie fanden. Der 20.4.1999 sollte, präzise über ein ganzes Jahr hin vorbereitet, ihr Tag der Abrechnung werden. »Unsere Aktion ist ein Zwei-Mann-Krieg gegen alle anderen«, heißt es in einem ihrer Videos vom 11.4.1999.

Die ersten Schüsse feuerten die beiden Teenager noch außerhalb der Schule ab, am Westeingang, um 11.19 Uhr. In der Cafeteria hatten die beiden vorher zwei 10 Kilogramm schwere Propangasbomben versteckt, die sie morgens um 8.36 Uhr an der Conoco-Tankstelle in Littleton für je 39,95 Dollar gekauft hatten. Nach ihren Mord-Plänen sollten an der Schule wenigstens 250 Menschen sterben. »Wenn wir die Technik der Zeitbomben beherrschen, werden wir Hunderte davon an Häusern, Straßen, Brücken, öffentlichen Gebäuden und Tankstellen anbringen, überall, wo sie großen Schaden und Chaos hervorrufen. Es wird wie bei den Krawallen in Los Angeles, dem Bombenanschlag in Oklahoma, dem Zweiten Weltkrieg, Vietnam sein. Alles zusammen. Wenn ich und V. durch irgendein Scheißglück überleben sollten, hauen wir auf irgendeine Insel ab oder vielleicht nach Mexiko, Neuseeland oder irgendwohin, wo die Amerikaner uns nicht kriegen können. Wenn es einen solchen Ort nicht gibt, dann entführen wir mit einer Riesenmenge Bomben ein Flugzeug und greifen damit New York an, mit uns drin, und wir schießen los, während wir nach unten sausen. Einfach irgendwas, um so viel Zerstörung wie möglich anzurichten«, hatte Eric Harris zuvor seinem Tagebuch erklärt. Er und Dylan Klebold nannten diesen Tag »das kleine Jüngste Gericht«, mit dem sie, »berühmt werden würden, zu Superstars, mit Kult-Gefolgschaften«.

Im Journal vom 23.10.1998 schreibt Eric Harris: »Es wird sich anfühlen wie in einem gottverdammten Film. Ich werde mich zwingen, zu glauben, dass sie alle nur Monster aus DOOM sind, Former Humans oder Former Sergeants oder Dämonen. Wie beim Ego-Shooter: Sie oder ich. Ich muss meine Gefühle ausschalten.«

Aufgrund eines technischen Defekts blieben die Bomben-Detonationen um die Schule, die als Ablenkungsmanöver für die Polizei gedacht waren, aus. Sie gingen nicht los. Was augenscheinlich nichts anderes hieß, als dass der eigentliche »Zwei-Mann-Krieg« für die beiden Jungen unumgänglich wurde. Noch am Eingang der Schule töteten die beiden eine 17-jährige Schülerin, liefen dann wahllos um sich schießend durch die Gänge, um in der Bibliothek zu landen. Dort hatten sich etwa 50 Schüler unter den Tischen versteckt. Die beiden Teenager gingen gezielt von Tisch zu Tisch. Dwayne Fuselier, leitender FBI-Psychologe, sagt in einem Interview vom 19.10.2006: »In 17,5 Minuten erschossen sie dort 13 Schüler und Lehrer und verwundeten weitere 21.« – »Nur Harris und Klebold wissen, was mit ihnen in den 40 Minuten passiert ist, nachdem sie die Bibliothek verlassen hatten, bis zum Zeitpunkt ihres Selbstmords«, sagt die Chef-Ermittlerin Kate Battan in einem Interview. »Es war eine sehr kurze Zeitspanne, in der sie tatsächlich Leute erschossen. Und das nicht, weil sie keine Gelegenheit mehr gehabt hätten nach 11.39 Uhr. Es waren immer noch jede Menge mögliche Opfer in der Schule. Ich weiß nicht, war es »GAME OVER!« wie bei einem Videospiel?«

Fernsehbilder aus der Schule zeigen, dass Eric Harris und Dylan Klebold die Bibliothek Richtung Cafeteria verließen und dort auf die deponierten Bomben schossen, um sie doch noch zur Explosion zu bringen. Auf einem Tisch zündeten sie einen Molotow-Cocktail, verließen die Cafeteria und zogen erneut wahllos um sich ballernd in den südlichen Teil der Schule. Die Türen der Klassenzimmer hatten kleine Fenster. Die beiden sahen, dass sich noch viele Schüler in den Räumen aufhielten, betraten sie aber nicht, sondern gaben ab etwa 11.50 Uhr nur noch einzelne Schüsse durch die Fenster der Schule ab, um die Polizei aufzuhalten. Dann zogen sich Eric Harris und Dylan Klebold in die Bibliothek zurück. Gegen 12.05 Uhr waren sie tot. Beide hatten sich erschossen.

Der 20. 4. 1999 an der Columbine High School in Colorado endete mit 12 ermordeten Schülern, einem erschossenen Lehrer, 24 Verwundeten und zwei toten Amokläufern. Die Tat war als Superlativ geplant, als ein Einbrennen ins globale Gedächtnis der Entsetzlichkeit. Ohnmacht, Hass und Leid sollten sich auf die Gesellschaft übertragen und zum Modell werden. Das gelang den beiden mit allem Kalkül. Die Chefermittlerin Kate Battan äußerte zur Rezeption des Anschlags: »Es gab keine Schießerei in einer Schule, die so viel Aufsehen erregt hat wie Columbine. Nicht davor und nicht danach.« Ted Mink, der Sheriff von Jefferson County, ergänzt in einem Interview vom 18. 10. 2006: »Die Medien und wir, die Polizei, haben Eric Harris und Dylan Klebold berühmt gemacht. Wir haben sie zu Stars gemacht. Und das war das, was sie immer wollten.«

Columbine wurde zum Referenzsystem, zu einer neuen Grammatik des modernen Tötens. Wodurch? Was war tatsächlich neu daran? In den Jahren zuvor hatte es in den USA immer wieder Schulmassaker gegeben. Waren es die Bomben, die Eric Harris und Dylan Klebold erstmals in die Schule brachten, war es die neue Art medialer Berichterstattung, das totalitäre Life-Moment, bedingt durch das Ausstrahlen der Schul-Videos, war es das Schießen als Duo, ihr Selbstmord-Pakt? Voraussetzung für das gemeinsame Morden war beider Überzeugung, dass Vernichten notwendig ist. Harris und Klebold auf einem Video-Tape vom 15.3.1999: »Wir brauchen einen Scheiß-Kickstart. Einen verdammten Religions- oder Öl- oder Irgend-was-Krieg. Wir brauchen eine Kettenreaktion. Das wird sein wie Scheiß DOOM, Mann – wenn die Bomben explodieren. Tick, tick, tick, tick ... Ha!« – »Eine Revolution der Enteigneten!« – »Ihr werdet alle sterben, und zwar sehr bald! Ich hoffe, ihr bekommt eine Ahnung, wovon wir hier reden. Ihr müsst alle sterben! Wir müssen auch sterben! Wir müssen eine verdammte Revolution lostreten!« – »Die meisten Toten in der Geschichte der Vereinigten Staaten.« – »Hoffentlich.« – »Ich hoffe, wir töten 250 von euch.« In ihrem gemeinsamen Abschieds-Video sagt Dylan Klebold: »Hey, Mama. Ich muss gehen. Es ist eine halbe Stunde vor unserem Jüngsten Gericht ... Wir haben getan, was wir tun mussten.«

Eine Herrschaftshybris, die ihre Dynamik aus Ohnmachtsgefühlen, Missions-Ideen, der simplen Welt der Ego-Shooter, aber auch realer Historie bezieht. Am 13.11.1998 schreibt Eric Harris in einem Schulaufsatz: »Es war Himmlers Meisterleistung, die SS mit einem apokalyptischen ›Idealismus‹ zu indoktrinieren, jenseits aller Schuld und Verantwortung und so Massenmord als Form des Märtyrertums und der Härte gegen sich selbst zu rationalisieren. Nirgends war das offensichtlicher als in Himmlers berüchtigter Rede am 4.10.1943 vor den SS-Gruppenführern in Posen.«

Eric Harris und Dylan Klebold bezogen ihre Tötungslegitimation – ob man will oder nicht – auch aus der Wucht der nationalsozialistischen Mordindustrie. Bezüge dazu tauchen in den geistigen Nachlässen der beiden an verschiedenen Stellen auf. Morden und dabei »anständig bleiben« – wie es Himmler in Posen formulierte – wurde für sie zur ultimativen Handlungsanleitung. So oft Hitler zitiert wird, scheint er für die Columbine-Attentäter jedoch nicht als realhistorische Person interessant, sondern als Prinzip, als eine überdimensionale Aktions-Folie, deren Energien sie aufsogen und benötigten, um sich selbst in die Welterzählung des Schreckens einschreiben zu können. Das ferne Exempel strahlte, animierte und beherrschte die beiden Teenager-Psychen aus Colorado bis in die Details. Zwei intelligente, sensible, sprachbegabte junge Männer entwickelten darin eine Radikalität, die in ihrer Sogkraft über mehr als zehn Jahre zahllose Nachahmungstaten nach sich zog. Das Cafeteria-Video von Columbine, das Harris und Klebold mit Waffen, in schwarzer Montur mit Handschuhen ohne Finger und umgedrehten Baseball-Caps zeigt, fand sich in Tausenden Kopien mit unterlegter Musik und Positivkommentaren wieder. Die polizeilichen Originaldokumente von etwa 12 000 Seiten Ermittlungsakten sind verfügbar. Die Bilder von Columbine gingen um die Welt, das Netz war voll davon, in den Chatrooms stritt man sich über jede Einzelheit.

Der 18-jährige finnische Attentäter Pekka-Eric Auvinen, Jahrgang 1989, bezog sich in seinem Todesgang eindeutig auf Columbine. Am 7.11.2007 tötete er in einem Schulzentrum in Tuusula sieben Menschen und verletzte einen Schüler schwer, bevor er sich selbst erschoss. Sein Abschiedsbrief ist ganz im Harris/Klebold-Stil: »Ich werde alle eliminieren, die sich als wertlos, als Blamage für die menschliche Rasse und als Ausfall der natürlichen Selektion begreifen. Der Mensch wird überschätzt! Es ist Zeit, natürliche Selektion und das Überleben der Tauglichsten wieder wirksam werden zu lassen.« Auch Seung Hui-Cho, Jahrgang 1984, der am 16.4.2007 an der Virginia Tech University in Blacksburg Amok lief, dabei 32 Menschen und schließlich sich selbst erschoss, trat in kompletter Columbine-Montur auf. Seine Video-Inszenierungen vor der Tat beziehen sich augenfällig auf Littleton. In einer seiner letzten Botschaften wiederholt er Harris und Klebold fast wortwörtlich: »Ihr hattet hundert Milliarden Chancen, das hier zu vermeiden. Aber Ihr habt entschieden, mein Blut zu vergießen. Ihr habt mich in eine Ecke getrieben und mir nur eine Option gelassen. Als die Zeit kam, habe ich es getan. Ich musste es tun.« Die Schule des modernen Tötens, die erweiterte Phase von Amok-Taten seit Einbruch der Neuen Medien, hat Columbine zum Modell. Amok war nicht mehr der Todeslauf eines Einzeltäters, sondern wurde globales Handlungsmodell. Mittlerweile kann man sich einen Amoklauf-Simulator als kostenlosen Download im Internet herunterladen. Der Prototyp ist auch hier Columbine und eine Modifikation von »Half-Life 2«. Auf der gelöschten PC-Festplatte von Robert Steinhäusers Vater fand die Polizei nach dem Erfurter Massaker eine Bilddatei mit Videofotos vom Amoklauf in Littleton, inklusive Datum und Uhrzeit.

KONSPIRATIONEN. Nichts haben sie gewusst von seinem Rausschmiss aus dem Gutenberg-Gymnasium, erklären die Eltern von Robert Steinhäuser am Abend des 26. 4. 2002, auch der ältere Bruder nicht, die Großeltern nicht, seine Freunde nicht, niemand. »Er hat nie eine Freundin mit nach Hause gebracht. Er war fanatisch, was Computerspiele betraf. Er hatte keinen Bock auf die Schule. Er trug gern Schwarz. Er spielte immer diese Kriegsspiele, auch vernetzt mit seinen Freunden. Er war politisch sehr interessiert. Er hat sich auch jede Woche den »Spiegel« gekauft, hat sich aber nicht engagiert. Auf keinen Fall war er ein Rechter. Auch als Kind war er gesund. Viel Streit gab es eigentlich nie. Nur bei den

Spielen und Filmen war immer ungeheurer Krach und Geballere. Er hat mich auch nie angebrüllt. Er war nur eben manchmal muffig. Mein Mann hat Robert nie geschlagen. Er hatte einen regelrechten Tick mit Pistolen. Schwul war er auf keinen Fall, er hat sich davor geekelt. Andere Besonderheiten gab es nicht«, sagt die Mutter, Kinderkrankenschwester in einer Hautklinik und im Schichtdienst arbeitend, während der späteren Polizeivernehmung.

Der Vater, Elektroingenieur bei Siemens, erklärt gegenüber der Polizei: »Für uns gab es überhaupt kein Anzeichen, dass sich da ein Konflikt anbahnt. Unser Verhältnis war nämlich gut. Es gab keine dramatischen Auseinandersetzungen. Es waren lediglich Kleinigkeiten, z. B. wegen der Ordnung oder weil er in der Wohnung eine Zigarre geraucht hatte. Er hat auch zu Hause nie heimlich Geld genommen. Ich würde sagen, dass wir uns gegenseitig vertraut haben. Wir haben uns auch über tägliche Dinge gut unterhalten. Er konnte auch gut mit kleinen Kindern umgehen und war sehr gut zu seiner Katze. Er war lustig und hat mit seinen Freunden viel gelacht. Er war ehrlich, aber nicht redselig. Ich würde sagen, dass er unter seinen Freunden anerkannt war. Andere Besonderheiten sind mir nicht aufgefallen.«

Der elterliche Blick und die Realität. Noch in der Zeit als Abiturient hatte es bei dem jugendlichen Katzenliebhaber offenbar Rachewünsche und handfeste Aggressionen gegeben. Den Vernehmungsakten von Schülern ist zu entnehmen: »So, wie es mir meine Freundin schilderte, war P. so verängstigt durch Robert Steinhäuser, dass er nicht mehr zur Schule wollte. Das habe ich häufiger auch von anderen Seiten gehört.« Ein anderer sagt: »Ich hatte Angst, wegen Robert zur Schule zu gehen. Am liebsten hätte ich die Schule gewechselt. Steinhäuser soll häufiger gesagt haben: Er lasse sich das nicht gefallen. Er würde sich rächen. Er würde sie alle umbringen.« Ein Lehrer des Gutenberg-Gymnasiums weist darauf hin: »Robert Steinhäuser ist in seiner Klasse massiv gemobbt worden. Er war immer der Fettsack, der sowieso nichts auf dem Kasten hatte. Da musste man als Lehrer schon gegenhalten und ihn schützen.« Eine Freundin wiederum sagt: »Ja, Robert hatte Probleme mit den Lehrern. Er schimpfte oft auf sie. Da fielen schon Sätze wie: ›Die müsste man alle erschießen.‹ Das hat aber keiner ernst genommen. Irgendwann wurde im Freundeskreis auch mal geflachst: Der Steini läuft bestimmt mal Amok an der Schule. Aber das war nichts, was man ernst genommen hätte!«

Die Geschichte von Robert Steinhäuser als isoliertem Einzelgänger jedenfalls ist eine im Nachhinein aufgebaute, offenbar willkommene Legende. Einzelgänger ist er nie, zu keinem Zeitpunkt gewesen. Ein naher Freund erzählt über die Zeit bis zum April 2002: »Wir gingen zusammen in Kneipen, ins Kino oder auch zu Rockbands. Ich habe mit ihm Computerspiele gespielt oder auch welche ausgeliehen. Da ging es nicht nur um Gewalt.« Eine Mitschülerin sagt: »Ich sah Robert Steinhäuser dann nach seinem Rausschmiss häufiger in der Stadt. Das ist ja im Grunde unumgänglich. Er war nie allein. Er hatte immer Freunde um sich.«

Es kommt die Zeit der schriftlichen Abiturprüfungen. Das erste und zweite Leistungsfach ist geschrieben. Demnächst steht die letzte Schriftliche an. Den Freunden erzählt Robert Steinhäuser, dass er am Edith-Stein-Gymnasium alles im Griff habe. Es laufe gut da. Ein Freund, der ihn am 19.4.2002 zum letzten Mal sieht, sagt: »Ich war bei Robert, um mir eine CD auszuborgen. Ein zweiter Freund war auch bei ihm. Wir redeten noch ein bisschen, nebenbei lief der Fernseher. Wir fragten ihn über seine Prüfungen, ob er es schafft. Er sagte, er wird es schaffen. Es ist alles okay. Sein Verhalten war ganz normal.« Ein anderer Freund erinnert sich, dass Robert Steinhäuser von seinem Schießtraining erzählte, oben auf dem »Steiger«, dem ehemaligen NVA-Gelände: »Da war kein Stolz im Ton. Das hatte was völlig Normales.«

Der 19. 4. 2002, genau eine Woche vor dem Massaker. Es ist der Tag, an dem die Mutter im Zimmer ihres Sohnes etwas Ungewöhnliches bemerkt: »Was ich gesehen habe, war eine Reisetasche voller Munition. Das war am 19. 4. 2002. Ich bin mit dem Fuß gegen sie gestoßen. Sie stand in der Ecke bei seinem Fernseher. Wir sind am nächsten Tag in den Urlaub gefahren, deshalb habe ich mich nicht weiter darum gekümmert«, sagt Christel Steinhäuser. Die Äußerung wird nach Abschluss der Zeugenvernehmung am 26. 4. 2002 handschriftlich durch sie selbst korrigiert: »Dass es Munition war, habe ich erst heute gesehen«, schreibt sie.

Einige Zeit zuvor hatte ein Lehrer des Gutenberg-Gymnasiums laut Vernehmungsakte zu Hause einen Drohanruf von einer ihm unbekannten weiblichen Stimme erhalten. Er sei unfähig, ein Idiot usw. Der Anruf endete mit dem Satz: »Merken Sie sich, wer Wind sät, wird Sturm ernten!« Der Lehrer wandte sich nach dem Anruf irritiert an die Schulleitung. Dort wusste man sich keinen Rat und ließ es auf sich beruhen. Laut einer schulinternen, anwaltlich hinterlegten Aussage soll die Sekretärin Anneliese Schwertner am 24. 4. 2002 einen besorgten Anruf von einem Mitglied der Familie Steinhäuser erhalten haben. Die Stimme habe erregt darauf hingewiesen, dass Robert Steinhäuser in Kürze Schreckliches an der Schule plane. Die Sekretärin gab den Warnanruf weiter. Er verhallte. Erfurt war schließlich nicht

Columbine, Deutschland nicht die USA. Außerdem war Abitur. Alle standen unter Druck.

Noch am Montag, den 22. 4. 2002, vier Tage vor dem Mordgang, verabredeten sich fünf Freunde und Robert Steinhäuser abends um 20.00 Uhr, um gemeinsam zum Petersberg zu gehen. Robert Steinhäuser und sein bester Freund sonderten sich bald ab. Sie wollten in den Luisenpark. Eine Freundin erzählt: »Gegen 22.30 Uhr kamen die beiden wieder zu uns. Es wurde dann kalt, und so sind wir zu mir nach Hause gegangen. Dort haben wir noch Musik gehört, Bier getrunken und uns Döner geholt. Es wurde dann ein richtig lustiger Abend.« Die Freunde charakterisieren Robert Steinhäuser später in ihren Vernehmungen typisch, das heißt ambivalent: »Eher zurückhaltend, kein Schlägertyp, Interesse für Filme aller Art.« – »Impulsiv, oft schnell auf der Palme. Ich hatte immer das Gefühl, dass ihn viele Dinge nicht interessieren.« – »Er tat immer cool, machte Witze. Viele sind mit ihm nicht klargekommen.« – »Ruhig, verschmitzt, intelligent. Er konnte gut zuhören und hat einen auch ernst genommen, wenn man mit ihm über persönliche Probleme sprach.« – »Ne, ne, der war'n richtiger Kumpel. Vom Charakter war er eher so, dass es ihm egal war, wenn er kritisiert wurde. Das nahm er völlig gelassen hin.« – »Er war Freunden gegenüber nicht gerade offen, und wer ihn nicht interessiert hat, den hat er auch nicht beachtet.«

Am 24. 4. 2002 sucht Robert Steinhäuser einen seiner Freunde auf, um ihm Geld zurückzugeben, das er sich zwei Wochen vorher beim Kauf eines Videorecorders geliehen hatte. Über den Abend des 25. 4. 2002 – den Vorabend der Tat – berichtet der beste Freund von Robert Steinhäuser in seiner Vernehmung: »Ich bin so gegen 17.00 Uhr bei Robert zu Hause eingetroffen. Dort haben wir bis 20.30 Uhr ferngesehen, keine Videos, sondern die Simpsons und was sonst so lief. Dann nahmen wir uns ein Bier aus Roberts Vorrat und gingen in den Luisenpark. Es war schönes Wetter an dem Tag, und wir setzten uns einfach irgendwohin und erzählten. Wir haben über alles Mögliche geredet, wie immer. Gegen 22.30 Uhr sagte Robert, dass wir jetzt gehen sollten, da er morgen eine Prüfung hätte. Er hat sich mit ›Tschüss, bis morgen!‹ verabschiedet. Nichts deutete darauf hin, dass wir uns nicht wiedersehen oder gar, dass etwas Besonderes bevorsteht.«

FÜR HEUTE REICHT'S. »Amok ist das einzige aus dem Malaiischen entlehnte Wort im Deutschen. Es bedeutet Wut – gegen sich und andere«, findet die Polizei auf der Festplatte des PC von Günter Steinhäuser, letzter Zugriff am 8. 1. 2002. Vier Tage später wird auf demselben Computer das Word-Dokument »Durchblick« eingerichtet: »Outing eines potentiellen Amokläufers«. Im Herbst 2001 war bereits eine Website unter dem Namen Robert Steinhäuser geschaltet worden. »Willkommen auf meiner kleinen Weltnetzseite!« heißt es da. Den eventuellen User begrüßt ein 18-jähriger Schüler des Johannes-Gutenberg-Gymnasiums. Die Seite ist mit anderen Websites verlinkt, die sich unter anderem auf »Hallo and Heil Hitler« begrüßen. Robert Steinhäuser kündigt auf dieser Seite an: »Wenn ich erstmal mit der Schule fertig bin, ziehe ich in eine richtige Großstadt wie Leipzig oder Berlin, wo es nicht so viele Idioten gibt. Wahrscheinlich sind die Ninjas dort nicht so blöde wie hier und wollen auch mal richtig aufräumen. So wie ich!!! Aber dafür muss ich dummerweise erstmal mein Abitur schaffen, damit mir meine geizige Mutter das Geld zum Leben gibt. Arbeiten will ich nämlich niemals!!! ... Manchmal habe ich das Gefühl, dass ich jetzt Amok laufen müsste, wenn mich die egoistischen Stasi-Lehrer wieder den ganzen Tag mit ihren Integralrechnungen versaut haben.«

Aus dem Jugendlichen mit schwarzer Jacke, der am 26.4.2002 gegen 10.35 Uhr bei Uwe Pfotenhauer, dem Hausmeister des Gutenberg-Gymnasiums, um Auskunft bittet, wird an dem Tag auf der Herrentoilette im Erdgeschoss binnen drei Minuten ein Ninja-Krieger mit gestrickter schwarzer Wollmaske, schwarzem langärmligem Sweatshirt; am rechten Bein oberhalb des Knies befestigt er ein schwarzes Oberschenkel-Holster, dazu trägt er schwarze Fingerhandschuhe. Die schwarze Cargohose und derbe, schwarze, halbhohe Lederschuhe hatte er bereits an, als er die Schule betrat. In der Toilette bleiben der Rucksack, die schwarze Jacke und eine Tasche mit 500 Schuss Munition zurück, ebenso ein Zuckerrohrmesser und ein Langwaffenfutteral.

Um 11.04 Uhr geht bei der Polizei der erste Notruf aus der Schule ein. Unmittelbar zuvor ist der Maskierte mit Pumpgun auf dem Rücken und Pistole Glock 17 in der Hand auf dem Weg von der Toilette aus direkt zum Sekretariat, das im Parterre im Bereich der Südtreppe liegt. Auf dem Flur steckt er das Magazin in die Pistole und lädt einmal kurz durch. Ein Schüler sagt in seiner Zeugenvernehmung: »Ich sah einen schwarz maskierten Mann zum Sekretariat gehen. Er trug eine Waffe in der Hand. Sie war schwarz. Zum Material kann ich nichts sagen, sie war aber in jedem Fall kleiner als die Flinte meines Opas. Ich hörte den Summer des Sekretariats, und die Tür wurde nach außen aufgemacht. Wer ihm da öffnete, konnte ich nicht erkennen, vermutlich die Sekretärin. Die Person verschwand im Sekretariat.«

Der Mann durchquert den Vorraum und steht kurz darauf im Büro der stellvertretenden Direktorin. Sie sitzt am

Schreibtisch. Er stellt sich vor ihr auf und eröffnet ohne Ankündigung das Feuer. Sie stirbt durch einen einzelnen direkten Kopfschuss. Der Maskierte dreht sich um, steuert vom Flur aus die Tür der Direktorin an. Sie ist verschlossen, die Direktorin drin. In seinem Rücken spürt er die Schulsekretärin auf sich zukommen, dreht sich um und zielt. Zwei Schüsse. Sie verblutet an einem Herzdurchschuss. Der Schütze verlässt das Sekretariat und zieht von nun an seine Wege durch die Schule. Es wird ein erbarmungsloser Exekutionsgang, die opferreichste Mordserie in Deutschland nach 1945. Er läuft über die Südtreppe in den Flur des ersten Obergeschosses. In einer Schüler-Vernehmung heißt es: »Der Maskierte ging an mir vorbei. Ich dachte, er könnte zu einer der musisch-künstlerischen Klassen gehören. Ich schenkte dem Ganzen keine Beachtung.« Die meisten Schüler und Lehrer reagieren auf das, was in der Schule vor sich geht, verzögert oder gar nicht. Sie sind vielmehr auf die Scherze der Abiturienten eingestellt, manche denken an eine Katastrophenübung, außerdem sind die Handwerker im Haus. »Bei uns ist es in letzter Zeit immer sehr laut, bedingt durch Bauarbeiten«, sagt ein Schüler später.

Vor dem Vorbereitungsraum 102 trifft der Vermummte auf einen Lehrer und zielt mit drei Schüssen auf ihn. Er stirbt Minuten später. Im Nachbarraum 101 hat die 11 c Physik. Weil es draußen auf dem Flur zu laut ist, tritt der Lehrer des Kurses auf den Gang. In dem Moment wird mehrfach auf ihn geschossen. Er stirbt kurz darauf. Im Raum 105 wird gerade eine Vertretungsstunde beendet. Wegen des Krachs auf dem Flur wendet auch dieser Lehrer sich zur Tür und ruft: »Was ist denn hier los?«, als diese von außen geöffnet wird. Ein Maskierter zielt mit weitem Bogen über die Klasse, hält direkt auf den Lehrer zu, schießt dreimal und verschwindet wortlos. Der Lehrer bricht vor der Tür zusammen. Ein Schüler sagt später: »Wir sprachen ihn an, er sagte, dass es ihm gut gehe, und forderte uns auf, uns ruhig zu verhalten. Er lag auf dem Rücken, wir sahen ihn atmen. Er war noch über eine Stunde ansprechbar.«

Der Maskierte nimmt erneut die Südtreppe, läuft in den zweiten Stock, betritt den mit Schülern besetzten Raum 205 und sieht sich um. Da er dort keinen Lehrer findet, läuft er weiter zum Durchgangsraum 204/210, auf dem Weg wahllos in ein Spindfach ballernd. Der Raum selbst ist beinah leer. Die meisten Schüler haben ihn bereits verlassen, es ist kurz vor Ende der Stunde. »Meine Freundin erzählte, dass der Täter unseren Unterrichtsraum 204 durch die Tür aus Richtung nördlicher Treppe betrat. Er hatte ein Base-Cap auf. Da der Mann, den ich gesehen habe, die andere Tür benutzte, muss es zwei Täter geben«, sagt eine Schülerin in ihrer Vernehmung. Der Mann sieht eine Lehrerin, die mit Büchern in der Hand gerade dabei ist, das Klassenzimmer 204/210 abzuschließen. Er stößt heftig gegen die Tür, dreht sich um und schießt aus 30 Zentimetern Entfernung fünfmal auf sie. Die Lehrerin stirbt nur Minuten später an einem Lungendurchschuss. Etliche Schüler der unteren Klassen irren mittlerweile durch die Schule und suchen nach Fluchtwegen. Eine Schülerin sagt: »Als wir auf dem Flur der dritten Etage ankamen, stand genau vor den Toiletten eine weitere, uns unbekannte Person. S., die vor uns lief, blieb stehen. Daher sahen wir alle in diese Richtung. Die Person lud gerade eine Pistole nach. Er war größer und schlanker als der in der zweiten Etage, auf der linken Brust hatte er ein sternähnliches gelbes Zeichen, er trug eine Pistole, aber keine Pumpgun.«

Unten im zweiten Stock stürmt der Maskierte von Raum 204/210 in den nächsten. Es ist die 211. Eine Lehrerin steht vor der Tafel. »Ich erinnere mich noch, dass die Tür einen kleinen Spalt offen war, weil es zu warm war«, sagt ein Schüler in seiner Vernehmung. »Plötzlich wurde sie aufgerissen, und eine völlig schwarz bekleidete Person stand da. In der Hand trug sie einen Gegenstand, wie ich fand, für eine Pistole zu groß. Die Person sah sich um, klappte die Tafelseite zurück, da ihr die Sicht versperrt war, stellte sich breitbeinig vor unsere Lehrerin und schoss aus zwei Metern Entfernung fünfmal mit beiden Händen.« Sie stirbt kurz darauf. Der Schütze geht Richtung Nordtreppe und kommt am unmittelbar danebenliegenden Raum 207 vorbei. Dort ist der Unterricht der 5 a soeben beendet. Die Schüler wollen gerade gehen, als sich die Tür von außen öffnet und ein Maskierter seine vorgehaltene Waffe betont langsam durch den Raum schwenkt. »Na, bleibt nur schön drin«, droht er den Fünftklässlern. Die Tür schließt sich. Fliehende Schüler wollen auf dem Gang einen Wortwechsel »zwischen dem Schützen und einem gleichfalls schwarz Maskierten« aufgenommen haben: »Was machen wir mit den Wänstern?« Antwort: »Darum kümmern wir uns später!« Darauf: »Jetzt ist doch eh alles egal!«

Die einsetzende Pausensituation bringt die Frontal-Operation des Ninja-Kriegers zunehmend aus dem Konzept. Die Lehrer mit gezielten Schüssen vor ihren Klassen hinzurichten, wie es der Plan offenbar vorsieht, wird von Minute zu Minute schwieriger. Schüler und Lehrer sind auf der Flucht, die Operation scheint zu kippen, gestoppt wird sie nicht. Der Schütze eilt über die Nordtreppe in den dritten Stock und betritt den Raum 307. Der Geschichtsunterricht für die Klasse 11 ist auch hier gerade beendet. Etliche Schüler sind schon auf dem Gang. Die Lehrerin sitzt noch vorn hinter ihrem Tisch. Der Maskierte kommt direkt auf sie zu und tötet sie durch fünf Schüsse. Beim Verlassen des Raums wechselt er erstmals – sieben hat er bei sich – das Magazin. Es fällt laut zu Boden. Der Mann läuft den Flur entlang. Im Raum 308 ist für die 6 b der Mathematikunterricht zu Ende, auch die 309 ist leer. Deshalb geht er zum Durchgangsraum 304. Eine 28-jährige Studienreferendarin beendet dort ihre erste Geschichtsstunde in der fünften Klasse. »Gegen Ende haben wir noch ein Spiel gemacht, ich glaube Stille Post«, sagt ein Schüler. »Jemand riss die nördliche Raumtür auf, und eine schwarz vermummte Person stand in der Tür. Etwa in Raummitte hob er die rechte Hand, zielte mit einer Pistole, und es knallte.« Die Referendarin, die einzige Westdeutsche unter den Opfern, stirbt unmittelbar darauf an einem Herzdurchschuss und einem Hirndurchschuss.

Eine Biologielehrerin beaufsichtigt zusammen mit dem ehemaligen Stammkursleiter des Schützen im Raum 303 den Abi-Biologiekurs. Weil es ihr zu laut auf dem Gang ist, steht sie vom Lehrertisch auf und geht zur Tür. »Als er aus dem Raum 304 kam, ging die Tür vom Raum 303 auf, und die Biologielehrerin stand in der Tür. Sie winkte mit der Hand vor der Stirn und zeigte uns eine Scheibe«, heißt es in einer Schüler-Vernehmung. »Sie dachte vermutlich, dass wir so laut sind. Im Raum 303 wurde eine Abiturarbeit im Bio-Kurs geschrieben und an der Tür stand: »Bitte nicht stören!« Die Biologielehrerin rief so was wie »Mensch!« In dem Moment sah ich ihr Gesicht. Der Schwarze hatte seinen Arm mit der Waffe ausgestreckt und den Arm in Gesichtshöhe gehoben. Der Abstand zwischen der Waffe und ihrem Kopf betrug genau 30 Zentimeter. Ich stand direkt hinter ihm. Er drückte einmal ab.«

Im Raum entsteht sofort Chaos. Eine Schülerin, die sehr nah an der Tür sitzt, als der Schuss fällt, rennt nach vorn, um sich in Sicherheit zu bringen. »Ich war ja dem Täter am nächsten. Nachdem sich die erste Aufregung gelegt hatte, sprach ich mit dem Lehrer über den Täter. Ich hatte seine Augen gesehen. Die Augenlöcher der Maske waren ziemlich groß. Ich vermutete, dass es Robert Steinhäuser war. Er hat letztes Jahr im Ethik-Kurs neben mir gesessen, ehe er von der Schule flog.« Der Schütze läuft nach rechts über den Flur in Richtung Biologie-Unterrichtsraum 301. Dort hat die 10 b letzte Stunde eine Arbeit geschrieben. Der Lehrer will gerade den Raum verlassen, als der Maskierte vor ihm steht und, ohne einen Moment innezuhalten, viermal auf ihn schießt. »Ich sah unseren Lehrer zwischen dem Lehrertisch und der ersten linken Bankreihe liegen. Er blutete im Kopfbereich«, sagt ein Schüler. »Ich beugte mich über ihn. Er war ansprechbar und lag auf dem Rücken. Ich sah Einschusslöcher im Bereich des Bauches und der Brust. Nur Sekunden nachdem die Person durch das südliche Treppenhaus nach unten verschwand, tauchte eine andere, genauso gekleidet, vor den Toiletten gegenüber den Räumen 307 und 308 auf. Sie war auch vermummt.«

Der Schütze läuft über die Südtreppe in den zweiten Stock zurück, ohne den vierten aufgesucht zu haben. Oben in der Aula schreiben seine Freunde ihr Abitur. Der schwer verletzte Biologielehrer aus Raum 301 schleppt sich über die Südtreppe nach unten. Er öffnet sogar noch ein Fenster und ruft um Hilfe. Über eine ganze Stunde hören die in den Klassenzimmern verbarrikadierten Schüler seine Schreie. Sie werden immer leiser. Noch vor der Südtreppe, kurz vor dem zweiten Stock, stößt der Maskierte auf eine Lehrerin und schießt sie an. Sie versucht, sich durch die Durchgangstür in den Chemie-Vorbereitungsraum 202 zu retten. »Als sie an der Tür war, stand der Vermummte direkt vor ihr. Sie wollte noch nach dem Türblatt greifen, drehte sich aber, als sie ihn sah, sofort mit ihrem Oberkörper in unsere Richtung und stand demzufolge mit dem Rücken zum Täter. Er schoss sofort«, sagt ein Schüler. Sieben Schüsse. Die Lehrerin stirbt nur Minuten später an schweren Verletzungen der Lunge und des Herzens.

Der Sturmlauf geht weiter. Der Schütze durchquert den Raum 202 in Richtung Flur, passiert erneut den Durchgangsraum 204/210 in Richtung Nordtreppe und wechselt dort zum zweiten Mal das Magazin. An der Tür des Raumes 208, in dem sich Schüler der 8 c eingeschlossen haben, wird von innen aufgeregt geklinkt. Der Maskierte bemerkt, dass die Tür verschlossen ist, baut sich vor ihr auf und schießt achtmal durch den Rahmen. »Wir standen an der verschlossenen Tür«, sagt ein Schüler. »Ein Mitschüler wollte ständig den Raum verlassen, um zu rauchen. Er sagte noch, wenn etwas passiert, beschütze ich euch. Kurz danach wurde durch die verschlossene Tür geschossen. Der Mitschüler fiel nach hinten und hat noch ›Aua‹ geschrien.« Er stirbt nach zwei Schüssen infolge eines Herzrisses. Eine 15-jährige Mitschülerin wird von einem einzelnen Schuss getroffen. Ihre inneren Blutungen sind so stark, dass sie Minuten später stirbt. Eine dritte Schülerin wird durch einen Wadensteckschuss verletzt.

Über die Nordtreppe läuft der Mann vom zweiten Stock zurück in den ersten. In der Männertoilette links neben der Treppe vernimmt er Stimmen und schießt dort ebenfalls durch die Tür. Das Projektil verfängt sich im Rucksack eines Schülers, der sich auf die Toilette gerettet hat. Der Vermummte steuert jetzt den Raum 107 an, tritt die Tür auf, doch auch dieser Raum ist leer. In ihm hatte die 6 c in der dritten und vierten Stunde eine Doppelstunde bei der Kunstlehrerin. Es sind vor allem die Schüler dieser Klasse, die im Eingangsbereich der Schule kurz vor 11 Uhr die Begegnung zweier Maskierter beobachtet haben wollen:

»Nachdem der schwarze Mann aus der Toilette gekommen war, kam eine männliche Person aus der südlichen Hoftür und lief im Erdgeschoss in Richtung Sekretariat. Sie begegneten einander, als der Schwarze erneut aus dem Sekretariat kam.« Die Kunstlehrerin hatte kurz zuvor ihre Schüler aus Raum 107 bereits nach unten, durch die Flügeltüren des rechten Ausgangs, Richtung Turnhalle gelotst. Doch die könnte sich für die Fliehenden auch als Falle herausstellen. Deshalb sollten sie über die Zäune springen und dadurch entkommen. Als die Kunstlehrerin ihre Schüler in Sicherheit weiß, eilt sie zur Schule zurück, um noch andere Kinder in Sicherheit zu bringen.

Durch Fluchtbewegungen, die leeren Räume, das Chaos, die Schreie, die hastenden Schritte ist das Handlungsmodell des Schützen aus dem Ruder. Der operativ vorgehende Allmachts-Schütze muss die Rolle wechseln, wird mehr und mehr zum Jäger. Die Zahl der Schüsse auf seine Opfer nimmt deutlich zu. Das ist der Augenblick, in dem der Mann auf die fliehende Kunstlehrerin im Hof trifft. Über mehr als ein Jahr war sie seine Seminarfachlehrerin. Das Thema seiner nie geschriebenen Facharbeit hieß: Extremsportarten. Vom ersten Stock aus war er ihr gefolgt, hatte die Schüler über die Zäune springen und sie dann zurückkommen sehen. »Ich war im Raum 203 und sah aus dem Fenster«, sagt eine Schülerin in ihrer Vernehmung. »Das lief ab wie im Stummfilm. Ich habe keine Schüsse gehört, sah aber, wie der Vermummte auf die Lehrerin einschoss. Er stand etwa ein bis zwei Meter vor ihr, die schon am Boden lag, und schoss mehrmals auf sie.« Es wird eine besonders grausame Hinrichtung. Die Kunstlehrerin stirbt kurze Zeit später an ihren massiven Kopfverletzungen.

Der Schütze hört auf dem Hof die Sirenen der stoppenden Polizeiautos. In direkter Schusslinie zwischen den parkenden Autos bemerkt er einen etwa 100 Meter von ihm stehenden Polizisten. Sofort drei Schüsse. Der Polizist erwidert das Feuer, wirft sich zu Boden und geht in Deckung. Der Maskierte schafft es, sich zurückzuziehen, gibt an der Eingangstür der Schule noch vier Schüsse in die Luft ab und verschwindet im Gebäude. Um 11.08 Uhr werden über die polizeiliche Funkverbindung Kanal 256 Notarzt und Sondereinsatzkommando angefordert. Um 11.10 Uhr meldet sich ein Polizist auf dem Kanal: »Der Täter ist auf dem Hof und schießt. Ich hab auf dem Schulhof noch viele Kinder. Ich sehe ihn momentan nicht. Ich hab die Fahrräder vor mir.« Die Antwort: »Nicht verständlich, wo bist du?« In diesem Moment rennt der Maskierte über die Südtreppe bis zum ersten Treppenabsatz, öffnet das Fenster und schießt von dort auf den sich nähernden Polizisten. Der ist grad dabei, sich die Schussweste überzuziehen und wird dabei getroffen. Der Angeschossene überschlägt sich, die Weste verrutscht. Die beiden nächsten Schüsse auf ihn sind tödlich. Er stirbt kurz darauf an seinen Verletzungen der Lunge und des Herzens.

Der schwer verletzte Kollege auf dem Schulhof und die kategorische Schussbereitschaft des Maskierten lassen die Erfurter Polizei zögern. Um 11.12 Uhr fährt der erste Streifenwagen am linken Seiteneingang der Schule vor. In der Zeit läuft der Schütze den Flur im ersten Stock entlang und betritt den Sackgassenraum 104. Dort sind die Handwerker zugange und verlegen einen neuen Fußboden. »Plötzlich stand eine Person in komplett schwarzer Montur vor mir«, sagt einer der Handwerker in seiner Vernehmung. »Ich fragte, ob das hier ein üblicher Scherz sei. Daraufhin nahm die Person kurzzeitig ihre Sturmhaube ab, und ich konnte darunter eine völlig verschwitzte männliche Person erkennen. Sie hatte eine Pistole in der Hand und sagte, sie wäre mal von der Schule verwiesen worden. Dann drehte sie sich um und ging.«

Beim Verlassen des Raumes zieht der Mann seine Maske wieder auf, läuft in Richtung Südtreppe, hoch in den zweiten Stock, durchquert zum dritten Mal den Durchgangsraum 204/210 und läuft wieder nach unten. Es ist, als wären seine Direktiven verbraucht, der Plan abhanden gekommen. Er stromert durch seine Kampfzone, doch die Szene scheint ausgeschritten. Noch immer hasten Schüler über die Flure und steuern die Schulausgänge an. Noch immer haben sich 182 Personen in den Räumen verbarrikadiert. Eine Schülerin sagt in ihrer Vernehmung: »Als wir da so ewig zusammengehockt saßen, erzählte uns unsere Lehrerin einen Traum, den sie vor drei, vier Wochen gehabt hatte: Sie sei Schülerin und schreibe auch gerade Abi, allerdings im Kellerbereich. Eine Person lief schießend durch das Gebäude. Im Traum verschloss sie die Tür und fragte sich, wie man erkenne, dass die Polizei draußen sei.«

Auf dem Flur des Kunst-Vorbereitungsraums 111 hört Rainer Heise, Lehrer für Kunst und Geschichte, ein Geräusch. »Es war ein schlurfendes Geräusch wie das Schleifen von Klamotten oder das Ziehen einer Tasche oder wenn jemand mit dem Ranzen an der Wand entlang ratscht«, sagt er in seiner Vernehmung. »Ich vermutete, dass noch Kinder Unterschlupf suchten. Ich schloss die Tür leise, aber schnell auf, öffnete sie einen Spalt, und da steht eine Figur vor mir, zielt mit der Pistole auf mich. Der Abstand zu der Person betrug 30 bis 40 Zentimeter, von der Mündung der Waffe bis zu mir vielleicht 20 Zentimeter. Ich kann nicht mehr sagen, in welcher Hand er die Waffe hielt. Mit der freien Hand zog er die Maske vom Gesicht. Ich erkannte die Person sofort und sagte: ›Du, Robert!‹ Es handelte sich um meinen ehemaligen Schüler Robert. Ich war sein Stammkursleiter

1999/2000. Ich sagte: ›Was soll denn das?‹ und sah ihm in die Augen. Dann zog ich meinen Pullover mit beiden Händen vor der Brust nach vorn und sagte: ›Na, dann erschieß mich auch!‹ Er nahm die Pistole, legte sie links neben sich auf das Regal und sagte: ›Für heute reicht's!‹ Dann sagte ich zu ihm: ›Darüber sollten wir aber wenigstens reden. Komm mal mit rein.‹ Seine Pistole lag noch links neben ihm, und ich sagte: ›Aber die nimmst du mit.‹ Er sagte ganz ruhig und freundlich: ›Ja, Herr Heise‹ und ging voran. In diesem Moment bekam ich die Idee und versetzte ihm einen kräftigen Stoß, sodass er ins Zimmer stolperte. Ich schloss die Tür, verschloss sie von außen ein- oder zweimal. Es war zwischen 11.17 Uhr und 11.18 Uhr.« Robert Steinhäuser setzt sich im Raum 111 auf einen Stuhl, die schwarze Wollmaske noch in der Hand. Er ist allein. Es vergehen Sekunden. Dann hält er die Pistole an seine rechte Schläfe und richtet sich durch einen aufgesetzten Kopfschuss. Es ist der 71. Schuss von 150 Schüssen, die er bei sich trägt.

In dieser Minute treffen die Leitende Notärztin, ihr Rettungsassistent und eine Praktikantin, die an dem Tag gemeinsam für den Erfurter Norden zuständig sind, am Einsatzort ein. Zwei Polizisten geben Deckung und schleusen das Trio zuallererst an den verletzten Polizisten heran. Doch die Ärztin kann nur noch seinen Tod feststellen. Das Rettungsteam hört einen Schuss im Inneren des Gebäudes und geht hinter der Metalltür zum Keller in Deckung. Niemand ahnt, dass das der finale Schuss von Robert Steinhäuser ist. Rainer Heise kommt im Parterre über den Flur gelaufen, teilt den Polizisten und dem Rettungsteam mit, dass er soeben den Täter im Raum 111 festgesetzt hat. Die Botschaft scheint so unglaublich, dass sie nicht realisiert wird.

Um 11.25 Uhr trifft der Direktor der Erfurter Polizei Rainer Grube vor Ort ein und übernimmt die Einsatzleitung. Seine erste Anweisung: Niemand darf die Schule betreten, weder Polizisten noch Rettungskette. In einem späteren Interview sagt er dazu: »Es schien mir nicht opportun, Polizisten zum Einsatz zu bringen, die entweder selber Opfer geworden wären, bzw. Chaos ausgelöst hätten.« Eine Strategie, die den Einsatz massiv beeinflusst, nicht nur im Hinblick auf die Verletzten. Schüler und Lehrer verharren auf den Toiletten, oben in der Aula, in der Bibliothek, in den Klassenzimmern, manche über viereinhalb Stunden in Todesangst. Ein Schüler springt aus der ersten Etage. Ein Mädchen klettert auf den Fenstersims im dritten Stock, hockt eine Weile auf dem Vorsprung, schiebt ihren Körper aber zitternd wieder in den Raum zurück. »Bis ca. 13.00 Uhr waren wir im Haus, auf dem Schulhof absolute Totenstille. Wir vernahmen mehrfach das Kommando ›Köpfe runter!‹ aus Richtung Hof«, sagt eine Schülerin in der Vernehmung. Mittlerweile sind alle verfügbaren Kräfte an der Schule. Über 270 Beamte sind im mittelbaren Tatortbereich im Einsatz, aus Hessen, Bayern, Brandenburg. Auf dem Schulhof fahren gepanzerte Wagen vor. Von Wiesbaden aus rückt das BKA an. Das SEK wird beim freitäglichen Fußballspiel im 80 Kilometer entfernten Nordhausen überrascht. Um 11.43 Uhr trifft es ein. Ein beteiligter SEK-Mann erinnert sich: »Es gab ein ziemliches Chaos in der Einsatzleitung. Erst überhaupt keinen Plan und schließlich wegen der unübersichtlichen Gebäudestruktur die Entscheidung für ein langsames Einsickern. Der Einsatzleiter hat definitiv gegen die Lage entschieden. Die Versorgung von Verletzten musste absoluten Vorrang haben. Der ganze Einsatz war die größte Scheiße.«

Aus dem Inneren der Schule dringt mehr und mehr fassungslose Verzweiflung nach außen. Viele Schüler verkriechen sich mit ihren Handys, der einzigen Verbindung und Informationsquelle, in die Erker der Schule. Warum kommt niemand und rettet sie? Das Essen im Speisesaal – Hühnerfrikassee mit Reis – bleibt an dem Tag ungegessen. Der Lehrer im Raum 105 stirbt. Die anderen Schwerverletzten bleiben medizinisch unversorgt, denn die Notärztin sitzt im Sekretariat mit der Order, es nicht zu verlassen. Nach langer Lagebesprechung betreten die ersten vier SEK-Männer um 12.04 Uhr das Gebäude und fluten zunächst den Keller. Die Baupläne der Schule fehlen. Erst um 13.45 Uhr liegen sie der Einsatzleitung vor. Immer mehr Funktexte der Polizei fordern eine Koordinierung. Sie kommt nicht zustande. Die Polizisten sind sauer. Die Minuten gehen ins Land. Das SEK – insgesamt 25 Mann – braucht pro Raum zehn Minuten. Der Raum 111, in dem Robert Steinhäuser liegt, wird um 13.01 Uhr aufgeschlossen. Rainer Heise hatte den Schlüssel um 11.17 Uhr übergeben.

Um 15.30 Uhr gibt Gesamteinsatzleiter Rainer Grube eine erste improvisierte Pressekonferenz. Die Zahl der Todesopfer, sagt er, sei auf 18 gestiegen. Um diese Zeit können die letzten Schüler die Schule verlassen. Sie werden in der Turnhalle registriert, von Notärzten untersucht und dann mit Bussen auf den Sportplatz Borntal gebracht. Dort Rettungszelte, Gewimmel, Tränen, zunehmender Regen, Verzweiflung, Leere, Schock in den Gesichtern, heilloses Durcheinander. Angehörige versuchen, eine Information aufzuschnappen. Sie wissen nichts, aber sie ahnen. Eltern kommen und nehmen ihre Kinder in die Arme. Gegen 18.00 Uhr sind die zweifelsfreien Identifizierungen der Opfer durch den Hausmeister und die Direktorin abgeschlossen. Die noch immer Wartenden werden in der Aula der benachbarten Europa-Regelschule versammelt. Gegen 19.30 Uhr wird vom Katastrophenschutz eine Liste mit

Namen verlesen. Alle anderen sollen den Raum verlassen. Die Angehörigen werden schließlich in separate Nebenräume gebracht. Noch einmal lässt man sie warten. Dann teilt man ihnen den Tod ihrer Nächsten mit. Als der Mann der Biologielehrerin gegen 10.00 Uhr seine Wohnung betritt und seinen Anrufbeantworter abhört, ist der voll mit 42 Anrufen aus aller Welt. Die Welt wusste längst, er nicht. Die Zahl der Todesopfer wird in der Zwischenzeit offiziell auf 17 korrigiert.

Am späten Abend des 26. 4. 2002 werden die Eltern von Robert Steinhäuser nach einer umfassenden Hausdurchsuchung in der Ottostraße zur Vernehmung ins Polizeipräsidium gebracht. »Es ist mir unbegreiflich, was da abgelaufen sein muss«, sagt Günter Steinhäuser. »Ich habe absolut keine Vermutung, warum er das gemacht haben könnte. Er muss sich in eine Sache reingesteigert haben, die außerhalb der Realität liegt.« Christel Steinhäuser sagt: »Ich hatte gleich so ein komisches Gefühl, dass Robert eine Dummheit gemacht hat. Wir haben es irgendwie die ganze Zeit geahnt. Er hatte ja die ganze Zeit mit Waffen so rumgemacht. Er sagte auch häufiger, dass ich sowieso nicht wissen könne, was er macht. Das könne ich gar nicht wissen. Mein Mann hat mir gesagt, dass Robert vor ein paar Tagen ein großes Messer hatte. Auf Nachfrage kann ich sagen, dass ich bei meinem Sohn nie eine Waffe gesehen habe. Ich und mein Ehemann haben keine Waffen. Wir haben dafür nichts übrig. Auch meine Schwiegereltern und mein großer Sohn haben keine Waffen. Bei uns in der Familie hat keiner Waffen.«

DER FALL NACH DEM FALL

SCHATTENZONEN. »Die Steinhäuser-Geschichte ist im Kopf nicht zu Ende, und deshalb kann ich sie auch nicht loslassen«, sagt Hanna M. in einem Gespräch im Juli 2011. Im April 2002 war sie Schülerin der zehnten Klasse des Gutenberg-Gymnasiums, heute arbeitet sie als Designerin in Mainz. »Ich habe dieselben Fragen wie vor zehn Jahren. Was ist wirklich an dem Tag an meiner Schule passiert? Klar ist Zeit vergangen, klar ist dieser dunkle Tag nicht jede Sekunde in mir, klar weiß ich, dass woanders in der Welt auch geschossen wird. Und trotzdem: Für mich ist es die ganze Zeit, als säße ich vor einem geschlossenen Vorhang. Ich sitze, starre ihn an und hoffe, dass er irgendwann aufgeht. Jemand muss doch mal reden. Alle kennen sich in dieser Stadt.«

Was die Ereignisse am 26. 4. 2002 am Erfurter Gutenberg-Gymnasium angeht, sind es vor allem Jugendliche – nicht nur in Erfurt –, die die Fragen auch zehn Jahre nach dem Massaker weiter offen halten. Mahela P. saß an diesem Tag im Schulbistro ihres Weimarer Gymnasiums. Sie war 15 Jahre alt und in der neunten Klasse. Chemie, die fünfte Stunde, fiel aus. Sie saß vor ihrem Kaffee und spielte mit dem Handy, als eine SMS eintraf: »Kein Witz! Zehn Tote an einem Erfurter Gymnasium.« Kurz darauf die zweite: »Amok in Erfurt. Irre! Schalt mal den Fernseher ein!« Mahela P. lief nach Hause. »Ich weiß, dass das nicht gut klingt, aber diese Bilder ---. Ich dachte, endlich passiert mal was. All die Jahre dümpelte ich so vor mich hin. Die Schule, der Druck. Es war ätzend. Austin, Dunblane, Columbine – sicher, ich verfolgte das alles, aber die Geschichten waren so weit weg. Erfurt: Das war hier. Ich wollte alles darüber wissen. Zuerst war der Tag ein Sog, dann ein Brennen, eine Wunde, jetzt ist er ein Loch, ein blinder Fleck. Nichts wurde wirklich klar. Das Ganze blieb ein Puzzle, eine Geschichte mit hundert Unbekannten. Irgendwann ging mir das nur noch auf den Geist. Andauernd kamen neue Versionen hoch.«

Nach dem Abitur studierte Mahela P. Schauspiel, ging nach ihrem Abschluss nach Palästina, zum jüdisch-arabischen Regisseur Juliano Mer Khamis. Er war Chef der ersten Schauspielschule in Palästina, dem Freedom Theatre. »Zu spielen, wenn nichts mehr da ist, woran man sich halten kann. Das hat Juliano mir beigebracht. Das ist für mich Theater.« Doch dann kam der 4. 4. 2011. Juliano Mer Khamis kam von der Probe, ging zu seinem Auto, setzte sich ans Steuer, kurbelte das Fahrerfenster runter, rief den Schauspielern noch etwas zu, lachte. Einer seiner Söhne saß auf dem Rücksitz. Mitten in diesen Abschied hinein trafen ihn fünf Kugeln. Einfach so. Anonym. Wie aus dem Nichts. Er war sofort tot. »Nach ein paar Tagen kam Erfurt in mir zurück. Die Alpträume. Das Unvorstellbare, dachte ich, das in jeder Sekunde da ist. Ist es nicht das? Amok ist das einzige Thema, das mit unserer Generation wirklich zu tun hat. Es ist unser Stoff. Heute denke ich, Erfurt war ein Bruch. Ab da begann etwas Neues.«

»Also, ich bring jetzt mal den Text, den ich immer bringe, wenn es um den 26. 4. 2002 an unserer Schule geht«, sagt Svenja M., 26 Jahre, lange, blonde Haare. »Wir hatten Unterricht im zweiten Stock, im Durchgangsraum 204/210. Die Stunde war fast zu Ende. Als wir Schüsse hörten, schmissen wir uns auf den Boden, warteten. Unsere Lehrerin rief: »Los, los, raus hier! Ich war mit ihr die Letzte im Raum und sah hinter uns eine schwarze Person. Ich fing sofort an zu laufen, vorbei an Körpern. Überall Körper. Liegende, Hastende. Ich bin immer nur gelaufen. Als ich draußen bei Bäcker Rüger an der Ecke zum Stehen kam, begriff ich: Unsere Lehrerin ist nicht mehr da.« Sie sei dann zwei Stunden durch die Stadt gelaufen, allein, im Nieselregen, und irgendwann oben auf dem Sportplatz gelandet, sagt Svenja M. Weinende, Wartende, Suchende, Verzweifelte. »Körperbilder. Wie eingebrannte Zeichen in meinem Kopf.« Sie hält inne. Dann sagt sie: »Das kann man doch bestimmt gut in eine Geschichte einbauen: Ich bin nach der Schule Hebamme geworden. Sowas wollen die Leute doch lesen, so ein Herz-Schmerz-Ding. Die Frau, die dem Tod entkam und heute anderen Leben schenkt. Irgendwas von Ehrfurcht vorm Leben. Sowas müssen Sie schreiben. Dann geht das Ganze doch bestimmt auf.« Erneut macht sie eine Pause: »Ich war 16 damals, als das passierte. Mein Schmerz sollte frei bleiben von all dem Ungeklärten. Niemand sollte Profit daraus schlagen. Als ich nach acht Wochen bei der Polizei eine Aussage über den zweiten Täter machen wollte, hieß es, der Fall sei abgeschlossen. Abgeschlossen! Ich bin dem nicht mehr nachgegangen, hatte keine Kraft dazu.« Das sei so bei ihr. Sie denke mit dem Herzen. Der Durchgangsraum habe sich da in ihm eingekrallt. »Bitter«, sagt Svenja M., »wie viele von uns noch heute unter diesem Tag leiden. Ich weiß von einigen, die seit zehn Jahren in Abständen immer wieder in Psychiatrien müssen, weil sie von ihren inneren Bildern nicht loskommen. Was sie erlebt haben und was offiziell passiert sein soll, kriegen sie nicht zusammen.«

»Der 26. 4. 2002 hat mich zehn Jahre Jugend gekostet, zehn Jahre Leichtigkeit«, sagt Stephan K., damals Schüler des Gutenberg-Gymnasiums der elften Klasse und heute Arzt in Gera. »Ich weiß nicht, wer ich ohne diesen Tag wäre.

Er ist eine Wunde. Sicher, sie hat sich verändert, aber es gibt Narben. Wenn ich irgendwo Leute über den Blödsinn reden höre, den sie in der Schulzeit verzapft haben, ist da immer ein dunkler Fleck in mir, wie ein Loch, ein Schmerz, der sich nicht aufgelöst, mich aber verändert hat. Zu verstehen, dass Leiden etwas sehr Reales ist, dass mitunter Dinge passieren, die man nicht steuern kann, dass es auf vieles keine Antwort gibt, dass Menschen plötzlich nicht mehr da sind, und das für immer. Das wusste ich vorher nicht. Bestimmt bin ich danach politischer geworden, aber auch ein Jongleur. Irgendwann habe ich verstanden, dass es bei all dem um so was wie Vertrauen geht, um das, was man Zutrauen in die Welt nennt. Ich wollte es nicht verlieren, ich wollte kein Zyniker werden. Das war vielleicht das Schwierigste. Eine glückliche Liebesbeziehung? Ich weiß noch immer nicht, wie das geht. Mit den Jahren bin ich zum Medien-Junkie geworden. Morbide Sachen, Krimis, Thriller, Vollstreckungsgeschichten, der Mörder in all seinen Facetten. Das ist ganz mein Ding. Eine Art Grusel-Setting vielleicht. Die Beziehungen zum 26.4.2002 jedenfalls sind kompliziert. Gerade, weil so vieles im Unklaren geblieben ist.«

Unaufgeklärtes, Schattenzonen, Zweifel, Schweigen. Wenn es um das Schulmassaker von Erfurt geht, kommt das Gespräch schnell darauf, dass etwas fehlt, dann zerfallen die Berichte über den Tag in offizielle und inoffizielle Versionen, als kreiselten sie um eine leere Szene, als sei etwas nicht wirklich oder gar nicht erst in den Blick gekommen. Der 26.4.2002 in Erfurt ist ein Mutmaßungsfeld geblieben. Mag sein, die Szene bleibt leer, für immer. Zehn Jahre sind viel Zeit. Aber gibt es nicht doch noch einen Nachtrag zu machen? Ist das Geschehen an der Schule bis ins Detail geklärt, der Fall umfassend gelöst worden? Was beschäftigt Lehrer, Schüler, Psychologen, Ministerielle, Journalisten, Leute aus der Stadt heute im Hinblick auf diesen Tag? Hat es irgendwelche Konsequenzen gegeben? Wie steht es um die neue Schulpolitik, und was ist dieser Tag im Selbstbild der Stadt?

Die Suche beginnt auf Distanz, im Internet. Port Arthur oder Dunblane haben sich ihre Tragödien in die medialen Ortsgeschichten eingeschrieben. Und Erfurt? Das digitale Stadtportal, die offizielle Seite von Erfurt, empfiehlt sich ausdrücklich als »Rendezvous in der Mitte Deutschlands«. Es punktet mit dem Papstbesuch, mit Luther 2017 und dem Erfurter Wirtschaftskongress. Hatte man allen Ernstes anderes erwartet? Und wie ist es bei Wikipedia? Hier ist Erfurt die Landeshauptstadt des deutschen Freistaats Thüringen und alles da: das Bundesarbeitsgericht, die Universität, der Dom, die Erfurter Puffbohne, der Kinderkanal, auch Erfurt philatelistisch. Ein Verweis auf den 26. 4. 2002? Die Namen der Opfer? Fehlanzeige.

Also nichts mit Distanz. Also direkt an den Ort. Wohin zuerst? An die Schule. Uwe Pfotenhauer, auch heute der Hausmeister des Gymnasiums, steht auf der untersten Stufe der neuen, irgendwie zu groß wirkenden Eingangstreppe. »Die Details verschwinden, auch die Sensibilität für den Tag«, sagt er spontan. »Aber das kann auch gar nicht anders sein. Nur noch 16 Lehrer von damals sind da, kein einziger Schüler.« – »Und wie geht es Ihnen?« – »Jeder Idiot kann hier ein Buch schreiben«, sagt er, »aber der Fall ist der Fall.« Mehr sagt er erstmal nicht, sondern läuft die Endlostreppe hoch und steuert sein Büro an, das sich heute auf der anderen Seite des Gebäudes befindet. Es gibt schwarzen Kaffee. An einer Wand stehen Computer, die die Wärme im Haus regeln. An einer anderen hängen Fotos mit lachenden Menschen. »Die alte Mannschaft!«, sagt er und zündet sich eine

Zigarette an, erklärt im Maschinenraum der Schule noch einmal den Umbau: »Zehn Millionen Euro hat das Ganze gekostet. Hier ist nichts mehr, wie es war. Die neue Turnhalle, die Aula, das Bistro, der Eingangsbereich, vor allem die Klassenzimmer. Es gibt keine Durchgangsräume und auch keine Geschosse, also Stockwerke, mehr. Nur noch Ebenen.«

Das mit den offenen Ebenen war ein Vorschlag, der nur von ihm kommen konnte. Bevor am 26. 4. 2002 das Morden begann, war er der Letzte, der im Nordflügel auf Robert Steinhäuser getroffen war. Seitdem ist Uwe Pfotenhauer nie mehr wirklich weggegangen aus dem Inferno, das auch sein eigenes war. Selbst als die Schüler für drei Jahre in ein Interregnum wechselten und die Schule wegen Totalumbau leerstand, blieb er. Immer wieder lief er die staubigen, verwaisten Flure ab, zählte mit der Stoppuhr Meter für Meter, Minute für Minute. Auf die von der Staatsanwaltschaft angenommene Tatzeit kam er nie. Seine war jedes Mal länger. »Jahrelang habe ich mich damit im Kreis gedreht. Immer dieselben Fragen, dieselben Zweifel. Du kriegst sie nicht los. Wie auch? Irgendwann dachte ich: Wahrscheinlich bist du der letzte Blödmann, der hier überhaupt noch Fragen hat.« Kein Zufall sicherlich, als er vor vier Jahren in Arnstadt, bei sich zu Hause, den Jonastal-Verein entdeckte. »Heute bin ich da im Vorstand. Das Jonastal: Hitlers letztes Führerhauptquartier, das Amt 10, Deckname ›Olga‹, S III, feuchte Munitionsbunker, weitläufige Stollen, 20 000 Häftlinge, viele Tote. Nichts ist klar, nichts aufgearbeitet. Arbeit für Jahrzehnte. So ist das mit der Geschichte.« Ihm sei schon klar, sagt er, was da sei. Er habe die Gutenberg-Geschichte ins Große verlagert. Vielleicht seine Form zu trauern.

SPEZIFIK ODER KALKÜL. Erinnerungsumbauten: Im Glücksfall ereignen sie sich als friedliche Koexistenzen verschiedener Kenntnisstände. Durch Bildverschiebungen, Stück für Stück. Meist finden sie im Stillen statt und haben ihren Preis. Insbesondere die Überlebenden und Angehörigen des Erfurter Massakers waren durch Sprechverbote, Ungeklärtes und Verwischtes über lange Zeit enorm belastet worden. »Was wir gebraucht hätten, wären genaue Informationen gewesen«, sagt ein Angehöriger. »Kaum jemand hatte ein Bild, ein Schlussbild, von seinem Nächsten. Jedenfalls keines, das man hätte akzeptieren können, das einem ein bisschen Ruhe gegeben hätte, mit dem man hätte Abschied nehmen können. Diese Morde waren öffentliche Morde, brutale Überfälle. Wie elend und ohne Beistand jeder Einzelne gestorben ist.« Was die Angehörigen anfangs als grausige Tatsachen zu realisieren hatten, mussten sie später durch erstrittene Details und nachgereichte Versionen im Inneren noch und noch umbauen. Erlittene Ohnmacht, die zum seelischen Schwelbrand wurde. Zu dieser Dauerwunde hat das vor sich hinmäandernde, nur schwer an Kontur gewinnende Aufarbeitungsfeld des Erfurter Amoklaufs wesentlich beigetragen. Was aber war der Grund für das seltsame Gezerre? Wodurch entstand die merkwürdige Aufarbeitungstektonik zu dem Fall?

Die Erfurter Staatsanwaltschaft – davon war auszugehen – musste alles unternehmen, um in der Mordserie vom 26.4.2002 auf größtmögliche Klarheit zu dringen. Doch für die Aufklärung des Tatgeschehens wurde erstaunlicherweise kein Staatsanwalt freigestellt. Die Polizei ermittelte, allerdings weisungsgebunden. Eine Sonderermittlungsgruppe kam nicht zum Einsatz. Damit ging die Aufarbeitung des Ereignisses binnen kurzem an die Thüringer Landesregierung über. Spezifische Abläufe, Kalkül,

Überforderung oder schon Vorgabe für die bevorstehende Rezeption? Richtig ist, dass die Extremsituation an diesem Not-Tag ohne jede Vorerfahrung bewältigt werden musste: Es gab keine trainierte Handlungskette, auf die man zurückgreifen konnte, keine Krisenpläne in den Schubläden der Ministeriumsschreibtische, keine Einsatz-Orientierungssysteme an den Schulen. Woher auch? Amokläufe? Sicher, die gab es. Weit weg, über dem Ozean. Aber hier? Ein Massaker an einer Schule mit derart vielen Toten mitten in Deutschland war bis zum 26. 4. 2002 das Unvorstellbare schlechthin. Das Land wurde an einem allzu normalen Freitagvormittag von einem Teenager kalt überrannt.

Schon am Tattag selbst, aber auch bei der Aufarbeitung und Rezeption des komplexen Geschehens wurde die Frage nach einem zweiten oder mehreren Tätern an der Schule zum absoluten Reizthema. Gerade Schüler und Lehrer des Gymnasiums reagierten darauf anhaltend feinnervig. Es gab einfach zu viele – immerhin 86 von 216 von der Polizei Befragte –, die einen weiteren Tatbeteiligten gesehen hatten. Darüber hinaus entschied seine offenbare Existenz über die Dynamik des Polizeieinsatzes und beeinträchtigte die ärztliche Notversorgung maßgeblich. Dass es keinen »schnellen Notzugriff« geben durfte, war in erster Linie den dezidierten Aussagen zu einem zweiten oder mehreren Tätern geschuldet. Neben dieser Kernfrage ist erstaunlich vieles zum Schwarzen Freitag von Erfurt bis heute ohne Antwort geblieben: Was hatte es mit den Warnsignalen und Anrufen vor dem Massaker auf sich? Wie sah es mit dem Täter-Umfeld aus? War Robert Steinhäuser, wie stadtintern schnell nahegelegt wurde, ins Drogenmilieu oder andere Submilieus verstrickt und der 19-Jährige somit lediglich eine Deckadresse, im Grunde die Strohfigur, für ein ganz anderes Szenario? Wer wusste hier was, wieviel, woher?

Was geschah warum? Wer absolvierte die Kampfausbildung mit dem Teenager? Woher stammte die Tatwaffe konkret? Hätte jemand von den Schwerverletzten, die in der Schule so unfassbar lange medizinisch unversorgt liegen blieben, nicht doch überleben können? Das Attentat auf die US-amerikanische Abgeordnete Gabrielle Giffords am 8.1.2011 in Tucson, bei dem sechs Menschen starben, sie aber trotz Kopfschuss aufgrund hochprofessioneller Hilfe gerettet werden konnte, aktivierte diese quälenden Frage neu. Es ist also doch möglich, trotz schwerster Verletzungen zu überleben, hieß es von Seiten einiger Angehöriger überaus berechtigt.

Am 3.5.2002, eine Woche nach dem Mordlauf, fand die offizielle Trauerfeier auf dem Domplatz statt. Die meisten Geschäfte waren geschlossen, die Blumenläden ausverkauft, die Stadt stand nach wie vor unter Schock. »Erfurt trauert. Thüringen trauert. Deutschland trauert. Die Welt ist erschüttert«, eröffnete der Ministerpräsident des Freistaates Bernhard Vogel seine Rede. Kurz zuvor hatte er mit Blick auf Robert Steinhäuser »vom Unheil, das vom Himmel gefallen« sei, gesprochen. Es begann zu regnen. Durch den Sitzblock der deutschen Spitzenpolitiker – alle waren sie gekommen – wurden große Schirme gereicht. Die Schüler vom Gutenberg-Gymnasium saßen daneben und wurden nass. Man sah, wie sich ihre Körper zusammenzogen und sie sich frierend aneinander drückten. Franz Schuberts »Unvollendete«, weiße Hortensienblüten, Mandelblüten, viele Tränen. Die Menschen nahmen einander in den Arm. Auf jedem Stuhl vor den Domstufen lag eine weiße Rose. »Jeder ist wertvoll durch das, was er ist, nicht durch das, was er kann. Wir müssen uns umeinander kümmern«, erklärte Bundespräsident Johannes Rau. 12.00 Uhr: eine Schweigeminute im ganzen Land. Die Domglocke hing schwer über der Menge.

Am 5.5.2002 gab die Kriminalinspektion Erfurt einen Bericht zum Stand der Ermittlungen. 798 Personen, hieß es, seien im Zusammenhang mit dem Tatgeschehen an der Schule erfasst, 216 von ihnen befragt und vernommen worden. Über den Polizeieinsatz herrsche nunmehr Einmütigkeit. Am 17.5.2002 verzeichnete eine Aktennotiz bei der Polizeidirektion Erfurt: »Im Zusammenhang mit der Betreuung der Hinterbliebenen wurde durch diese der Wunsch geäußert, in einem persönlichen Gespräch mit Polizeibeamten Auskünfte zu den Umständen des Ablebens ihrer Verwandten zu erhalten. Diesen Wünschen wurde in drei Fällen nachgekommen.« Weiter hieß es: »Gegen diese Verfahrensweise wurden seitens der Staatskanzlei sowie auch des Thüringer Innenministeriums Bedenken geäußert. In einem Gespräch mit dem Leiter der Abteilung 4 brachte dieser zum Ausdruck, dass sich die Staatskanzlei vorbehält, diese Informationen an die Hinterbliebenen in einer nicht näher beschriebenen Art und Weise selbst zu geben. Gleichzeitig wurde der Polizeidirektion Erfurt auferlegt, keine weiteren Gespräche mit Hinterbliebenen zu der o. a. Problematik zu führen.« Die Direktive des Polizeichefs erhielt noch einen Nachsatz: »Ab sofort sind durch die Beamten keine Gespräche mit Hinterbliebenen von Opfern zu den Umständen des Ablebens ihrer Verwandten zu führen. Bei etwaigen diesbezüglichen Anfragen ist auf die Staatsanwaltschaft zu verweisen.«

Acht Wochen nach dem Massaker lag ein hurtig aufgelegter »Vorläufiger Abschlussbericht des Innenministeriums, unter Beteiligung des Justizministers, des Ministers für Soziales, Familie und Gesundheit sowie des Kulturministers« vor. Als Innenminister Christian Köckert ihn am 25.6.2002 auf einer Landespressekonferenz vorstellte, fand zeitgleich das Fußball-WM-Halbfinale Deutschland gegen Südkorea in Seoul statt. Michael Ballack rettete es in der 75. Minute durch einen Nachschuss. Deutschland gewann 1:0. Auch Köckert punktete, vornehmlich mit Zahlen: 142 Notrufe, 35 sofort verfügbare Streifenwagen, 973 Polizisten, 297 Fremdkräfte, 74 psychologische Helfer, 1045 erfasste Personen, 80 Resonanzdelikte, 100 000 trauernde Bürger, eine Hotline mit 17 therapeutischen Beratungskontakten, 40 zusätzliche Beratungsgespräche, 133 Gespräche zu Koordinierungsfragen, außerdem 249 die Hotline missbräuchlich nutzende Gespräche. Und was besagte das alles? Was war mit den offen gebliebenen Fragen, beispielsweise mit der Frage nach einem zweiten Täter? Hier hielt der Bericht fest, dass der Täter mit an »Sicherheit grenzender Wahrscheinlichkeit« allein gehandelt habe. Die Begründung? 1. »Der Größenwahn des Täters hat es eher verboten, dass er andere an seiner spektakulären Tat teilnehmen ließ.« 2. »Die Tatsache, dass der Täter sich morgens allein in einem Café aufgehalten hat, ist ein Hinweis dafür, dass er sich hier nicht mit einem Komplizen traf.« 3. »Es ist kein guter Freund bekannt geworden.«

»Thüringen ehrt die Opfer am nachhaltigsten, indem alles Menschenmögliche unternommen wird, damit sich eine solche Tat nicht wiederholt«, hieß es in der Schlussbemerkung des Berichts. Der Innenminister betonte, dass sich aus den Ereignissen am 26. 4. 2002 keine strafrechtlichen Konsequenzen ergeben hätten und die Erfurter Staatsanwaltschaft ihre Ermittlungen wegen Mordes in Kürze einstellen werde, da sich, wie sie zwei Tage später in ihrem Einstellungsbescheid schrieb, »zureichende tatsächliche Anhaltspunkte für die Beteiligung einer weiteren Person an dem Verbrechen vom 26. 4. 2002 nicht ergeben haben und es sich hinsichtlich des Alleintäters Robert Steinhäuser durch dessen Tod erledigt hat.«

Keine vier Wochen später musste das Innenministerium die Polizei allerdings anweisen, die Ermittlungen zu prüfen und schob über die Medien die Bitte nach, eventuelle Zeugen sollten sich bei den Behörden melden. »Der Verdacht erhärtet sich, dass die Landesregierung den Einsatz geschönt hat«, hieß es aus den Reihen der SPD-Landtagsfraktion. Die Forderung wurde laut, den Bericht zurückzuziehen und eine unabhängige Kommission einzusetzen, um die Vorgänge erneut zu prüfen. Für den 26. 7. 2002 wurde aufgrund dieser harschen Politinterventionen eine Innenausschuss-Sitzung einberufen. Die PDS hatte zuvor einen Katalog mit 24 Fragen vorgelegt. Substantielle Kritik? Sicherheitshalber trat der Innenminister am Tag der zweiten Runde mit einem ganzen Heer von Beratern an. Ein Bild, das die Botschaft in den Raum stellte: Wir sind vorbereitet. Schluss mit dem Gezerre. Jetzt wird die Sache geklärt. Viereinhalb Stunden Detailberatung. Nicht zum letzten Mal wurde der Joker gezogen und den Anwesenden die Obduktionsberichte und Fotos der Ermordeten vorgelegt. Die Bilder traumatisierten, hielten alle in Bann, so schrecklich waren sie. Pause. Nach ihr wurden die vorgestellten Fakten für eindeutig befunden. Innenminister Christian Köckert, der Ende Oktober 2002 nach einer ansehnlichen Skandalliste – Datenschlampereien in seinem Ministerium, Rotlichtaffären bei der Polizei, Neonazi-Spione beim Thüringer Verfassungsschutz, Bespitzelungen von Kommunalpolitikern – seinen Hut nehmen musste, hatte an jenem 26. 7. 2002 sicherlich eine Menge Arbeit, ein Problem durch die Opposition bekam er nicht. Der vorläufige Abschlussbericht wurde ohne eine einzige Änderung durchgewinkt. »Schwerer Schritt zur Normalität« titelte die »Thüringer Allgemeine«, das auflagenstärkste Blatt der Region, am nächsten Tag. Es konnte in die politische Sommerpause gehen.

PILZ UND FILZ. Zum Informationsdesaster direkt nach dem 26.4.2002 erklärte reichlich anderthalb Jahre später, am 8.1.2004, der neu ins Amt gerückte Thüringische Ministerpräsident Dieter Althaus resümierend: »Zu Gutenberg ist alles gesagt. Der Fall ist geklärt und durch den vorläufigen Abschlussbericht des Innenministeriums ausreichend dargestellt.« Zur Sache äußerte der einstige Bildungsminister: »Robert Steinhäuser ist ein Mörder, und das hat nichts mit der Schule oder dem Schulsystem zu tun.« Zwei Tage später erschien ein knapp einseitiges Interview in der »Thüringer Allgemeinen« zu dem Buch *Für heute reicht's. Amok in Erfurt,* das sich noch einmal mit dem Fall befasste. Sowohl das Interview als auch das Buch lösten direkte Reaktionen aus. Am 13.1.2004 setzte das Landeskabinett »aufgrund des Buches und wegen Gerüchten in der Stadt«, so der damalige Thüringische Justizminister Karl Heinz Gasser, die sogenannte Gutenberg-Kommission ein. Ihr Auftrag lautete, alle öffentlich diskutierten Fragen zu klären.

Am 25.2.2004 stellten acht Angehörige Strafanzeige wegen unterlassener Hilfeleistung, fahrlässiger Körperverletzung, Urkundenfälschung und Strafvereitelung im Amt. Ihren Bitten, konkrete Auskunft über den Tod ihrer Nächsten zu erhalten, war die Landesregierung trotz notorischer Versprechungen bis zu dem Zeitpunkt nicht nachgekommen. Gerold Wucherpfennig, Chef der Staatskanzlei, später Minister für Bundes- und Europaangelegenheiten, hatte noch am 29.7.2003 auf das Auskunftsersuchen eines Angehörigen zum Tod seiner Frau in einem Brief formuliert: »Es kann nicht Aufgabe der Landesregierung sein, Sie bei der Prüfung und Durchsetzung von Ansprüchen gegenüber Dritten zu unterstützen.«

Am 1.4.2004, nach gut zehn Wochen Intensivarbeit, trat

126

die Gasser-Kommission mit einer Kurzfassung ihrer Ergebnisse an die Öffentlichkeit. Der eigentliche Bericht – mit 371 Seiten Umfang – folgte am 18. April. Dass es Karl Heinz Gasser sein musste, den die Landesregierung mit dem brisanten Posten betraute, erklärt sich durch einen kursorischen Blick auf dessen Politgenese: Tatsächlich gab es nur wenige, die sich im postpolitischen Raum des Ostens nach 1989 derart zum Feldbefrieder empfehlen konnten wie er. Von der Hessischen Landesregierung abgeordnet, wurde er bereits ab 1990 als Staatssekretär in verschiedenen Thüringer Ministerien eingesetzt. In den turbulenten Umbruchsjahren schien er als Jurist mit Standvermögen und Format der passende Mann für das speziell Akute, für Sonderaufträge der politischen Neuzeit. Nicht von ungefähr wurde er im November 1994 aushilfsweise für fünf Monate ins Thüringische Wirtschaftsministerium beordert. Sein Auftrag lautete dort, die Landesregierung gegen Wirtschafts-Blindgänger oder auch größere »Liquiditätsschwierigkeiten« von Firmen abzusichern, die in den Gründerjahren im Sinne der Osterweiterung auf den Goldenen Schnitt aus waren. Subventionstöpfe gab es in den Jahren zuhauf, Aufbaugelder flossen reichlich. Beim Durchforsten der Akten in seinem neuen Ressort wurde Karl Heinz Gasser denn auch rasch fündig. Er war es, der 1995 Anzeige gegen den bayerischen CD-Fabrikanten Reiner E. Pilz erstattete und damit einen der spektakulärsten Subventionsskandale in den neuen Bundesländern ins Rollen brachte. Auf den ersten Blick mag es nicht recht einleuchten, was diese hochkorrupte Wirtschafts-Geschichte mit der Mordserie am Erfurter Gutenberg-Gymnasium zu tun haben soll. Auf den zweiten Blick sind es vielleicht genau diese Umwege, die die Links zur Verfügung stellen, warum die Thüringer Landesregierung den Steinhäuser-Fall und, wie mittlerweile bekannt, auch etliche hochbrisante Sonderfälle der Nachwendezeit, deckeln musste.

Worum geht es? Mit Reiner E. Pilz kommt eine dubiose Symbolfigur für den Aufschwung Ost ins Spiel, der in Albrechts, einem Dorf in der Nähe von Suhl, das erste deutsch-deutsche Joint Venture in Szene setzte. Die Idee für diesen Coup reicht in die tiefste DDR, genau genommen in die Mitte der achtziger Jahre, zurück. Der Maurer Pilz, in Zwickau geboren und 1961 geflohen, ließ sich direkt nach seiner Flucht in Bayern nieder. Als Chef einer bald gut aufgestellten Baufirma für hochwertige Fassaden reichten seine Aufträge vom Königspalast in Dschidda, dem Fernsehturm in Riad bis zur Staatskanzlei in München und der Deutschen Bank in Luxemburg. In Belgrad traf er 1985 seinen Schwager wieder, der als Ingenieur für Datentechnik in der DDR bei VEB Robotron arbeitete. Es muss sich um eine eindrückliche Begegnung gehandelt haben, denn Pilz sattelte nach seiner Rückkehr, mittels Finanzierung der Dresdner Bank, stante pede um und baute in Kranzberg bei München eine weitgehend automatisierte CD-Fabrik auf. Gegen Größen wie Sony oder Philips war der branchenfremde Pilz klar ein Außenseiter, aber offenbar umtriebig und flüssig genug, um das neue Unternehmen als ein veritables Erfolgsmodell durchzusetzen. Als er im Dezember 1989 mit dem damaligen Robotron-Generaldirektor Friedrich Wokurka – in Anwesenheit von Helmut Kohl und durch Sondergenehmigung der Modrow-Regierung – im noblen Interhotel Bellevue die Gründung eines Hightech-Unternehmens unterzeichnete, wurde er politisch und medial zum Musterfall des Neuanfangs im Osten, und das Albrechts-Werk laut Pilz die »modernste CD-Fabrik der Welt«. Sein Ziel: Rang vier unter den CD-Herstellern weltweit, der Gang an die Börse und ein Jahresumsatz von 400 Millionen DM. »Wie brachial das Pilz-Engagement politisch protegiert wurde, zeigte sich im Mai 1993 vor dem Schalck-Untersuchungsausschuss des bayerischen Landtags«, schrieb »Der Spiegel« am 18. 6. 2001. »Der Ex-Stasi-Offizier Alexander Schalck-Golodkowski räumte dort ein, Franz Josef Strauß persönlich habe sich für die Belange des bayerischen Unternehmens Pilz eingesetzt. Auch fand der Ausschuss in Kopien Schalck'scher Gesprächsvermerke eine Notiz vom 9. 12. 1988, wonach sich der damalige bayerische Finanzminister Gerold Tandler für die hochfliegenden Pläne verwandte.«

Zu einer zentralen Figur des Pilz-Deals wurde – laut »Der Spiegel«, Nummer 25/2001 – Sighart Nehring, »in Kohls Endphase Chef der Wirtschaftsabteilung im Kanzleramt und in unterschiedlichen Funktionen von Beginn an bis 1995 mit dem Pilz-Investment befasst. Im Bundeswirtschaftsministerium gefundene Dokumente belegen, dass bereits Ende 1990 Briefe und Unterlagen – darunter eine Expertise der Wirtschaftsprüfungsgesellschaft Treuarbeit – an Ministerialrat Nehring im Kanzleramt adressiert waren. Dort verschwanden sie. Des Kanzlers Mann für die Wirtschaft war in den entscheidenden Jahren des CD-Projekts in Thüringen. In Erfurt war Nehring zwischen 1992 und 1995 als Finanzstaatssekretär.«

Was die CD-Fabrik in Albrechts anging, übernahm Pilz ein Drittel des Unternehmens und der Verantwortung; Robotron und die Treuhandanstalt die anderen zwei Drittel. Der Freistaat Bayern in Gestalt der Bayerischen Aufbaubank segnete ein Drittel der Finanzierung – insgesamt ging es um immerhin 286 Millionen DM – ab. Der Ministerpräsident Thüringens, Bernhard Vogel, erklärte das Vorzeigeprojekt »zum leuchtenden Beispiel für den Aufbau Ost«, und Bundeswirtschaftsminister Jürgen Möllemann wusste das Ganze gleich gar »historisch ohne Beispiel«. Doch dann musste irgendwie was aus dem Ruder gelaufen sein. Zwar startete das Werk am 5.5.1993 seine Produktion, doch keine zwei Monate später, am 1.7.1993, war es pleite. Der bejubelte Ost-Leuchtturm als Rohrkrepierer, das Ganze ein fettes Gaunerstück und Pilz der Super-Spekulant? Anfang 1994 musste er sein Werk an die landeseigene Thüringer Industriebeteiligung GmbH & Co KG abtreten; ein Jahr später geriet auch sein Stammhaus in Kranzberg ins Schlingern; 1995 wurde er wegen Subventionsbetrugs verhaftet und nach langem Prozess zu sieben Jahren Haft verurteilt. Die illustre Causa Pilz schien zu Ende. Die Causa Pilz des Freistaates Thüringen war es nicht.

»So flossen nach Berechnungen der EU-Kommission mehr als eine halbe Milliarde Mark öffentlicher Gelder in die seit 1994 landeseigene Hightech-Firma, von denen Brüssel inzwischen 427 Millionen als unrechtmäßig einstuft und die Rückzahlung fordert ... Ministerpräsident Bernhard Vogel könnte in seiner letzten Amtsperiode in schweres Fahrwasser geraten. Im Landtag wird damit gerechnet, dass er und sein Kabinett sich schon bald umfangreichen Ermittlungen der Staatsanwaltschaft zu erwehren haben«, schrieb »Der Spiegel« am 2.10.2001. Die im Bundeswirtschaftsministerium vorhandenen Akten zum pilzigen Prestigeprojekt im thüringischen Albrechts landeten im Schredder und fielen damit wohl in dasselbe Geschichtsgrab wie die Akten im Fall Leuna. Der Millionendeal wäre – wie anderes zu der Zeit auch – versandet, hätte es nicht einen couragierten Richter gegeben, der sich für die Klärung des »klassischen Konkursfalls« verantwortlich fühlte. Michael Krämer – 1954 in Osnabrück geboren, seit 1993 am Landgericht in Mühlhausen, ab März 1999 dessen Vorsitzender Richter – war es, der am 15.6.2000 mit acht Beamten des BKA, einem Staatsanwalt und einem zweiten Richter in Erfurt einrückte, um im Wirtschaftsministerium und in der Staatskanzlei Akten sicherzustellen. Für die Justizgeschichte Thüringens und der Bundesrepublik ein einmaliger Vorgang. Doch dem Richter schien Gefahr im Verzug, und er lag völlig richtig damit. In der Sache ging es um die Frage, ob die Landesregierung wissentlich Millionensummen in ein Werk investiert hatte, das von vornherein bizarr überteuert geplant wurde. Mit anderen Worten: Ob die Politik beim dreisten Umrubeln privater Risiken in Steuergelder seltsam treu, weil gezielt Pate gestanden hatte. Im weiteren war zu klären, ob die Landesregierung es – wegen der bevorstehenden Landtagswahlen im Herbst 1994 und der hungerstreikenden Kalibergwerker in Bischofferode – billigend in Kauf genommen hatte, gegen EU-Richtlinien zu verstoßen, indem sie Pilz durch die landeseigene Aufbaubank mit Millionen unterstützte, obwohl klar war, dass seine Insolvenz nicht mehr abzuwenden war.

Die Anzeige von Karl Heinz Gasser gegen Pilz brachte die Landesregierung jedenfalls in die komfortable Lage, jegliche Mitwisserschaft in dem großangelegten Betrug dementieren zu können. Ein Strategie-Schacher, den der Vorsitzende Richter Michael Krämer nicht durchgehen ließ. Trotz aller Taktik-Fuchsereien stufte er die CDU-Spitzenpolitiker des Landes als »verantwortlich Handelnde« im Zusammenhang mit »Untreuehandlungen zum Nachteil des Freistaates Thüringen« bei der Rettung des CD-Werkes in Albrechts ein. In einem Bundesland, das seine politischen Realitäten üblicherweise obrigkeitsstaatlich durchexerziert, kamen so viel richterlicher Wagemut, Durchblick sowie die Wahrnehmung richterlicher Unabhängigkeit nicht gut an und führten dazu, dass Generalstaatsanwalt Winfried Schubert in Jena – just derselbe, der auch die Strafanzeigen der Angehörigen im Fall Gutenberg entgegennehmen sollte – den Fall der Staatsanwaltschaft Mühlhausen entzog und zur Generalstaatsanwaltschaft nach Jena weitergab. Schubert, gegenüber dem Justizminister weisungsgebunden, nahm sich zweieinhalb Jahre Zeit, ohne sonderlich große Energien aufkommen zu lassen, die im Landgericht Mühlhausen lagernden, beschlagnahmten Unterlagen einzusehen. So kam es, wie es kommen sollte: Die Ermittlungsverfahren gegen die politisch Handelnden im Fall Pilz wurden im Januar 2004 eingestellt. Der aus dem Verfahren katapultierte Richter Michael Krämer begegnete dem juristischen Placebo mit einem Schreiben vom 13.3.2004 an Schubert noch einmal aufrecht mit den Worten: »Es könnte der Eindruck entstehen, dass aus politischer Rücksichtnahme die Ermittlungen nicht in dem erforderlichen Umfang geführt worden sein könnten. Sollten die Ermittlungen tatsächlich – wie geschehen – ohne weitere Ermittlungen eingestellt werden, wären meines Erachtens die Bemühungen der Staatsanwaltschaften und der Rechnungshöfe, die Verschwendung öffentlicher Gelder zu unterbinden, grundsätzlich zum Scheitern verurteilt.« Doch die Messen in Sachen Pilz und Politik waren gesungen, der Flächenbrand war gelöscht, die Krise austaktiert. Der amtierende Justizminister hieß zu der Zeit Karl Heinz Gasser, was unweigerlich zu der Frage führt: Wo eigentlich lernt man diese Art gelenkiger Deckmanöver?

Bereits Ende der achtziger Jahre war Karl Heinz Gasser persönlicher Referent des damaligen Staatssekretärs und heutigen hessischen Ministerpräsidenten Volker Bouffier. Er hatte und hat mit ihm eine Kanzlei in Gießen. Bouffier gehörte zum Kreis der »Rebellen« in der Jungen Union um Roland Koch und wurde spätestens mit dessen Einzug 1999 in die hessische Staatskanzlei auch zur politischen Größe. Gegen Bouffier, den neuen Innenminister, wurde noch 1999

Anzeige wegen Mandantenverrats erstattet. Gleichzeitig kam die hessische CDU in der großen Schwarzgeld-Affäre des Systems Kohl schwer in die Bredouille. Gasser vertrat seinen Kanzlei-Chef vor dem parlamentarischen Untersuchungsausschuss als Anwalt, während er als Mitglied des Hessischen Staatsgerichtshofs die Grundrechtsklage der Grünen abwies, die die Landtagswahlen wegen illegaler Wahlkampffinanzierung für ungültig erklären lassen wollten. Die Klageabweisung unterzeichnete Richter Rudolf Rainer, derselbe, der vom späteren Thüringischen Justizminister Gasser in die Gutenberg-Kommission berufen werden sollte.

Politische Landschaftspflege der eigenen Art. Politgeröll ist Politgeröll, Filz Filz, Netzwerk Netzwerk und ausdrücklich nicht dazu da, sich als Parteikalkül zu empfehlen. Immerhin zeichnete sie sich im Freistaat Thüringen durch eine gewisse Konstanz aus: So vertrat Gasser den damaligen Leiter des Thüringischen Landesamts für Verfassungsschutz, Helmut Roewer, als Anwalt in einem Personalstreit innerhalb seines Amtes, um im selben Atemzug vom Innenminister Thüringens Christian Köckert (CDU) im Juni 2000 als Sonderermittler eingesetzt zu werden. Gasser sollte auch den illustren Zuständen im Landesamt für Verfassungsschutz nachgehen, die gut zehn Jahre später, im November 2011, in die Schlagzeilen kamen. Uwe Böhnhardt, Uwe Mundlos und Beate Zschäpe offenbarten das Groß-Desaster der deutschen Sicherheitsbehörden. In einem Telefonat am 6.12.2011 sagt Karl Heinz Gasser, dass sein Bericht »die desaströsen Zustande im Thüringer Verfassungsschutz« bereits im Jahr 2000 mit aller Deutlichkeit festgehalten habe, er aber heute »natürlich der Schweigepflicht unterliege«. Dies hält er auch noch einmal in einem Schreiben vom 21.12.2011 fest. In »Der Spiegel« vom

2.10.2000 liest man eine andere Version: »Gassers vorläufiger Bericht ist wie ein Amateurvideo von einem Flugzeugabsturz«, meinte der ehemalige Innenminister Richard Dewes (SPD). Schon damals war die Struktur klar: Vom Staat gut bezahlte Neonazis, genannt V-Leute, verwenden Steuergelder dazu, um Neonazistrukturen aufzubauen und staatliche Stellen allenfalls mit fragwürdigen Informationen zu versorgen. Bemerkenswert, dass sich der Sonderermittler Karl Heinz Gasser weder für den einschlägigen Thomas Dienel, noch für Tino Brandt, geschweige denn für die Troika Böhnhardt, Mundlos, Zschäpe interessierte. Warum? Gründe und konkretes Wissen hätte es bereits 2000 ausreichend gegeben.

Thomas Dienel, einstiger FDJ-Funktionär, späterer Geschäftsführer der Deutschen Sexliga in Weimar und Landesvorsitzender der NPD, erhob immerhin schwere Vorwürfe gegen das Thüringer Amt. So habe er in Absprache mit dem Verfassungsschutz und von ihm finanziert im Herbst 1997 eine Flugblattkampagne gegen den damaligen stellvertretenden Landesvorsitzenden der Gewerkschaft Handel, Banken und Versicherungen inszeniert, um ihn zu diskreditieren. Für die Gründung seines obskuren Verlags »Neues Denken« habe er vom Arbeitsamt monatlich einen Lohnkostenzuschuss von 2000 Mark erhalten. Das Thüringer Sozialministerium steuerte noch einmal 23 200 Mark an Steuergeldern zur Verlagsgründung bei. »Man hat mich gedeckt«, behauptet Dienel. Gleiches muss für Tino Brandt angenommen werden. Er gilt als einer der aktivsten Neonazi-Kader in Thüringen, der als V-Mann zwischen 1994 und 2004 vom Verfassungsschutz mehr als 200 000 Mark erhalten habe. Das Geld, sagte er in einer ZDF-Sendung, habe er insbesondere für den Aufbau des »Thüringer Heimatschutzes« eingesetzt. Damit meint er die Organisation, die für Böhnhardt, Mundlos und Zschäpe zur ideologischen Urzelle wurde. Mittlerweile ist klar, dass der Thüringer Verfassungsschutz auch der Gewalt-Troika Geld zahlte, beispielsweise für die Beschaffung von Pässen.

Wie »Der Spiegel« vom 2. 10. 2000 berichtet, befragte Sonderermittler Karl Heinz Gasser neben anderen Mitarbeitern der Sicherheitsbehörde auch Helmut Roewer zu den Vorgängen in seinem Amt. Zu Thomas Dienel konkret sollen Gassers Befragungen laut Gesprächsprotokoll Roewers wie folgt gelaufen sein: Gasser: »Und dann haben Sie ihn abgeschaltet. Warum?« – Roewer: »Ich habe ihn nicht abgeschaltet, schon weil das nicht der zutreffende Ausdruck ist. Irgendwann 1996 oder 1997 hatte das Amt genug. Sehen Sie in die Akten.« – Gasser: »Weil er trank, oder gab es auch andere Gründe?« – Roewer: »Es gab sie. Er wollte Doppelagent werden.« – Gasser: »Das klingt doch interessant.« – Roewer: »Nein, es war absurd.« – »Das Protokoll«, schreibt »Der Spiegel«, »hat Roewer ein Ermittlungsverfahren eingebracht. Auf Antrag des Innenministeriums recherchiert die Erfurter Staatsanwaltschaft wegen des Verdachts des Geheimnisverrats und wegen ›Verletzung der Vertraulichkeit des Wortes‹. Köckerts Behörde argwöhnt, dass Roewer bei seiner Befragung heimlich ein Tonband laufen ließ – was strafbar wäre. Roewer behauptet, er habe sich nach dem Gespräch sofort auf eine Parkbank gesetzt und begonnen, ein Gedächtnisprotokoll zu verfassen. Anderntags lieferte er es selbst im Ministerium ab.«

Roewer war also massiv unter Druck; noch im Juni 2000 erfolgte seine Suspension. Der 2005 begonnene Strafprozess gegen ihn wegen Untreue zu seiner Zeit als Verfassungsschutz-Präsident wurde 2008 eingestellt und im März 2010 gegen eine Zahlung von – sage und schreibe – 3000 Euro endgültig abgeschlossen. Und Gasser? Mit seiner Doppelverpflichtung als Verfassungsschutz-Sonderermittler und gleichzeitiger Roewer-Anwalt kam er in den Geruch des Parteiverrats und wurde – wie zuvor sein Kanzleichef Bouffier auch – angezeigt. Es brauchte ihn nicht sonderlich zu bekümmern. Als Anwalt von Format stand er das durch.

SUBOPTIMALE LICHTVERHÄLTNISSE. Es war Karl Heinz Gasser, der am Tag vor der Veröffentlichung des Kommissions-Berichtes zum Fall Gutenberg in einem »Focus«-Interview sagte: »Es gibt keinen Warnanruf von seiten der Steinhäuser-Familie, keinen zweiten Täter und keine Indizien dafür, dass die Thüringer Landesregierung Fakten vertuschen wollte. Es ist nichts verschleiert, gedeckelt oder manipuliert worden.«

Richtig ist, dass der umfassende Gutenberg-Report einiges anbietet, was als Korrektur des anfangs öffentlich gewordenen Bildes nach dem Hinrichtungslauf vom 26. April 2002 verstanden werden kann. Der Tatkomplex wird konkreter und umfänglicher dargestellt als durch den schwer gescholtenen »Vorläufigen Abschlussbericht« des Thüringischen Innenministeriums vom August 2002. Wo es etwa um die Fehlleistungen des Erfurter Ordnungsamtes, des Schützenvereins oder den illegalen Schulverweis von Robert Steinhäuser durch die Schulleitung seines Gymnasiums geht, scheinen die Tatsachen nach endlos viel öffentlichem Streit kenntlicher oder auch geklärt.

Schwieriger wird es, wenn es um die eher staatsbezogenen Anteile des Schul-Dramas geht. Dort wird im Detail minutiös dokumentiert, um im Fazit zu leugnen. Dort dürfen die von der Landesregierung als »unabhängig« bezeichneten Experten – der Justizminister, zwei Arbeitsrechtler, ein Verwaltungsrechtler, ein Wirtschaftsfachmann im Bereich der Wirtschaftskriminalität, aber kein einziger

Kriminalist – schwere Kritik in die Sachverhalte hineinformulieren, ohne die offizielle Linie der Landesregierung auch nur eine Handbreit zu verlassen. Mit Blick auf die dicke Krise der Landesregierung in diesen Monaten und ihre augenscheinlich flattrige Polit-Psyche ist diese Strategie womöglich erklärbar, nachvollziehen muss man sie nicht. Denn mit dem Bericht ging es um viel, das war jedem klar, der mit der Aufarbeitung des Ereignisses in irgendeiner Weise betraut war.

Auf den ersten Blick ist der gewählten Dramaturgie des vorgelegten Berichts nicht ohne weiteres beizukommen: 371 Seiten! Ein cleverer Schachzug. Welcher Tages-Journalist kann es sich leisten, ein solches Mammutwerk zu durchforsten, um es im geforderten Medien-Galopp auch noch kritisch zu würdigen? Erkenntnisquellen, Zeugenaussagen, Fußnoten, Leitkriterien, Feststellungen, gesuchte oder gefundene Zuordnungen, Spuren oder Anmerkungen des Kommissions-Gremiums. Die Wucht der Tat erschlägt erneut, ist sie erst einmal in Sprache gebracht. Sie schmerzt und macht ratlos, auch, weil der Mammut-Text zu einem einzigen Rapport der Unentrinnbarkeit wird. Wieder das Vakuum, der Raum hinter der Tat, ohne Sprache, in dem Leere, Angst, Erinnerung, Ohnmacht ihren eigenen Kampf zu führen beginnen. Nach der Stille, die auf die schriftliche Vollstreckung folgt, bleiben Fragen. Fragen danach, was dieser Bericht enthält und was nicht, was in ihm erörtert wird oder unter den Tisch gefallen ist, auf welcher Basis Schlussfolgerungen gezogen werden, die von nun an Tatsachenwert haben oder auch, wie gefundene Sprachregelungen an- und zugeordnet worden sind.

Was den höchst umstrittenen Warnanruf an der Schule betrifft, geht die Kommission im Bericht nun davon aus, dass es zwei Tage vorher einen »Drohanruf« gab, den die später erschossene Schulsekretärin entgegengenommen hat. »Diese teilte dem neben ihr stehenden Hausmeister der Schule mit, dass es sich um die Androhung von etwas Schlimmem gehandelt habe«, meint der Bericht. Weiter heißt es: »Allerdings erweckte das handschriftliche Vernehmungsprotokoll aufgrund der fehlenden Unterschriften bei der Kommission den Eindruck, als würde eine Seite fehlen.« Die den Hausmeister vernehmende Polizeibeamtin äußerte bei ihrer Befragung dazu, »dass ihr Bauchgefühl wegen der eigenen fehlenden Unterschrift ihr zwar sage, dass es mehr als eine Seite gewesen sein müsse, sie könne sich aber heute nicht mehr genau daran erinnern«. Das Fazit der Kommission lautet: »Eine Behauptung oder Andeutung, die Schule sei durch einen Anruf aus der Familie Steinhäuser zwei Tage vor dem Massaker gewarnt worden, ist auf der Basis der bis heute vorliegenden Erkenntnismöglichkeiten falsch.«

Das ist kühn. Der Warnanruf wird zwar eingeräumt, doch zugleich sofort wieder ad acta gelegt. Jemand hätte ja schlussfolgern können, das Massaker sei zu vermeiden gewesen. Kühn ist aber auch die Sicherheit des Kommissions-Fazits, da es über bereits Geprüftes höchstens im Marginalen hinaus wollte. In seinem Brief vom 21.12.2011 schreibt Karl Heinz Gasser: »Wir hatten natürlich eine eigene Ermittlungskompetenz«. Sicherlich, die gab es, als Sonderkommission. Doch hatte diese keinerlei staatsanwaltliche Ermittlungskompetenz. Bis auf Nachfragen und Bitten, die nicht in den Kernbereich des Falls fielen, durfte die Kommission maximal noch einmal drehen und wenden, was der Ermittlungsstand unmittelbar nach dem Mordfall bereits ergeben hatte. Wer aktuell nicht aussagen wollte, konnte das ungestraft tun und tat das auch. Die lange öffentlich debattierte, anwaltlich hinterlegte Informationsnotiz zu dem stattgefundenen Anruf von seiten der Steinhäuser-Familie wurde von der Kommission erst gar nicht zur Kenntnis genommen. Die Frage, ob die im Gymnasium angelaufenen Telefonate für den in Betracht kommenden Zeitraum überprüft wurden, blieb ungeklärt. Im Bericht jedenfalls findet sich nichts dazu.

Auf das nervöse Feld im Hinblick auf einen zweiten oder auf mehrere Täter reagierte die Kommission ähnlich dubios. Die oft erstaunlich substantiellen und klaren Ermittlungsaussagen von Schülern wurden kategorisch revidiert: »Die Annahme eines ›zweiten Täters‹ ist im Ergebnis haltlos«, heißt es im Bericht. Zum Kriterium für einen »zweiten Täter« wurde in den Augen der Gutenberg-Prüfer, wer »an dem Massaker in irgendeiner Weise beteiligt gewesen ist. Nur wer hier Tatbeiträge geleistet hat, kann überhaupt als (zweiter) Täter bezeichnet werden. Das grenzt die Auseinandersetzung bereits ein.« Warum überhaupt eine solche Einlassung, und warum im folgenden eine Erörterung über 35 Seiten zu einem zweiten Täter, wenn denn die Annahme von vornherein völlig haltlos sein soll?

Die spezielle Würdigung der Kommission in dieser Frage mit Blick auf die hinzugezogenen Zeugen, mehrheitlich solche, die sie nicht selbst befragte, ist beispiellos. Da gibt es laut Ansicht der Experten zum einen den »sehr glaubhaften« Zeugen. Dieser macht »eine sehr konsistente, zwischen Wahrnehmung und Schlussfolgerung differenzierende, objektiv nachvollziehbare Aussage« und liegt erstaunlicherweise immer im Interpretationskalkül der Kommission. Schwieriger wird es, wenn die Aussagen nicht mehr recht ins Portfolio der Kommission zu passen scheinen. Dann geht es um eine »stress- und traumatisierungsbedingte Verfassung«, um »alters- und situationsbedingte Wahrnehmungsverzerrungen«, um »Ergänzungen durch Bruchstücke der Phantasie« oder auch »klischeebeladene Angaben«. So überlegt der Bericht auch Wahrnehmungsirritationen wegen der Umstellung auf die Sommerzeit. Auf Seite 164 findet sich die Feststellung: »Die Lichtverhältnisse im Haus waren an diesem Tag nicht optimal.« Der Satz steht da, um die Aussagen einer Lehrerin zu entkräften, die einen zweiten Täter wahrgenommen hatte.

Viele Schüler schilderten im Nachhinein, in der Schule mehrfach Schüsse in die Luft und in den Boden wahrgenommen zu haben. Die Untersuchungen ergaben diesbezüglich keine Spuren. Der Kommission sind diese Äußerungen ein ausdrückliches Indiz für die generellen Wahrnehmungsverzerrungen der Betroffenen. Unbetrachtet bleibt, ob es nicht dennoch Mittäter um Robert Steinhäuser gegeben haben könnte, die – wie ein Lehrer noch heute betont – das Tatgeschehen fluchtartig verließen, da der Lieblingslehrer erschossen worden war oder die allein für die Logistik in der Schule zuständig waren und somit gar keine scharfe Munition benötigten?

Die Frage, ob es eine Tatwaffe oder mehrere Tatwaffen gegeben hat, steht für die Klärung eines jeden Mordfalls mit an vorderster Stelle. Was den Fall Steinhäuser angeht, hält ein Gutachten des BKA fest, dass sämtliche dem BKA übergegebenen 62 Projektile für eine Untersuchung nicht geeignet waren und sich demzufolge auch nicht mehr eindeutig einer Waffe zuordnen ließen. Außerdem wurden zehn Geschosse nicht am Tatort gefunden. Volle 100 Prozent Unbrauchbarkeit sind für einen Mordfall allerdings ein eher unüblich hoher Prozentsatz. Schmauchspuren, Kratzspuren? Nichts dergleichen. Obwohl alle Projektile für die Klärung unbrauchbar waren, kommt die Kommission zu dem klaren Schluss, dass es »mit aller Sicherheit keinerlei Hinweise darauf gebe, dass ... weitere Waffen am Tatort Gutenberg-Gymnasium verwendet wurden.« Es stehe »zwingend fest, dass zur Tatbegehung ... keine andere Waffe eingesetzt worden ist.« Keinerlei Hinweise, zwingende Feststellungen. War der Kommission diese Art Sicherheit möglich, da das BKA bereits im Frühjahr 2003, gerade mal ein Jahr nach der Tat, alle Projektile vernichtet hatte? Warum eigentlich diese biblische Hast?

»Einer der schwierigsten Komplexe der Arbeit der Kommission war die Überprüfung der Frage, wann ein Teil der Opfer, deren Todeszeitpunkte in der Öffentlichkeit problematisiert worden sind, verstorben ist und ob es eine Überlebenschance bei einer möglichen früheren notärztlichen Versorgung gegeben hätte«, heißt es im Bericht. Auch wenn das Drohbild eventueller Klagen von den Hinterbliebenen unablässig dementiert wurde, hatte es offenbar Bestand. Das Kapitel zu den Todeszeitpunkten der Opfer und ihren Überlebenschancen wird so das knappste des Berichts, kaum mehr als zehn Seiten lang. Es beginnt sofort mit einer Eingrenzung: Die diskutierten Zweifelsfragen sollen beantwortet werden, »soweit dies möglich ist«. Doch dann wird die Luft dünn. Man spürt, hier zählt jedes Wort. Der Text wird definitiv, obwohl nicht recht auszumachen ist, worauf die Eindeutigkeit beruhen könnte. Es gab keinerlei neue substantielle Ermittlungen.

Hinterbliebene monierten, dass den Obduzenten Gespräche mit ihnen untersagt wurden. Weiterführende Untersuchungen von Gewebeproben führte man nicht mehr durch, da die Staatsanwaltschaft anberaumte Untersuchungen nicht für wesentlich hielt. Auch ein Fragenkanon der Angehörigen, der der Kommission entsprechend früh zuging, um deren Arbeit zu unterstützen, blieb unbeantwortet. Dabei hätten es die Fragen in sich gehabt: »Warum sind die Projektile im Frühjahr 2003 vernichtet worden, obwohl der

Abschlussbericht noch immer vorläufig war? Ist es korrekt, dass die Schule über eine Alarmanlage verfügte, die über ein Sprechsystem hätte geöffnet werden können? Warum wurden die Sanitätshilfskräfte nicht zum Einsatz vernommen? Warum wurde keine Standleitung aus dem Sekretariat aufgebaut, um den Einsatz im Haus zu koordinieren? Wo ist die Auswertung des Festnetzanschlusses des Gymnasiums, von der am 8.5.2002 in einem Schreiben berichtet wird? Die Protokolle zum Funkverkehr des SEK fehlen völlig. Hat es sie nicht gegeben? Lagen dem BKA sämtliche vorhandenen Projektile vor? Diese Frage stellt sich, da erkennbar nicht alle Asservate aufgelistet wurden.« Zwölf Seiten Fragen dieser Kategorie, aber keine Antwort. Stattdessen die einhellige und bestimmte Begutachtung der Kommission, keins der Opfer hätte eine Überlebenschance gehabt. Bei dem um sein Leben ringenden Biologielehrer, der sich 90 Minuten lang durchs Schulhaus schleppte, bis er auf dem Treppenflur verblutete, konstatierte eine Gerichtsmedizinerin: »Das grenzt für mich an ein Wunder.« Hilfe – wie im Tucson-Fall – bekam er nicht.

SEK-Beamte ohne Informationen, Führungsstreitigkeiten bei der Polizei, eine über lange Zeit nicht existente Einsatzleitung, ein eingesetzter Verbindungsmann, der zwei Stunden lang herumirrte, ohne seinen Auftrag unterzubringen und es deshalb bleiben ließ, eine im Sekretariat festgesetzte Rettungsärztin, nicht funktionierender Funkkontakt – das Chaos beim Polizei- und Rettungseinsatz wird über mehr als 100 Seiten akribisch und schonungslos aufgedeckt. Im Bericht beginnt es mit einem eher unauffälligen Detail. Aufgrund »eines Funktionsfehlers des Funkgerätes« erreicht die Information des Polizeiführers, er habe jetzt die Führung übernommen, die Einsatzkräfte nicht. Daraufhin greifen dramatische Defizite ineinander und stoßen sich gegenseitig bis zur hoffnungslosen Überforderung aller lawinenartig an. Um die Schule herum wird großräumig abgesperrt, im Epizentrum des Geschehens wird jegliche Handlung untersagt. Die Zeit dehnt sich, an allen Stellen wird gekämpft – ums Überleben, gegen die Angst, um Koordination. Eine ganze Stadt bangt. Zwei lange Stunden. Als Hilfe kommt, kommt sie zu spät.

»Nachdem der Verbindungsbeamte der Polizei den Führungsstab nicht fand, begab sich der Leiter Rettungsdienst/ Feuerwehr auf die Suche nach dem vor Ort befindlichen Polizeiführer, den er dann alsbald – wohl zwischen 13.30 Uhr und 13.45 Uhr, etwa zwei Stunden nach seinem Eintreffen vor Ort – fand. Erst ab diesem Zeitpunkt war der für ein effektives und koordiniertes Vorgehen erforderliche und angesichts der polizeilichen Kommunikationsmittel auch notwendige direkte Informationsaustausch zwischen Polizei und Rettungsdienst gewährleistet«, ist dem Berichts-Text zu entnehmen. Eine Seite später heißt es: »Abgesehen von den genannten Informations- und Kommunikationsfehlern hatte das Fehlen einer technischen Einsatzleitung jedoch keine gravierenden Folgen, denn die Opfer hätten nicht früher notmedizinisch versorgt oder gar gerettet werden können.«

Bei einer Katastrophe diesen Ausmaßes geht man – das liegt im menschlichen Ermessen – davon aus, dass Fehler passieren. Der Schwarze Freitag von Erfurt war eine extreme Notsituation. Doch planloses Nichtstun und ausgebliebene Hilfeleistung durch ein solches Dossier noch einmal in dieser Form festzuschreiben und damit zu legitimieren, wird zum Zynismus, zu einem Gefälligkeitsgutachten, zu einem toten Rennen um die Erinnerung. Dabei ist es vor allem der alles auswägende, wegbügelnde Duktus des Berichtes, der mehr als beunruhigt. Er steht nicht nur konträr zur Entschlossenheit des Täters. Der Kabinettsauftrag »zur Klärung aller Fragen« erweist sich als Nullrundenspiel. Trouble-Shooting als Scheinaktivität.

Im Kern hatte der Bericht die Funktion zu erfüllen, die Strafanzeigen der Angehörigen abzuweisen. Das geschah denn auch, im Sommer 2004, und zwar in allen Punkten. In ihrem Widerspruch zur Einstellung durch die Erfurter Staatsanwaltschaft heißt es von seiten der Angehörigen: »Die Einstellungsentscheidung durch Sie beruht nicht auf eigener Ermittlungstätigkeit. Zur Bearbeitung der Strafanzeige wurden allein die Ermittlungsakten der Gasser-Kommission herangezogen. Nachvernehmungen wurden nicht durchgeführt.« Obwohl es in den Strafanzeigen eine Vielzahl von Hinweisen auf noch erforderliche Nachvernehmungen von Zeugen gab, wurde im Einstellungsentscheid stoisch auf den Gasser-Bericht verwiesen. Weder auf den Fakt der Unvollständigkeit der Ermittlungsakten noch auf die Nichtbeiziehung von Protokollen und Abschlussberichten ging die Staatsanwaltschaft ein. Sie übernahm die Interpretationsvorgaben des Berichts eins zu eins. Dass ein solcher Vorgang juristisch heikel ist, schien in Thüringen nicht von Belang. Außerhalb von Thüringen auch nicht.

GRENZLÄNDER. Ging es der Thüringer Landesregierung darum, die Erfurter Mordserie außerhalb des Justitiablen zu halten, um damit den Fall hinter dem Fall ins Ungreifbare zu schicken? Lässt sich dazu Substantielleres sagen? Die Pilz-Geschichte war das eine. Sie war weiterhin im Schwange, die Ermittlungen liefen. Doch »die Gerüchte in der Stadt«, von denen Justizminister Karl Heinz Gasser im Moment seiner Kommissionsgründung sprach, bezogen sich – das war in Erfurt klar – nicht allein auf den Gutenberg-Fall. Die nachholende Demokratie im Osten hatte längst mit schweren Wachstumsrissen zu kämpfen. Was sich 1989 noch als Anfang erzählte, war 15 Jahre später zum politischen und mentalen Grenzland geworden, mit verbauter Öffentlichkeit, ohne wirklichen Resonanzraum und somit als Einflugschneise anfällig für gar manches. In der Beschreibung des postpolitischen Raums nach 1989 darf, muss man konkret werden. Wer hatte dort beim Aufbau der politischen Neustrukturen das Sagen? Was spielte da zusammen? Man stößt rasch auf immer dieselben Namen: Bernhard Vogel, Jahrgang 1932, Karl Heinz Gasser, Jahrgang 1944, Manfred Ruge, Jahrgang 1945, Richard Dewes, Jahrgang 1948, Christian Köckert, Jahrgang 1957, Dieter Althaus, Jahrgang 1958. Drei Männer aus dem Westen, drei aus dem Osten. Sechs Einheits-Macher. In Thüringen in der Nachwendezeit Ministerpräsidenten, Innenminister, Justizminister, Oberbürgermeister. Kriegskinder, Nachkriegskinder, Mauerkinder. Auffällig ist, dass sich keiner seit November 2011 zum Verfassungsschutz-Debakel in Thüringen öffentlich geäußert hat. Ein lautes Schweigen.

In seinem Buch *Ermitteln verboten!* weist der Journalist Jürgen Roth nach, dass sich die italienische Mafia und die kalabrische 'Ndrangheta seit den neunziger Jahren neue Operationsgebiete eroberten, bei denen es ausdrücklich darum ging, die neuen Bundesländer in ihre transnationalen Netzwerke einzuspeisen. Man ist schnell dabei, Roths Recherchen kritisch zu beäugen, an dem Punkt aber decken sie sich auffallend mit denen offizieller Stellen. Für die Mega-Deals von organisierter Kriminalität war der Osten jungfräuliches Land und damit ungemein lukrativ. Das mittige Thüringen lag für diese Art Geschäfte auf märchenhafte Weise strategisch günstig. Das Gesetz der falschen Fährte, wie es die Mafia praktiziert, konnte in den Neustrukturen des Ostens betont ausschweifend agieren. Für die kriminelle Organisation aus San Luca wurde das boomende Erfurt zur wichtigen Investitionsbasis, da ihr Kapital dort beispiellos sicher arbeiten konnte. Das kriminelle Familienunternehmen kam zu der Zeit auf einen jährlichen Jahresumsatz von 44 Milliarden Euro weltweit, die vor allem in der Gastronomie, in Immobiliengeschäften, im Waffenhandeln, Drogen- und Menschenhandel investiert und gewaschen wurden.

Für etliche politische Entscheidungsträger aus Ost und West erwies sich die süditalienische Operationspraxis offensichtlich ebenfalls als attraktiv. »Da gab es z. B. den Politiker Richard Dewes (SPD)«, schreibt Jürgen Roth, »nach dessen Ernennung zum thüringischen Innenminister sich fast zeitgleich ein höchst ehrenwerter Mann der kalabrischen 'Ndrangheta aus Nordrhein-Westfalen am Regierungssitz in Erfurt niedergelassen hatte, um ein Nobelrestaurant zu eröffnen. Ein Zufall? Obwohl der Innenminister vom Direktor des thüringischen Landeskriminalamts, Uwe Kranz, nach dessen Aussagen immer wieder davor gewarnt wurde, beim ›Italiener‹ zu dinieren, genossen er und Ministerpräsident Bernhard Vogel die zweifellos exzellenten Speisen. Dass der honorige italienische Gastwirt beim Schmuggel von 100 Kilo Heroin für den kalabrischen La-Minore-Klan mitgespielt haben soll, dass bei ihm Schecks aus Wohnungseinbrüchen gefunden wurden, ebenso Falschgeld, er in Verbindung mit einem Mord stand und in Bochum Bedienstete der Stadt bestochen haben soll – in den neuen Bundesländern sah man das nicht so eng.«

Wo der Staat schwächelt, wegschaut oder gar mitverdient, hat die organisierte Kriminalität leichtes Spiel. Das gilt nicht nur für Staatskanzleien, sondern bewegt sich bei der Frage nach städtischen Aufträgen auch auf der Ebene der Regionalpolitik. Manfred Ruge, zwischen 1990 und 2006 Oberbürgermeister der Stadt Erfurt, äußert in der ZDF-Dokumentation von 2008 »Im Netz der Mafia. Auf den Spuren der Mörder von Duisburg« zu den Hintergründen des Sechsfachmordes der 'Ndrangheta in Duisburg: »Überlegen Sie mal, Sie sitzen an einem Schreibtisch als Oberbürgermeister und haben einen Packen voll Probleme, also wirklich Rucksäcke voll. Und da kommt jemand und sagt: Ich nehme Ihnen die Last ab. Wir machen das, wie Sie es haben wollen. Na, da sind Sie doch glücklich.« Bereits 2000 schrieb das BKA: »1996 wurden mehrere Restaurants in Erfurt eröffnet. Als Geschäftsführer wurden nur Personen angestellt, die entweder verwandt oder Mitglieder des Clans sind.« Ein Erfurter Geschäftsmann sagt in der ZDF-Dokumentation über die Verbindung von Politik und Organisierter Kriminalität: »Nun, wer wollte, hätte wissen können. Eine Organisation wie die 'Ndrangheta macht ja nichts umsonst. Natürlich hat sie viel Geld nach Erfurt gebracht, aber gleichzeitig hat sie so auch ihr Geld da gewaschen. Das war ganz klar.« Nachdem bekannt geworden war, dass Mafia-Mitglieder ganze Straßen von Erfurt angekauft hatten, entgegnete Manfred Ruge, dass auf der Stirn der Männer ja nicht geschrieben stand, aus welcher Organisation sie kamen.

Man kann solche Scheinerklärungen als denkwürdige Momente über die inneren Riemen, die mentalen und auch monetären Derivatgeschäfte einer Gesellschaft lesen oder noch einmal nach den speziellen Polit-Synapsen von Ost und West nach 1989 fragen. Was fand hier eigentlich zusammen? Wieso konnte eine solch jahrelang durchgepokerte Unbedarftheit politisch durchgehen? Ging es um simple Signalstörungen, denkbare Fehler, irgendwelche Laxheiten, um sonderbare Innenwelten der Macht? Oder zog das Großsystem Kohl wohlweislich das Kleinsystem Vogel nach sich? Hatten beide etwas miteinander zu schaffen? Und wenn ja, auf welche Weise? Was Thüringen angeht, könnte man Korruptions-, Mafia-, Dekadenzgeschichten aller Couleur in Endlosschleife erzählen und dem »grünen Herzen Deutschlands« in der Folge dabei zusehen, wie es sich zum Eldorado staatlich sanktionierten Betrugs aufschwang, zur politischen Waschmaschine seltsamster Interessen, zu einer zunehmend rechtsfreien Zone. Das zutage getretene Drama beim Thüringer Verfassungsschutz erklärt sich insbesondere aus der Tatsache, dass im Freistaat irgendwann jeder von etwas anderem schwieg. Man beäugte die Spezialinteressen des anderen, ahnte, wusste und schaute weg. Wer oben war, lebte gut im Land der Komplizen. Gelder lagen zu der Zeit praktisch auf der Straße, zur Not wurden die Bürger geschröpft. Bemerkenswert höchstens, dass der autochthon dekadente Machtstil von Westpolitikern im Osten in seinem unüberhörbaren Schweigevolumen andere Sachverhalte ausließ als der Entgrenzungsstil ostdeutscher Neupolitiker.

Manfred Ruge beispielsweise, 1945 in Erfurt geboren, studierte bis 1970 Elektrotechnik an der Technischen Hochschule in Ilmenau. Danach arbeitete er bei Optima, dem VEB Büromaschinenwerk Erfurt. Dort lernte er sowohl Großvater als auch Vater Steinhäuser kennen. Man befreundete sich. Manfred Ruge ging später bei den Steinhäusers in der Ottostraße ein und aus. Ob der eifrig »Spiegel« lesende Sohn Robert die korrumpierende Politik des väterlichen Intimfreundes und politischen Newcomers Ruge im Blick hatte, muss unbeantwortet bleiben. Sichtbar aber werden kategorische Assimilations-Umbauten, genealogische Bruchlinien, das rasante Umcodieren von Unaufgelöstem und viel Ungesprochenem in den Ost-Familien. Sichtbar wird auch, dass die Einheitskinder – aufgrund der doppelten Diktaturerfahrung – auf die eigenen Familientraditionen kaum noch zurückgreifen können. Ihre kindlichen Spielräume sind die emotionalen Müllhalden ihrer Eltern und Großeltern. Sie spielen sich in diese Löcher hinein. Nicht selten ergibt das ein verworrenes, rasch abbrechendes Generationsgespräch. Es geht um Brüche, Schuld, Niederlagen. Was haben die Jungen eigentlich damit zu tun? Zunächst haben sie jedes Recht, aus den genealogischen Schamhäuten raus zu wollen. Insbesondere in Zeiten radikaler gesellschaftlicher Umbrüche entwickeln unversicherte Vater-Ämter eine besondere Dynamik. Eintrainierte Machtzonen brechen weg und machen ratlos. Zeitlöcher irritieren. Die Jungen beginnen, zwischen Implosion und totaler Überschreitung hin- und herzuschlackern. Das Monolithische als geistig-mentaler Handlungsraum rutscht in den Erfahrungsspalt und stürzt weg.

Woran sollte sich die Einheitskinder-Generation in den Jahren totaler politischer und emotionaler Entwurzelung demnach orientieren? Die Problematik nickt kein Erfurter Schulmassaker ab und auch keinen parzellierten Amoklauf des Jenaer Trios. Richtig dürfte aber seit den Forschungen des Psychoanalytikers Paul Parin sein, dass sich jede Gesellschaft intuitiv jene Frühsozialisation schafft, die sich für sie als funktional erweist. Die Kinder reagieren auf ihr Umfeld. Ist eine entgleiste Gesellschaft ihr Alltag, nehmen sie diese Art Wüste als ihre Normalität an. Die deutsche Einheit? Die Klärung von Verantwortlichkeiten der Einheitsmacher? Danke der Durchsage. Denn es war so unsagbar einfach, sich die innerlich ortlosen, leicht verführbaren Kinder des Ostens als strategisch-politische Beute zu halten, im Schattenraum der eigenen korrumpierenden Macht-Politik. Uwe Mundlos, Jahrgang 1973, offenbar der

Kopf der Jenaer Troika, aus einer ostdeutschen Nomenklatura-Familie stammend, radikalisierte sich mit den Jahren zunehmend, wurde sprachloser und sprachloser. Irgendwann begann er zu morden, in immer stärkerer Identifikation mit seinem Großvater, einem Altnazi. Dienel, Brandt, Böhnhardt, Mundlos, Zschäpe? Man wusste schon 2000 genug über sie. Konsequenzen? Keine.

Auch bei dem zehn Jahre jüngeren Robert Steinhäuser hatte das Platzen des Historienklumpens 1989 drastische Folgen: Einerseits bestimmte ihn, wie bewusst auch immer, die Hybris einer starken, hochkulturellen Familienhypothek, auf die er jedoch keinen Zugriff mehr hatte. Andererseits lag genau aus diesem Grund ein enormer Druck auf ihm, vor allem durch einen Vater der Technik, der nach 1989 insbesondere von einem sprach: von Entwurzelung. Der Osten, das schien seinen Kindern klar, war etwas Abgeschlossenes, ein totes Gleis, ein Loch in der Geschichte. In das schoss Robert Steinhäuser.

Als am 4.12.1989 das Erfurter Stasi-Gebäude gestürmt wurde, habe Manfred Ruge mitgestürmt, erzählte er später. In jedem Fall katapultierte der politische Aufbruch ihn ins Epizentrum der Revolution. Die Zeit roch neu und war es auch, das Ganze eine Zerreißprobe. Erfurt dürfte 1989 eine der marodesten Städte der DDR gewesen sein. Heute strahlt sie aus jeder Pore. Heute hängt am zentralen Wenigemarkt an einem Abbruchhaus das Plakat: »Und das Beste zum Schluss!« Der Slogan meint die Sanierung des »Hauses zum Christoph«, das die Erfurter selbst den letzten »Schandfleck« ihrer Stadt nennen. Bei aller Aufbau-Leistung entwickelte der Spezialist fürs Technische und Polit-Newcomer Manfred Ruge im Laufe seiner langen Amtszeit immer dezidiertere Vorstellungen davon, was er unter Demokratie verstand. Das betraf nicht nur seinen hemdsärmligen Umgang mit den sich ansiedelnden kriminellen Milieus, sondern wurde auch seltsam privat. So schreibt »Der Spiegel« vom 10.2.1997: »CDU-Oberbürgermeister von Erfurt Manfred Ruge lässt die Seinen nicht verkommen. Der OB ist unter anderem zuständig für die Festlegung der Entschädigung für ehrenamtliche Beigeordnete. So erhielt der ehrenamtliche Kulturbeigeordnete Joachim Kaiser (CDU) im Haushaltsjahr 1995 laut eines internen Berichts des Erfurter Rechnungsprüfungsamtes eine Verdienstausfallentschädigung von 49 972,50 Mark. Zulässig sind nach der Hauptsatzung der Kommune als Aufwandsentschädigung monatlich maximal 300 Mark. Der 67 Jahre alte Kaiser ist Rentner und hätte deshalb darauf keinen Anspruch. Doch gehört der Pensionist zum Familienkreis des Erfurter Oberbürgermeisters. Der Kulturbeigeordnete ist der Onkel der Ehefrau von Ruge.«

Was für die einen politische »Peanuts« waren, waren für andere klare Gesetzesverstöße. Paradoxerweise war es der Mordlauf am Gutenberg-Gymnasium, der den gut austrainierten harschen Polit-Filz Thüringens schlagartig zum nervösen Tages-Thema machte. Für den verschreckten, politisch elternlosen Gesellschaftskosmos des Freistaats wurde er zum Fanal. Nach dem Symbolschock, der sich in allen Klassenzimmern einnistete, nach Angst und erster Trauer kam die Wut. Die Stimmung in Erfurt war aufgeheizt, die Wellen schlugen hoch. Gutenberg war zu viel, ein Steckschuss mitten in die Seele. Die Zeit nach 1989 hatte man sich komplett anders vorgestellt. Schluss mit lustig. Schluss mit Mafia, Immobiliengeschäften, Rotlichtgeschichten bei der Polizei, Korruptionsdschungel und immer jünger werdenden Jungs in den Hotels für immer älter werdende Politiker. Schluss mit dieser Version von Politik, mit ihrer kruden Art der Wahrheitsmoderation, die das Land mehr und mehr im Griff hatte. Ab sofort war Tacheles angesagt. Die Regionalblätter hatten Stoff ohne Ende: »Der Fisch stinkt vom Kopf!« – »Was für ein Selbstbedienungsladen!«, hieß es. »Wenn die Thüringer Politik mit ihrem Hofschranzentum nicht endlich Schluss macht, wird's demnächst noch ganz andere Wunder geben!« – »Drehen Sie sich, specken Sie Ihre Diäten ab, kommen Sie auf unsere Stufe (ich bin arbeitslos), dann erkennen Sie, in welche Ohnmacht Sie Ihren Nachwuchs, Ihr Potential, schicken!« Man fühlte sich an die Tage im Herbst 1989 erinnert. »Wir müssen reformieren! Doch in Thüringen darf man das nicht sagen. Das wäre ja Majestätsbeleidigung! Thüringen macht immer alles richtig!« – »Offenbar begreifen es die senilen Herrschaften nicht, was sich um sie herum zusammenbraut und was sie mit ihrer Erziehungs- oder besser Sparschweinpolitik anrichten.« Der Freistaat probte den Aufstand. Die Bürgerkritik war ungewöhnlich scharf und wuchs sich aus. Die WAZ-geführten Zeitungen druckten die Stimmung im Land, sie kannten ihre Rolle.

Das dürfte die katholische CDU-Regierung nicht sonderlich begeistert haben, zumal es ja noch andere Gründe gab, den politischen Ball möglichst flach zu halten. Was, wenn sich die soeben hochemotionalen Ereignisse um Gutenberg, der politische Pilz-Deal, das 'Ndrangheta-Hinterland, das Chaos beim Thüringer Verfassungsschutz, bei der Polizei und noch dieser und jener andere verquirlte Polit-Strang als Groß-Szenario zusammenbrauen würden? Bernhard Vogel war als Ministerpräsident von Rheinland-Pfalz schon einmal richtig baden gegangen. Das durfte sich nicht wiederholen. Die Devise war somit klar: Schadensbegrenzung, das Chaos eindämmen, die Dinge wegmoderieren, die Krisen parzellieren, Zeit und damit Land gewinnen. Was eigentlich sagte das Landeskriminalamt zur 'Ndrangheta, da unter den Polizeinotrufen am 26. April 2002 doch Verbindungen zum Drogenmilieu offenkundig wurden? Wurde der kriminelle Hintergrund tatsächlich geprüft und Verbindung zur italienischen Polizei aufgenommen? Haben die Ermittler des 26.4.2002 die Abhörprotokolle gelesen, die die italienische Polizei im Zusammenhang mit ihren Fahndungsermittlungen um die 'Ndrangheta zeitgleich in Erfurt aufnahm?

Auf den sich gern unbekümmert gebenden CDU-Oberbürgermeister von Erfurt, auf Manfred Ruge, konnte sich die Staatskanzlei in der aufgeheizten Atmosphäre direkt nach dem Massaker immerhin hundertprozentig verlassen. Stadt- und Landespolitik hatten sich nötiger denn je. Das politische Schweigekollektiv hielt zusammen: die Dinge auf sich beruhen lassen, aussitzen, an einer Politik ohne jede Konsequenz feilen, lautete die Maxime. Manfred Ruge reagierte unter höchster Not routinierter denn je. Zwölf Jahre im Amt waren im Moment des Schocks ein echter Puffer. Auch dass er gebürtiger Erfurter war, schuf Polit-Spielraum. Das schuf Vertrauen. »Lasst es uns beginnen, lasst es uns machen!«, rief er den Erfurtern zu. »Man muss über alles sprechen können. Steter Tropfen höhlt den Stein.« Was auch immer er damit gemeint haben wollte, seine Erzählstrategie zum 26. 4.2002 war an Notorik kaum zu toppen: 1. ›Wir haben nichts falsch gemacht, können aber vieles besser machen.‹ 2. ›Es ist nicht angemessen, von Fehlern zu sprechen, da jeder an dem Tag sein Möglichstes gegeben hat.‹ Das klang immer gut, tat keinem weh und machte klar: Komme, was wolle, wir hier halten zusammen.

Als am Vortag des ersten Gedenktages zum Massaker, am 25.4.2003, im Erfurter Rathaus das Kolloquium »Erinnern – Leben« stattfand, eröffnete der Oberbürgermeister es mit den Sätzen: »Erfurt ist bekannt geworden durch Gutenberg. Wir wollen zeigen, dass wir eine liebenswerte Stadt sind und nicht die eines Amokläufers.« Dann ließ er seinen Emotionen freien Lauf und berichtete von der heilenden Wirkung italienischer Pasta, die die Schüler des Gymnasiums nach dem Massaker in seinem Rathaus serviert bekamen. Am Ende stellte Manfred Ruge in seinem Statement bedauernd fest, dass »sich bei der harten Arbeit«, die alle in seinem Umfeld geleistet haben, »kein Mensch um die Politiker gekümmert hat. Niemand hat danke gesagt.«

Die neue Ministerpräsidentin Christine Lieberknecht, seit 2009 im Amt und zum protestantischen Flügel der CDU gehörend, hat die heißen Eisen ihrer politischen Vorgänger bisher nicht angerührt. Eine umfassende Bilanz der historischen Hypotheken des Vogel-/Althaus-Systems steht aus. Die Mini-Untersuchungskommission in Sachen Verfassungsschutz dürfte höchstens der Anstoß dazu sein. Thüringen stand nach 1989 immer wieder vor dem politischen Kollaps. Es kollabierte nicht. Alles lief weiter. Ob es sich von der politischen Schredder-Kultur emanzipieren kann, steht dahin. Und die politischen Macher der Einheit in Thüringen? Kursorisch nur zwei: Manfred Ruge folgte ganz seinem Stil, wechselte 2006 in eine von ihm selbst geschaffene Stelle als 3. Geschäftsführer der Erfurter Stadtwerke und handelte sich damit deftige Kritik ein. Es ging um »Selbstbedienung im Amt«. Der Posten wurde daraufhin gestrichen. Nicht lange, und es gab Abhilfe für ihn. Gegenwärtig ist Manfred Ruge Chef von fünf Tochtergesellschaften des Stadtwerke-Konzerns in Erfurt und unter anderem Geschäftsführer der TFB Thüringer Freizeit und Bäder GmbH. Außerdem kommt er als Sonderbeauftragter der Erfurter BUGA-Bewerbung für das Jahr 2021 zum Einsatz. Ein lange geplantes zweistündiges Interview, das seine Politkarriere und das Schulmassaker zum Thema haben sollte, sagte er kurzfristig ab.

2008 nahm auch Karl Heinz Gasser seinen Hut als Thüringer Innenminister und arbeitet heute wieder als Anwalt in der Kanzlei »Bouffier-Wolf-Steiner-Gasser« in Gießen. Seine politische Tätigkeit in Thüringen, sagt er am Telefon, mit manchmal 15 Stunden Dauerprogramm sei sehr anstrengend gewesen. Er sei froh, dass die Zeit vorbei sei. Die jetzige Arbeit mit seinen Mandanten bereite ihm viel Freude. Zu den »weiteren, von Ihnen gestellten Fragen werde ich mich nicht äußern«, schreibt er in einem Brief vom 21.12.2011, »da das Kapitel Thüringen für mich erledigt ist.«

VERSCHREIBUNGSKULTUREN. »Als nach dem Tod so vieler Kollegen die neuen Lehrer kamen, wollten wir sie nicht«, sagt Susanna H., Lehrerin am Gutenberg-Gymnasium im Sommer 2011. »Die hatten echt einen schweren Stand. Das Kollegium war gespalten. Vieles blieb unbesprochen, das Nötigste einfach im Raum stehen. Schwierige Zeiten. Erst 2006 begann so etwas wie eine kleine Aufarbeitung unter den Kollegen. Doch zu keiner Zeit gab es eine zusammen mit den Schülern. Dafür ist das Hierarchiedenken an unserer Schule zu groß und das soziale Feld zu angespannt. Wir sind Elite, und wer das nicht klar kriegt, für den wird's halt schwierig.« – »War es denn sicher, dass die Lehrer, die den Tag miterlebt haben, bleiben würden?« – »Ich kann nicht für alle sprechen, aber es gab unter den Lehrern, die überlebt haben, ein großes Schuldproblem. Warum ist das bei uns passiert, und warum habe ausgerechnet ich überlebt? Wie geht man mit solchen Fragen um? Wir haben viele gute Lehrer, aber im Grunde hat sich jeder seinen Weg danach allein suchen müssen. Wir waren alle so wund.«

Die zehn Jahre nach dem 26.4.2002 nennt Susanna H.

»ihren anderen Weg«. Alles, was an Fortbildung möglich war, nahm sie in Anspruch: Moderationsausbildung, Mobbingausbildung, Deeskalationstraining, Body-Ausbildung, eine Ausbildung als Beratungslehrerin. »Demokratische Schule, freie Persönlichkeit, umfassende Bildung. Reformen über Reformen. Das ganze Pädagogik-Bla-Bla. Nee, nicht mit mir. Mich interessiert nur noch, was am Ende rauskommt, was also die Inhalte sind, und wo der Schüler sein Problem hat.« Sie überlegt. Ihr Resümee: »Das hätte ich vor zehn Jahren sicher nicht gesagt, aber heute denke ich: Den Kindern wird von vornherein zu viel abgenommen. Sie sind trainiert darauf zu insistieren, bestehen auf ihren Wünschen und bekommen sie auch erfüllt, ohne jede Bedingung. Computer, Playstation, Gameboy, iPhone – alles geht. Das Leben eines Kindes definiert sich von Beginn an übers Materielle. Das ist so. Es hat keinen Sinn, das zu leugnen. Wir müssen uns dem stellen. In meinen Augen ist Schule nichts anderes als eine Frage der Konsequenz. Es geht um Grenzen und darum, Schülern Verantwortung abzuverlangen.« – »Ist das anders als vor zehn Jahren?« – »Mal so gesagt: Unterricht war immer da, aber heute kommt das Soziale dazu. Das heißt, der Prozentsatz von Schülern, die mit sich, den Eltern oder der Welt Probleme haben, ist enorm gestiegen. Wir haben individuell schwierigere, ich sage, verhaltensoriginelle Kinder. Aber dafür brauchen wir Zeit. Das ist, was uns fehlt. Das Schlimmste aber ist: Wir haben keinerlei Erfahrungsaustausch dazu. Auch nicht darüber, dass wir viel mehr Mädchen am Gymnasium haben und gleichzeitig wissen, dass Jungs später kommen, sich später entwickeln. Das ist ein Konflikt. Was passiert da?«

Susanna H. berichtet von taktierenden Schülern, Cyber-Mobbing, Kompetenzbögen und der mangelnden Befähigung von Lehrern, auf den Zeitgeist zu reagieren. »Es bräuchte viel mehr systemische Beratung. Klar, es gibt viele gute Projekte und Initiativen, – ›Faustlos‹, ›Demokratie jetzt‹, ›Papilio‹, ›Balu und du‹ – aber nichts wird koordiniert oder vernetzt. Alle werkeln so rum. Am großen Schulschiff kann jeder ein bisschen mitbasteln. Was wir brauchen, ist ein echtes Schulprofil und einen Bildungsrahmen. Stattdessen kriegen die Lehrer ständig mehr draufgepackt, aber keiner sagt ihnen, wie sie das schaffen sollen. Das frustriert und macht krank. Burnout, Depression, Frühverrentung. Die Krankenstände unter den Lehrern sprechen Bände. Die rasant steigenden Ritalinvergaben an die Schüler auch. Stoffballung, Förderpläne, Druck. Einerseits macht die neue Schulordnung ganz auf Gemeinschaftsschule, andererseits heißt es aus dem Ministerium: ›Thüringer Schüler werden zukünftig noch besser individuell gefördert.‹ Sonntagsreden alles. Eine Quadratur des Kreises. Auf dem Papier hat die Schulpolitik immer schöne Worte parat, klingt das Ganze großartig. Eine wirkliche Konsequenz auf das Gutenberg-Desaster? Nein, die sehe ich nicht.«

Die Zentrale der Thüringer Schulpolitik – das Ministerium für Bildung, Wissenschaft und Kultur – sitzt in Erfurt in der Werner-Seelenbinder Straße Nummer 7. Vom Zentrum aus fährt man Richtung Steiger, lässt den Thüringer Landtag links liegen, kommt an der Thüringenhalle vorbei, hat das Steigerwald-Stadion auf der Höhe im Blick, noch eine Kurve, und das riesige Gebäudeareal steht vor einem. Ab 1934 Standortlazarett der Wehrmacht, nach 1945 sowjetisches Militärlazarett, später zur NVA gehörend, ist der Koloss nach 1989 völlig entkernt und in Teilen neu gebaut worden. Alle paar Minuten sieht man einen schwarzen oder silbergrauen A 8 an die Pforte heranrollen, auch ein goldener Mercedes ist darunter. Der ministerielle Fuhrpark ist gut ausstaffiert. Die Frage an einen Mitarbeiter: »15 Milliarden Euro Schulden des Landes?« – »Die hängen doch am Länderfinanzausgleich.« – »Und die teuren Karossen?« – »Die sind noch das kleinste Problem. Alle preiswert angemietet.« In der Mitte des weitläufigen Ministeriumsgeländes steht etwas vereinsamt ein Stück Berliner Mauer. In der Kantine gibt es Geflügelklops in Kräutersauce, Blauen Wittling in Panade und Herz-Nierenragout auf Püree.

Der Fahrstuhl muss in die dritte Etage. Die Zimmer sind hell, die Gänge leer. »8,5 Prozent der Kinder bleiben in Thüringen ohne Schulabschluss. Das geht nicht, das gehört auf die politische Agenda!« Die Begrüßung auf ministerieller Ebene hat etwas Direktes. Mit Oktober 2009 und der neuen Koalitionsregierung aus CDU und SPD hat sich die SPD die Ministerien Bildung, Wirtschaft und Familie an Land gezogen. Der neue Koalitionspartner hat von vornherein nicht hinterm Berg gehalten, dass es ihm in zentralen Punkten auch um die Rückabwicklung der CDU-Nachwendejahre geht. Der mediokre Männerclub um Dieter Althaus hatte manches hinterlassen, was das Land noch heute teuer zu stehen kommt. Insofern stehen die Behördenreform und die Familienoffensive genauso auf der Agenda wie die leidlichen Themen Wasser- und Abwasserbeiträge. Zum ersten Mal seit 1989 erhält Thüringen überhaupt einen richtigen Haushalt. Die Lieberknecht regiert unauffällig, heißt es selbst in oppositionellen Kreisen, aber der Laden läuft ganz gut. Reicht das? Die alarmierende Vertuschungsenergie ihrer politischen Vorgänger ist keine landeseigene Sache mehr. Deutschland ist nach dem Auffliegen des Jenaer Trios nicht mehr das, was es war, die staatliche Verharmlosung der extremen Rechten längst also bundesweites Thema. Fragen bleiben. Und die Bildungspolitik?

Auf dem Ministeriumstisch liegt ein Ordner mit dem Aufdruck »Besondere Vorkommnisse«. Der Mann vor dem

Ordner schlägt ihn alle paar Minuten auf, blättert die einzelnen Fächer durch. Er weiß, da ist nichts. Es gibt kein besonderes Vorkommnis an dem Tag. »Nach dem 26. April 2002 hat das Land den umfassendsten Maßnahmenkatalog der Republik entwickelt«, sagt er. »Allen Schulleitungen liegt ein Ordner vor, der sämtliche denkbaren Krisen abhandelt. Neben den ersten Schritten im Krisenfall und etwaigen Notfallnummern gibt der Katalog verschiedene Präventionsmaßnahmen vor.« Krisenfälle, Krisenpläne, Krisenstäbe. »Alle Schulen sind auf Flucht umgebaut worden.« Soll heißen: Man ist für den Ernstfall gewappnet. »Seit dem Erfurter Massaker hat sich die Sensibilisierung für die Thematik deutlich erhöht. Im Moment sind wir dabei, Krisenpläne für Kitas aufzustellen.« – »Für Kitas?« – »Im Freistaat nehmen alle Lehrer, Schulleitungen, Schulpsychologen, Berufsschullehrer, Hortnerinnen, Erzieherinnen an den unterschiedlichsten Krisenpräventionen teil. Sicherlich ist an der Gutenberg-Schule im April 2002 nicht alles richtig gemacht worden, trotzdem haben sich die notwendigen Lernerfolge eingestellt.« – »Lernerfolge?« – »Unsere Konsequenzen nach dem Massaker waren richtig. Es geht ums schnelle und zielgenaue Intervenieren.« – »Aber hat das Ministerium nicht auch eine besondere Sorgfaltspflicht gegenüber dem Gutenberg-Gymnasium?« – »Wenn Sie die Aufarbeitung des Ereignisses an der Schule meinen, ist das einzig und allein die Sache der Schule selber.« – »Wie das?« – »Das ist schlichtweg nicht unser Part.« – »Und Ihre Vision mit Blick auf das Thüringer Schulsystem?« – »Schule und Jugendhilfe müssen sich füreinander öffnen. Bildungserfolg muss unabhängig von sozialer Herkunft möglich sein. Das ist, was zählt. Es reicht nicht, beim kleinen Iglu-Test die ersten zu sein. Für Thüringen gilt das Große. Wir wollen auch bei Pisa ganz vorn mitspielen.«

Christina K. aus Schmalkalden, eine couragierte Schulpsychologin seit knapp 30 Jahren, hält erwartungsgemäß nichts von dieser Art Superlativ. »Der berühmte Thüringer Weg«, lacht sie, »ach, du meine Güte! Da geht's um was subjektiv Gefühltes. Hier wird nicht Personal evaluiert, sondern Schulkultur. Da kommt wer weiß was dabei raus. Wir haben hier unglaublich gut funktionierende Hierarchiefilter, die zu nichts anderem da sind, als die Wirklichkeit außen vor zu halten: Schule, Schulleitung, Schulamt, Ministerium. Und dann? Referatsleiter, Unterabteilungsleiter, Abteilungsleiter, Staatssekretär, Leiter des Ministerbüros. Die reinste Bürokratiekultur. Das funktioniert wie ein Ikea-Regalsystem. Die Schulämter gehen dialogisch wandern, die Ministeriellen sind mit ihrer tollen Fahrerflotte unterwegs, ansonsten blüht die Beraterindustrie: Diagnostikdienste bei auffälligen Kindern, Sonderinstitute über Sonderinstitute, Krisenteams über Krisenteams. Die Verschreibungskultur der Schulärzte wächst ins Uferlose.« – »Heißt das, die Thüringer Bürokratiekultur ist in den letzten zehn Jahren zu einer Angstkultur geworden?« – »Mein Job als Schulpsychologin besteht heute in erster Linie darin, Eltern, Lehrer, Erzieher, die sich an mich wenden, davon abzuhalten, das im Internet etablierte Krisensystem auszulösen. Da hast du als Vordruck das ›Besondere Vorkommnis an Schulen‹ als Sofortmeldung, dann das ›Besondere Vorkommnis an Schulen‹ als Folgemeldung und schließlich dasselbe Formular noch einmal als Abschlussmeldung. Löst jemand die Seite aus, läuft die ganze Maschinerie an, Alarm in alle Richtungen, bis hin zur Polizei. Am Ende landet das Blatt in einem speziellen Ordner auf dem ministeriellen Tisch. Klar, ich kann auch mal falsch liegen, aber zuallererst frage ich meine Anrufer immer: Wie, Sie wissen nicht, ob das Kind, um das es geht, schießen wird?

Wenn die Eltern oder Lehrer dafür kein Gefühl haben, dann stimmt was nicht. Die Kids haben tausend Todesszenarien im Kopf. Sie drohen schnell. Das ist ihr Signalsystem. Sie an der Stelle direkt zu erreichen, ist wichtiger als jedes abstrakte Alarmsystem. Mit dem System ›Besondere Vorkommnisse‹ machen wir nichts anderes, als unsere Verantwortung ins Netz weiterzudelegieren.«

»Keine Frage«, sagt Christina K., »nach Erfurt hat es viel Aufregung, Streit und Nachdenken gegeben. Das war richtig. Es ging um das Warum. Das Ereignis an der Schule war ein Realitätsschub. Wir brauchten mehr Professionalität im Umgang. Struktur schafft Sicherheit. Doch die echten Knackpunkte – Schulqualität, selbständige Lernatmosphäre, die Kultur der Beschämung an den Thüringer Ausbildungseinrichtungen und die notwendige Personalentwicklung von Führungskräften – sind beharrlich umgangen worden.« Das System sei absolut strukturkonservativ, das Lehrpersonal überdurchschnittlich überaltert, junge Leute kämen nur schwer zum Zug. »Als Christoph Matschie 2009 neuer Kultusminister wurde, haben alle im Bildungs-Metier viel Hoffnung auf den Wechsel gesetzt. Wochenlang haben wir Konzepte zur Demokratiepädagogik in Thüringen geschrieben und sie dann ans Ministerium geschickt. Wir glaubten an einen wirklichen Aufbruch. Der Abrieb war schnell da. Resonanz gab es keine. Das hat ernüchtert. Schnell war der Abrieb da. Es reicht nicht, den Indianerstamm von Althaus aus dem Eichsfeld durch den Indianerstamm von Matschie aus Jena auszutauschen. Wir brauchen keine schönen Worte, kein designtes Image oder gehypte Zahlen. 700 psychologisch geschulte Beratungslehrer, die eine 500-stündige Weiterbildung absolviert haben, soll es mit einem Mal in Thüringen geben. Woher kommen die denn? Ein Witz! Nein, was wir brauchen, ist ein neues Denken.«

»Man kann ein Trauma einkapseln, es abspalten, um-modellieren, es völlig überlaufen. Man kann aber auch versuchen, es aufzulösen und wieder neu Verbindung aufzunehmen«, sagt Ester Ambrosino, Jahrgang 1970, eine schwarzlockige, drahtige Sizilianerin. In Palermo, der Stadt, in der sie aufgewachsen ist, hat sie viel Gewalt erlebt. Als sie 12 Jahre alt war, kam Pina Bausch mit dem Stück »Palermo« in ihre Heimatstadt. Im Teatro Biondo wurde es 13 Mal gespielt. Ester Ambrosino musste jede Vorstellung sehen. Von dem Moment an begann das, was sie als »ihre Reise zum Tanz« bezeichnet. 1987 ging sie nach Deutschland. Drei Jahre war sie bei Pina Bausch in Wuppertal. Danach ging sie nach Erfurt, gründete ein Tanztheater, ist heute Tänzerin und Choreografin zugleich. »Ich wollte etwas bewegen«, sagt sie. »Am Tanz hängt immer das Klischee der Leichtigkeit. Aber warum bewege ich mich? Was ist mein Zentrum? Es geht um eine Art von Bewegung, die mit Gesellschaft zu tun hat, um deren Fragen.« Ester Ambrosino hat den 26. 4. 2002 dabei sehr vor Augen. »Im Osten ist nach 1989 alles viel zu schnell gegangen, der Wechsel nicht verdaut, aber der Druck ungeheuer groß. Man hat das den Körpern angemerkt. Angst und immer das Gefühl, weniger wert zu sein. Es gab keine Sprache dafür. Das Massaker hat alles noch potenziert.« Die Leute liefen in diesem Trauma herum: wütend, isoliert, suchend. »Mit dem Körper bist du immer nackt, kannst du nichts verstecken. Schweigen ist keine gute Sache. Es geht darum, es zu durchbrechen, das Limit des Körpers zu überschreiten. Man kann nur improvisieren, wenn man sich kennt. Die Erfahrung in den Bauch holen, die Wut rauslassen und dann tanzen. Tanzen ist wie Aspirin. Die Leute hier haben eine Geschichte, ihre Körper haben etwas erlebt. Das ist ein ungeheures Potential und sehr inspirierend für mich«, sagt sie.

»2007 haben wir das Stück ›Und warum‹ gemacht. Dabei ging es nicht um Steinhäuser, nicht ums Schießen. Ich wollte den Druck zeigen, unter dem die Kids stehen, und habe versucht, Körperbilder für ihr Schweigen zu finden, für ihre Sprachlosigkeit, den Zorn, den Hass. Ein getanztes Computerspiel, einen gerappten Erlkönig, das Interview eines 17-Jährigen.« – »Und die Resonanz?« – »Tanzen ist in meinen Augen ein Seelenspiegel. Es kamen Mails, in denen stand: Das Stück hat mich nicht schlafen lassen. Und vielleicht ist es ja genau so: Die Steinhäuser-Geschichte wabert noch immer durch die Stadt. Nichts ist geklärt. Aber die Jungen wollen was Eigenes machen. In den letzten fünf Jahren hat sich in der Erfurter Szene einiges getan. Es gibt das ›Heizwerk‹, ›Erfurt Nord‹, ›Die Kaserne‹. Meine Tanzschule ist immer rappelvoll. Sprache ist etwas, was weh tut. Sie braucht Zeit. Aber das Subkulturelle, alles, was bunt ist und mit Körper, Zeichen, Musik, Puppen zu tun hat, die ist lebendig und da.«

EMSDETTEN, 20. NOVEMBER 2006

ICH BIN KEINE KOPIE
AUS DEM TEXTNACHLASS VON
SEBASTIAN BOSSE

26. Juni 2004

Ich fresse die ganze Wut in mich hinein, um sie irgendwann auf einmal rauszulassen und mich an all den Arschlöchern zu rächen, die mir mein Leben versaut haben. Für die, die es noch nicht genau verstanden haben: Ja, es geht hier um einen Amoklauf! Ich weiß selber nicht, woran ich bin, ich weiß nicht weiter! Bitte helft mir!

15. Januar 2005

Mit ihr (Anmerkung: eine Mitschülerin) werde ich eine Menge Spaß haben. Ihr erst in die Füße schießen, sie dann durch den von Splittern bedeckten Flur kriechen lassen und ihr eine Granate in die Fresse stopfen.

10. August 2006

Von allen Leben auf dieser Welt ist meins anscheinend das einzig sinnvolle. Ist doch wahr. Guckt man sich die Menschen heute an, sieht man leere Körper, aufgetakelt und rausgeputzt bis zum geht nicht mehr. Doch das ist alles nur die Hülle. Innen drin ist es leer. Man lebt nur noch, um sich zu produzieren. Man vermarktet sich regelrecht. Jeder Mensch will das Produkt »Ich« als etwas Wunderbares verkaufen, und weil einer noch dümmer als der andere ist, klappt das auch prima. Wer da nicht mitzieht, steht allein da.

Gibt es irgendwo ein Buch oder eine Homepage, wo befohlen wird, sich normal zu verhalten, anbei eine Erklärung, was normal ist? WOHL KAUM! ALSO HÖRT AUF MIT EURER HARDCORE-KONSERVA-TIVEN Einstellung und seht es endlich ein: »normal« ist Ich! Jeder definiert »normal« anders, jeder definiert es für sich selbst! Ist es zu viel verlangt, in Ruhe gelassen zu werden?

13. August 2006

Scheiße! Ich fühl mich, als würde ich gleich krepieren. Mein Herz schmerzt höllisch, so dass ich mich krümme vor Schmerzen.

19. August 2006

Stell dir vor, du stehst in deiner alten Schule, stell dir vor, der Trenchcoat verdeckt all deine Werkzeuge der Gerechtigkeit, und dann wirfst du den ersten Molotowcocktail, die erste Bombe. Du schickst deinen meistgehassten Ort zur Hölle!

25. August 2006

Gleich geht's zur OP Black Erde. Wenn ich auf der Fahrt dorthin (ca. 5 Stunden) oder auf der OP abkratze, sollen dies meine Lieben hier lesen: Ich hasse die Menschheit, ausgenommen mich und meine Familie!

14. September 2006

School Shooting in Montreal! Zitat bei N 24: »… einen terroristischen Hintergrund schließt die Polizei aus …« Besagt doch nur wieder, welche Flaschen daran arbeiten!

18. September 2006

Wir leben in keiner Demokratie. Wir sind auf dem besten Weg zu einer Diktatur! Von den braunen Hampelmännchen aus Dresden einmal abgesehen, sind wir jeden Tag von Faschistenschweinen umgeben!

Das ist doch einfach verrückt, ich bin in der Lage, eine Schießerei zu meistern, aber wenn ich einen von den Arschlöchern sehe, bin ich wie gelähmt. Ich laufe die Straßen entlang und sehe welche von der Sorte – Jugendliche, Hip-Hopper, Feinde –, und ich bekomme wahnsinnige Angst. Es kommt dann gar keine oder nur eine sinnlose Antwort heraus und das seit dem 7. Schuljahr.

26. September 2006

Eric Harris: Der wohl vernünftigste Junge, den eine beschissene Highschool bieten kann. ERIC HARRIS IST GOTT! Da gibt es keinen Zweifel. Es ist erschreckend, wie ähnlich Eric mir war. Manchmal kommt es mir so vor, als würde ich sein Leben noch mal leben, als wenn sich das alles noch mal wiederholen würde. Ich bin keine Kopie von REB, VoDKA, Steini, Gill, Kinkel, Weise oder sonst wem! Ich bin die Weiterentwicklung von REB! Aus seinen Fehlern habe ich gelernt, die Bomben. Aus seinem ganzen Leben habe ich gelernt.

18. Oktober 2006

Es ist egal, was du in deinem Leben machst, es ist alles vergänglich. RX! Selbst mein Angriff auf die GSS (Anmerkung: Geschwister-Scholl-Schule) ist irgendwann ungeschehen. Ich wünschte, ich könnte die beschissene Zeit zurückdrehen, und mit dem Wissen, das ich nun habe, von vorne beginnen. Doch selbst wenn ich könnte, würde das nichts an Staat oder Regierung ändern. Ich hasse dieses verdammte Land! Ich will frei sein! Tod oder Freiheit.

Stand der Dinge:

Heute 1 kg Schwefel gekauft, Schwarzpulverherstellung. In den kommenden Tagen wird eine 12er Flinte und eine 45er Pistole gekauft.

Zeitbomben werden nächste Woche gebaut!

Geplantes Arsenal: .22, .45, 12er Flinte, 15 Rohrbomben – davon 2 oder 3 Zeitbomben, 10 Molotowcocktails, 10 Rauchgranaten, 1600 ml Pfefferspray, 1 Liter Ameisensäure 85%, Machete, Messer, Toufac CO_2 Pumpgun und genug Munition für die Waffen! Eventuell noch Ammoniumnitrat. Ich könnte an das Scheißzeug kiloweise rankommen, aber die Möglichkeit, damit zu experimentieren, habe ich nicht.

Wehe, irgendein Sackgesicht von Geistlichem reißt sein Maul auf nach meiner Beerdigung! Es gibt keinen SCHEISS GOTT!

6. November 2006

Am 17., 20. oder 21. werde ich dieses verdammte Drecksstück in die Luft sprengen. Das ist Krieg. Die ganze Welt gegen ResistantX. In den nächsten Tagen werde ich mehr Rohrbomben, Molotowcocktails und Rauchbomben bauen.

13. November 2006

Heute habe ich die Linie überschritten. Jetzt gibt es kein Zurück mehr. Ich habe meine Vorderlader ausprobiert. Die Scheißteile funktionieren! Also I got 10 more .22 bullets, which makes a total of 48 .22s.

Der 20. 11. 2006 wird mein ganz großer Abgang!

17. November 2006

In drei Tagen ist alles vorbei! Die Leute werden tot auf dem Schulhof liegen, die Schule wird brennen und mir wird das Gehirn weggeblasen! Ich war gerade an der Schule, um zu gucken, ob alle da sein werden, wenn die Scheiße losgeht. Und JA. Sie werden da sein!

I'm not a fucking Psycho! It's not Airsoft or music that makes me killing people, it's you! All I want now is killing, hating and scaring as much people as possible!

Sometimes I write shit in English because I want everybody to understand what the hell I'm talking about.

19. November 2006

Dies ist der letzte Abend, den ich je sehen werde. Ich sollte glücklich darüber sein, aber irgendwie bin ich es nicht. Es ist wegen meiner Familie. Sie sind alles gute Menschen, und ich werde ihnen morgen wehtun. Es ist traurig zu wissen, dass ich sie morgen nie mehr sehen werde. An die, die ich liebe: Es tut mir sehr leid.

Ich hatte nie eine Freundin, ich habe nie ein Mädchen geküsst, aber warte mal – da war doch dieses Möchtegern-Gothic-Huhn. Ich konnte sie nicht ab, aber ich war besoffen. Scheiß drauf. Ich bin nicht schwul!

Glaubt nicht den Scheiß, den euch die Leute nach dem 20. November erzählen werden.

Wenn irgendeiner aus meiner großen Familie ein guter Mensch ist, dann bitte helft meinen Eltern, meiner Oma, meiner Schwester und meinem Bruder. Ich liebe sie! Und ich hasse mich dafür, dass ich ihnen weh tue.

Ich hoffe, dass andere Geächtete besser behandelt werden und nach der Sache am GSS frei sein werden. Und ich hoffe, dass einige von ihnen wie REB, Vod und wie ich sein werden: EIN VERDAMMTER HELD.

Es ist schon verrückt! Ich habe das Ganze so lange geplant und jetzt – verdammte Scheiße – wird alles wahr.

Wenn man weiß, dass man in seinem Leben nicht mehr glücklich werden kann, und sich von Tag zu Tag die Gründe dafür häufen, dann bleibt einem nichts anderes übrig, als aus diesem Leben zu verschwinden. Und dafür habe ich mich entschieden. Es gibt vielleicht Leute, die hätten weiter gemacht, hätten sich gedacht: »Das wird schon wieder«. Aber das wird es nicht.

Man hat mir gesagt, ich muss zur Schule gehen, um für mein Leben zu lernen, um später ein schönes Leben zu führen. Aber was bringt einem das dickste Auto, das größte Haus, die schönste Frau, wenn es letztendlich sowieso für'n Arsch ist. Wenn deine Frau beginnt, dich zu hassen, wenn dein Auto Benzin verbraucht, das du nicht zahlen kannst, und wenn du niemanden hast, der dich in deinem Scheiß Haus besuchen kommt.

Ihr habt diese Schlacht begonnen, nicht ich. Meine Handlungen sind das Resultat eurer Welt, einer Welt, die mich nicht sein lassen will, wie ich bin. Ihr habt euch über mich lustig gemacht, dasselbe habe ich nun mit euch getan. Ich hatte nur einen ganz anderen Humor!

Ich habe mir Rache geschworen. Diese Rache wird so brutal und rücksichtslos ausgeführt werden, dass euch das Blut in den Adern gefriert. Bevor ich gehe, werde ich euch einen Denkzettel verpassen, damit mich kein Mensch mehr vergisst!
Ich will, dass sich mein Gesicht in eure Köpfe einbrennt!
Ich will R.A.C.H.E!

Ich habe darüber nachgedacht, dass die meisten der Schüler, die mich gedemütigt haben, schon von der GSS abgegangen sind. Dazu habe ich zwei Dinge zu sagen: 1. Ich ging nicht nur in eine Klasse, nein, ich ging auf die ganze Schule. 2. Ein Großteil der Rache wird sich auf das Lehrerpersonal richten, denn das sind Menschen, die gegen meinen Willen in mein Leben eingegriffen haben und geholfen haben, mich dahin zu stellen, wo ich jetzt stehe: auf dem Schlachtfeld!

Das Leben, wie es heute stattfindet, ist wohl das armseligste, was die Welt zu bieten hat!

S. A. A. R. T. – Schule, Ausbildung, Arbeit, Rente, Tod

Das ist der Lebenslauf eines normalen Menschen heutzutage. Aber was ist eigentlich normal? Als normal wird das bezeichnet, was von der Gesellschaft erwartet wird. Ich scheiß auf euch! S. A. A. R. T. beginnt mit dem 6. Lebensjahr hier in Deutschland, mit der Einschulung. Das Kind begibt sich auf eine persönliche Sozialisationsstrecke und wird in den darauffolgenden Jahren gezwungen, sich der Allgemeinheit, der Mehrheit anzupassen. Lehnt es dies ab, schalten sich Lehrer, Eltern und nicht zuletzt die Polizei ein. Schulpflicht ist eine Schönrede von Schulzwang. Wer gezwungen wird, verliert ein Stück seiner Freiheit. Man wird gezwungen, Steuern zu zahlen, man wird gezwungen, Geschwindigkeitsbegrenzungen einzuhalten, man wird gezwungen, dies zu tun, man wird gezwungen, das zu tun. Ergo: keine Freiheit! Nazis, Hip-Hopper, Türken, Staat, Staatsdiener, Gläubige, einfach alle sind zum Kotzen und müssen vernichtet werden.

Seit der 1. Klasse bin ich ein Verlierer. Ich wollte Freunde, Markenklamotten. Aber es gibt mehr als diese Hip-Hop-Scheiße. Ich habe niemals Hip-Hop gehört. Ich änderte mein Leben, war kein Mensch mehr, ich wurde göttlich. Ich habe angefangen, das Massaker an der Geschwister-Scholl-Schule zu planen. Ich will alle töten, weil sie in mein Leben eingegriffen haben. Das Leben war schön, bis ich in die Schule kam.

Das sind die zwei Gründe für das Massaker. Erstens: Schule. Lehrer, Schüler, all die Scheiße. Zweitens: Politik. Ich will

Anarchie, das Einzige, wo man wirklich frei ist. Niemand hat mir zu sagen, was ich zu tun habe! Die Erde ist krank, ich nicht. Ich kann es kaum erwarten, euch alle über den Haufen zu schießen. Sie haben auf mich gespuckt, mich getreten, zu Boden getreten. Kein Problem, ich töte sie alle.

Seit meinem 6. Lebensjahr wurde ich von euch allen verarscht! Nun müsst ihr alle bezahlen! Weil ich weiß, dass die Faschopolizei meine Videos, Schulhefte, Tagebücher, einfach alles, nicht veröffentlichen will, habe ich das selbst in die Hand genommen.

Als letztes möchte ich den Menschen, die mir etwas bedeuten oder die jemals gut zu mir waren, danken, und mich für alles entschuldigen.

Mein Leben, meine Kanone, ich kann damit machen, was ich will. Ich habe Gewehre, Bomben, Molotowcocktails. Es ist Krieg, ich bin im Krieg!

DAS WAR'S!
Ich bin weg.

S. A. A. R. T.

DER NEBEL-AMOK. Karola Keller, Schuldirektorin der Emsdettener Geschwister-Scholl-Schule im Münsterland, weist zum Schluss der Lehrerkonferenz am 16.11.2006 noch auf eine Kleinigkeit hin, auf das Problem mit den Fahrrädern am Eingang der Schule. Es seien in letzter Zeit immer mal wieder welche abhanden gekommen, sagt sie, Fahrradteile wurden abgebaut und geklaut. »Vandalismus. Das sollten wir besser im Auge haben. Es geht auch ums Sichern der Fluchtwege.« Sie bittet die aufsichtsführenden Lehrer, diesen Bereich des Schulgeländes ab sofort besser im Auge zu haben. Die Anweisung wird ohne Kommentar aufgenommen. Das Wochenende steht bevor. Damit hat es nächste Woche auch noch Zeit.

Montag, der 20.11.2006: Wie im Fall von Robert Steinhäuser ist es bei Sebastian Bosse die Großmutter, 71 Jahre alt, die mitbekommt, dass bei ihrem Enkel irgendwas nicht stimmt. Dabei lugt sie nicht nur wie in der Erfurter Ottostraße hinter der Gardine hervor, sondern spricht ihn direkt an. »Bastian, bleib doch hier!«, sagt sie zu ihm. Es sind die Momente, von denen man im Nachhinein mehr erfahren möchte: Was hat Sebastian Bosse in der Sekunde gedacht, was gefühlt? Hat er sie bei der Bitte angeschaut? Und dann? Gab es eine Pause, einen Moment des Zögerns bei ihm? Und die Großmutter, was war mit ihr? Was sah, was wusste sie? Wie hat sich die ganze Situation zugetragen? Es sind die Momente, in denen man sich sicher ist, dass in Sebastian als künftigem Vollstrecker auch der kleine steckt, der andere, der den Autoschlüssel der Großmutter ohne groß zu überlegen zurückgibt, ihn ihr einfach in die Hand legt, wortlos. Ihr vielleicht ein wenig verdruckst zunickt, erleichtert über die Bitte, ihren Blick, das konkrete Gegenüber. Danach würde es vermutlich einen Tag geben wie jeden anderen.

Doch Sebastian Bosse gibt den Schlüssel nicht her. Er hat keinen Führerschein, aber er geht nach unten in die Doppelgarage, fährt den schwarzen Opel Astra raus und düst ab, Richtung Innenstadt, Dannenkamp entlang, über den Grevener Damm, Neubrückenstraße, dann links in den Diemshoff. Feine Gegend, edel, beruhigt, mehrheitlich katholisch. Es ist November. Die orangefarbenen, ausgeschälten Kürbisse liegen vor den flachen, roten Klinkerbauhäusern. Wenn der Abend kommt, fangen die Kürbis-Gesichter von innen heraus an zu tanzen. Es kerzelt. Die Hecken sind geschnitten. Das Laub liegt konzentriert in hohen Haufen im Hinterland muldiger Gärten. Eine aufgeräumte Gegend.

Es ist noch früh, so gegen 9.00 Uhr. Vom Dannenkamp bis zur Geschwister-Scholl-Schule, dem »meistgehassten Ort dieser Welt«, wie ihn Sebastian Bosse nennt, sind es etwa zwei Kilometer. Im Kofferraum hat er das ganze Programm: »Jill«, den kleinen Vorderlader, »BFG« die Flinte, »Mister Pästerich«, seine 45-Kaliber-Pistole, wie er seine Waffen liebevoll zu nennen pflegt. Dazu jede Menge Knallpotential und Bomben der unterschiedlichsten Art. Am Tatort finden sich später 17 selbstgefertigte Rohrbomben, 7 Rauchkörper, 9 Molotowcocktails, 19 selbstgefertigte Schrotbecher mit unterschiedlichem Streumaterial, Bleigeschosse unterschiedlicher Größe, Luftgewehrmunition, 19 Reagenzgläser mit schwarzem Pulver, 4 Pfefferspraysdosen, 2 Kunststoffdosen mit Schwarzpulver, 2 Wurfsterne,

1 Schlagstock, 1 Machete. Sebastian Bosse kennt die Gasanschlüsse in den Chemieräumen und hat sich die Pläne dafür besorgt. Die Vorbereitungen waren intensiv. Der Supergau von ResistantX – wie sich sein Alter Ego im Internet nennt – sollte nicht einfach irgendwas werden. Wenn schon, dann das ganz große Programm, ein Sturmlauf, bei dem allen Sehen und Hören verging, die totale Überwältigung, sein Krieg, seine R. A. C. H. E. Das Ziel: die ganze Schule, »das verdammte Drecksstück«, in die Luft sprengen und damit den Tod von knapp 800 Menschen in Kauf nehmen. »Damit mich kein Mensch mehr vergisst«, hatte der 18-Jährige seinem Tagebuch eröffnet. Emsdetten sollte Columbine toppen und zur »Weiterentwicklung« werden. Die Heimzahlung, die Stunde der »letzten Wahrheit«, ein Höllensturz, der »gottgleiche« Anschlag, mittels einer sorgsam ausgedachten, hochexplosiven Dramaturgie.

Der Großangriff war superlativisch gedacht, aber was die Realität? Gegen 9.20 Uhr fährt Sebastian Bosse mit vollem Karacho direkt vor, parkt den schwarzen Opel Astra der Großmutter unmittelbar vor der Eingangstür der Schule, oben auf der Rampe. Rechts vom Eingang stehen ein paar Fahrräder. Er steigt aus und hockt sich mit dem Rücken zum Schulgebäude hinter eins der abgestellten Räder. Jede Sekunde zählt. Der Umbau zum Todeskämpfer ist angelaufen. Doch aufgrund der Anweisung der Schulleiterin vor dem Wochenende hat sich eine junge Lehrerin den »Vandalismus«-Bereich gleich am Montag morgen vorgenommen und den Komplex von der ersten Stunde an aufmerksam im Blick. Sie entdeckt den 18-Jährigen, als er grad dabei ist, rohrähnliche Gegenstände an seinem Bauch zu befestigen und eine schwarze Wollmütze überzuziehen. »Hallo, was machen Sie denn da?«, ruft sie ihm aus einiger Entfernung zu. Das muss ihn überrascht haben. Nicht er attackiert, stattdessen wird die große Abrechnung noch vor der geplanten Eröffnung erheblich gestört. Ein Fehlstart, eine Schrecksekunde. Will ihm da jemand sein detailliert antrainiertes Drehbuch aus der Hand schlagen?

Es ist der Moment, wo der kleine Sebastian zum zweiten Mal die Chance hat, auf den Plan zu treten: den Sturmlauf abbrechen, das ganze martialische Brimborium einsammeln, es zurück in den Opel zerren und tonlos von dannen ziehen. Doch die schwarze Wollmaske ist übergezogen, das Massive des Sprengstoffrings gibt die nötige Sicherheit, die Rucksäcke voll Munition stehen neben ihm. Der 18-Jährige erhebt sich, dreht sich um und schleudert der Frau mit voller Wucht einen Rauchkörper entgegen. Dabei verletzt er sie – die Lehrerin ist schwanger – im Gesicht und eröffnet sofort das Feuer gegen sie. Die Verletzte kann sich mit höchster Not ins Schulgebäude retten.

Mit Waffen und Sprengmaterial ausgerüstet zieht Sebastian Bosse nach seinem verhackten Start Richtung Haupteingang der Schule, zündet auf dem Weg zum Oberen Schulhof »Empore« eine Rohrbombe sowie einen Rauchkörper und schießt dabei auf alle, die ihm entgegenkommen. Durch mehrere Schüsse werden drei Schüler verletzt. In diesem Pulk von Schülern ist auch sein zwei Jahre jüngerer Bruder, ein Zehntklässler. Er erkennt den Vermummten sofort. Als der Ältere einem Mädchen die Waffe direkt an die Schläfe hält, stellt er sich ihm in den Weg. »Was soll das?«, will der Kleinere wissen. »Hau ab! Bring dich in Sicherheit! Ich zieh das hier durch!«, lautet die Antwort. Und dennoch: Womöglich ist es der entscheidende Einspruch. Der Ninja-Kämpfer lässt die Waffe sinken, schiebt den Bruder rüde zur Seite und stürmt weiter. Noch im Eingangsbereich der Schule begegnet der bis an die Zähne bewaffnete Masken-Mann dem 55-jährigen Hausmeister. Mit einer abgesägten Flinte hält er auf den schmalen Mann zu, schießt, trifft ihn durch drei Kugeln im Bauchbereich und verletzt ihn schwer.

Der Unterricht an der Geschwister-Scholl-Schule beginnt normalerweise morgens um 7.45 Uhr. Sebastian Bosse startet seinen Todeslauf am Anfang der ersten großen Pause, die – wie er weiß – 20 Minuten dauert. Die Mehrheit der Schülerinnen und Schüler hält sich samt Aufsicht nach den ersten beiden Unterrichtsstunden auf den Schulhöfen auf. War das so geplant? Wollte er mitten im Pausenchaos noch mehr Menschen treffen? Oder waren ihm bei seiner Mega-Operation die junge Lehrerin und sein Bruder dazwischengekommen und dadurch das Programm aus dem Ruder gelaufen? Dachte er, sich durch das große Wirrwarr hinreichend Zeit für die Gasanschlüsse in den Chemieräumen verschaffen zu können? Oder soll man den Pausen-Sturmlauf von vornherein als Ausdruck von gehemmter Aggressivität lesen?

In jedem Fall kommt man vom erhöhten Eingangsbereich der Schule direkt ins Zentrum des Gebäudes, in eine Art offene Aula. Meist ist sie an den Seiten mit Kulissen vollgestellt. Seit mehr als 25 Jahren ist die Schule bekannt für ihre starke Theaterphalanx. Die Stadt Emsdetten selbst hat kein Spielangebot und das städtische Publikum die Ideen der Schüler schon aus diesem Grund vonnöten. Die Aufführungen der Theater-AG sind immer gut besucht. Nie bleibt ein Platz frei. Eine Tradition der Schule, die 1981 mit dem Stück »Herr Biedermann und die Brandstifter« begann. Im Mai 2006 wurde Edgar Allan Poe, »Die Maske des Roten Todes«, auf die Bühne gebracht.

Dem Brandstifter mit der schwarzen Maske vom 20. November 2011 ist nach großer Inszenierung, aber nicht nach Theater. In der Aula schießt er auf eine Schülergruppe in der

Nähe des Aquariums und verletzt erneut einen Schüler schwer. Der Schütze läuft hoch zur ersten Etage, die Gänge entlang, stürmt weiter in den zweiten Stock, eine dicke, rote Rauchsäule hinter sich herziehend. Das Ziel ist klar: die Chemieräume. Hatte ihm niemand gesagt, dass gerade diese Türen besonders gesichert sind? Er findet keinen Zugang. Die Gasanschlüsse – ein Zentralsystem der Schule – bleiben ihm verwehrt. Von nun an gleicht die Operation von ResistantX einem wirren Streunen durch sein ehemaliges Schulterrain. Der Maskierte ballert, wirft Molotowcocktails, zündet Rauchbomben. Es ist eine einzige, große – für alle lebensgefährliche – Vernebelungsaktion.

Vom oberen Schulhof schießt Sebastian Bosse blindlings in Gruppen von Fünf- und Sechsklässlern hinein, die sich auf dem unteren Schulhof aufhalten. Als ob der Maskierte mit jedem Meter Schule, jeder Rauchbombe, jedem Schuss, jeder Aktion etwas Altes, eine frühere Demütigung, eine Erinnerung auslöschen, als ob er quer durch den dichten Nebel die in ihm lebenden Bilder der Referenz töten wollte. Das, ohne dabei gesehen zu werden, aber auch, ohne sehen zu müssen, welchen Schmerz er anderen zufügt. Er sieht nicht und will nicht sehen. Es ist ein blindes Ich, das da wütet. Insgesamt werden bei seiner Racheaktion 37 Personen verletzt: 6 durch Schussverletzungen, die anderen aufgrund von Verletzungen durch Rohrgranaten, Schock und Rauchvergiftungen. Obwalter über Leben und Tod zu sein, lautete der Plan von ResistanceX. Die große Heimzahlung. Doch der äußere Nebel, den Sebastian Bosse veranstaltet, scheint dem inneren mehr und mehr zu gleichen, verdickt sich zur zähen Masse. Das Gebäude – Sinnbild für das System, das er zerstören will – in die Luft zu sprengen, hat sich in rötlichen Rauchschwaden aufgelöst.

Was also tun, wo soll er hin mit sich? Auf dem Weg durch

die Gänge läuft er noch einmal durch seine Kindheit und Jugend. Ein Irrlauf durch seine Quellen, um sie an-, be- oder gar zu zerschießen. Was ihn gedemütigt hat, auch seine inneren Selbstobjekte, überträgt er auf Schüler und Lehrer und verletzt viele dabei schwer. Überall Nebel, Rauch, Blut, Wüstenei. Ist es das Bild der eigenen personalen Auflösung? Momente auf der Grenze zwischen Leben und Tod, die ohne Protokoll bleiben. Hier fallen keine Worte. Hier ist niemand. Der Dynamit-Junge steht mit sich allein am Abgrund, an seinem toten Punkt. Das jahrelang von außen in sich Hineingepumpte, das Phantasma des Göttlichen, des großen Rächers am »Fascho-Land« fällt zusammen wie ein Kartenhaus. Wie oft hatte er seine Tagebücher mit Sätzen über die »hardcore-konservativen Einstellungen« seines Umfelds traktiert und sich die wirrsten Sätze über vermeintliche Parallelen von Nationalsozialismus und gegenwärtigem Deutschland zurechtgebastelt: »Vergleicht man den heutigen Staatsapparat mal mit dem von Hitler, wird man ganz schnell feststellen, dass es die alte Suppe in neuen Dosen ist, was man uns hier als Politik verkaufen will ... Drecksstaat! Drecksplanet! Drecksleben!« Auch diese Systemkritik löst sich in Rauch auf. Die Anarchie, auf die er aus war, wird zum Nichts. Der Ballermann schießt ins Leere.

Als ob der maskierte Dynamit-Junge über dem Irrlauf sein Motiv verloren hätte. Die totale Überwältigung, die er so intensiv geplant hatte, schlägt zurück wie ein Bumerang und überwältigt jetzt ihn. Die erhoffte Allmacht implodiert und wird zur Ohnmacht. Hier ist einem schlotternden Hass-Jungen das Suchbild abhanden gekommen. Aber was hätte es auch sein können? Der Anspruch auf eine versicherte maskuline Disposition, auf den Vater im symbolischen Sinn, auf eigene Gründung, auf den Mut, sich abzugrenzen, auf einen Zugang zu sich selber, auf ein Ich, das sich nicht ohne weiteres pulverisieren lassen muss? Sebastian Bosse wird gegen 10.36 Uhr in einem Karree im zweiten Stockwerk tot in einer großen Blutlache liegend aufgefunden. Er richtet sich selbst durch einen Schuss in den Mund.

DEN VOGEL ABSCHIESSEN. Noch einmal: Dannenkamp, das rote Backsteinhaus der Familie Bosse, von den Großeltern kurz nach dem Krieg aus eigener Kraft erbaut. Ein richtiges Generationenhaus. Unten die Großeltern, oben die Kinder und Enkel. Zweieinhalb Stockwerke. Im Garten Buchsbaum und Nussbaum. Onkel, Tanten, Nichten, Neffen – alle leben sie in nächster Umgebung. Man weiß voneinander, gehört zusammen. Sebastian Bosse, Jahrgang 1988, ist der älteste Sohn des »beliebtesten Postbeamten der Stadt«. Der jüngere Bruder geht auf die Geschwister-Scholl-Schule, die Schwester aufs Gymnasium. Der Vater sei einer, der sich nicht schone, heißt es im Ort. Bodenständig sei er, jemand, der die Ärmel hochkrempeln könne. Das Bodenständige, die Welt der dicken Unterarme. Wie die ganze Gegend etwas kernig Schwelgendes hat: »Feste arbeiten, feste feiern!«, lautet die Emsdettener Devise. Darüber hinaus ist der Vater leidenschaftlicher Fußballspieler und noch leidenschaftlicherer Jogger. Sowie zweifacher Schützenkönig.

Georg Moenikes, CDU, seit 1990 Erster Beigeordneter, seit 1996 Bürgermeister von Emsdetten und hochengagierter Politroutinier, schwört auf das Zusammengehörigkeitsgefühl der Stadt und die gute Wirtschaftsstruktur. »36 000 Einwohner und nur 4,6 Prozent Arbeitslose. Das muss man uns erstmal nachmachen. Wir haben keine Brennpunkte hier, aber unentwegten Zuzug, permanenten Einpendlerüberschuss«, betont er. »Und die Schützenvereine?« – »Ja nun. Das Gefühl: ›Wir gehören zusammen!‹ ist in dieser alten Kultur die treibende Kraft. Tradition ist den Schützenbrüdern wichtig.« – »Und was heißt das?« – »Die Stadt hat 17 Schützenvereine mit insgesamt 7000 Mitgliedern. Der Höhepunkt ist jedes Jahr im Juli das Stadtschützenfest.« – »Was findet da statt?« – »Das Fest hat eine mehr als 200-jährige Tradition. In einer Höhe von acht bis neun Metern wird in einer Halle, in einem Kugelfang, ein Holzvogel aufgehängt, aufgesteckt auf einem Nagel. Natürlich gibt es einen Schießwart, das Prozedere wird von der Kreispolizeibehörde vorgeschrieben, das Ganze hat klare Vorschriften.« – »Und dann?« – »Geht es kurz gesagt darum, den Vogel abzuschießen. Bis zum letzten Zacken Holz. Wem das gelingt, der ist Schützenkönig oder Schützenkönigin. Die Majestäten ziehen dann am nächsten Tag in einer Polonaise durch die Stadt, bejubelt von einem begeisterten Publikum. So sieht das aus bei uns.«

In der Tat sind die Schützenvereine der Gegend ungemein rege. Wer mag, bucht sein privates Schützenfest: »Gestalten Sie Ihre Geburtstagsfeier, den Kegelausflug oder das Betriebsfest einmal anders. Mieten Sie sich Ihren Abend mit dem Holzvogel, mit Kanonenschüssen und einem zünftigen Schlachtfest«, wirbt ein Restaurant im Münsterland. Ein Emsdettener Schützenverein schreibt: »Dass man nie zu alt ist, um zu schießen, beweist Minna Gutsche. Sie ist mit ihren 93 Jahren die Älteste im Verein.« Die Internet-Annonce eines städtischen Schützenvereins preist ausgeformten Kompanie-Geist: »Die Ziele der Kompanie sind die Erhaltung des Brauchtums und der Heimatpflege. Unter dem Motto Kameradschaft – Freundschaft – Geselligkeit treffen sich die Mitglieder der Kompanie regelmäßig zu Vereinsabenden.« – »Dass wir uns nicht falsch verstehen«, setzt Bürgermeister Georg Moenikes nach, »es gibt eine Feierfolge bei uns, das ganze Jahr über. Nach dem Schützenfest kommt der Fasching, – 50 feste Motivwagen und ein Karnevalsumzug, 7,5 Kilometer lang – dann der Emsdettener Frühjahrsmarkt, die Wirtschaftsmesse. Bei uns ist immer was los. Das ist vieles: Tradition, Heimatkunde, Kultur, Integration, aber – das sollten Sie nicht außer Acht lassen – das ist auch integrierte Aggression. Natürlich haben wir auch an die 200 echte Sportschützen in der Stadt. Aber das steht nochmal auf einem anderen Blatt.«

Vater Bosse nimmt den Ältesten in den Schützenverein nicht mit. Er ist kein Jäger, er sucht die Gemeinschaft. Und sowieso wäre der Sohn in die deftig-archaische Welt der Vogelschützen nicht mitgegangen. Ihn zieht es zu Airsoft, einer Art Kriegsspiel im Freien. Man nennt es auch Skirmen, altgermanisch für Fechten und Kämpfen und in der Gegend eine Art junger Vereinskultur: sein eigenes Ding machen, eine Art Survival-Training, in der Natur sein, nicht beim Henkelbier in der Schützenhalle sitzen, sich abgrenzen von den Alten. Die Jugendlichen verabreden sich im Wald, tragen Armeekleidung, stecken Papiermunition in die Waffen, um den Gegner möglichst direkt ausschalten zu können. Ein Treffer – ein roter Fleck. Eine Art grellrotes Papier-Duell. Sebastian Bosse trainiert regelmäßig. Er braucht viele rote Flecken. Er will zeigen, dass er es drauf hat. Die Waldspiele sind eine ganze Weile hip, aber irgendwann zieht Airsoft nicht mehr, braucht der Kriegsspieler sein Luftgewehr. Das ist im Jahr 2004 und er in der neunten Klasse.

Einem virtuellen Freund schreibt er im Internet-Chatroom: »Die Scheiße hat sich gelegt, wie ein Sturm, der alles zerfetzt und nur noch ein Regen ist. Damals war es schlimmer, das fünfte bis achte Schuljahr war das extremste … Doch die Wunden sind geblieben, nicht nur körperliche, nein, meist seelische Wunden, und die Frage: Warum hat man das getan, quält mich noch heute. Die meisten wissen es nicht, dachten, ich gehe jeden Tag zur Schule, mache nicht mit und geh wieder nach Hause. Das einzige Mal, dass wirklich was nach außen drang, war, als man mir einen glühenden Fahrradschlüssel auf die Hand presste. Da hat der Schulleiter Anzeige erstattet. Von den anderen Dingen wollte niemand etwas sehen, oder sie hat niemand gesehen.«

Die Dinge, die niemand sieht. Zu der Zeit war Sebastian Bosse bereits zweimal sitzengeblieben. Er streicht sein Zimmer im Dannenkamp schwarz und besteht darauf, dass niemand es betreten darf. Man nennt ihn den »schwarzen Jäger«, wegen seines langen, schwarzen Ledermantels, den er tagein, tagaus trägt. Er chattet viel und findet im virtuellen Land ohne Grenzen die für ihn notwendigen Gegenüber. Eine nennt sich die »Entfremdete« und ist drei Jahre älter als er. Was den Eltern nicht gelingt, nämlich den Sohn zum Sprechen zu bringen, sie schafft es. Sie wird zur konstant abstrakten Vertrauten: »Solange du dich nicht von anderen kaputtmachen lässt, ist viel gesichert. Solange man ganz allein dasteht, ist diese Verdummung schwer auszuhalten, ich meine vor allem psychisch. Dann sieht man irgendwie nur noch den Gegensatz zwischen ihrer Welt und der eigenen, wobei es sicherlich wichtiger ist, sich seine eigene aufzubauen und seine Persönlichkeit in ihr frei zu entwickeln und sich von den anderen nicht hemmen zu lassen.«

»Entfremdete« empfiehlt ihm Bücher: Erich Fromm, Franz Kafka. Und sagt ihm, wie er lernen soll, mit dem Hass umzugehen, der ihn mehr und mehr beherrscht: »Mit der Zeit diese Stärke zu entwickeln ist wichtig (Idioten einsperren oder aus dem Weg räumen bringt bei der großen Zahl nix), und das braucht Zeit. Die Zeit dagegen, die du ihnen einräumst, hält sie mit am Leben. Und die hast du dann wiederum weniger für dich. Das ist bloßes Re-agieren, kein

Agieren, wenn du verstehst.« »Entfremdete« hört auch zu, als er von Nadine erzählt, seiner unglücklichen Liebe, die sich dummerweise für seinen besten Freund entscheidet. Ins Tagebuch phantasiert er: »Ihr erst in die Füße schießen, sie dann durch den von Splittern bedeckten Flur kriechen lassen und ihr eine Granate in die Fresse stopfen.« Das klingt nach: Das ihm Nächste soll sich nicht entfernen dürfen, muss verfügbar bleiben, um zerstört werden zu können. Das klingt nach Gewaltphantasien und einem Mutter-Introjekt, das den ältesten Sohn offenbar zu früh vom Schoß rutschen ließ. Gefühlter oder auch realer Verlust, Ängste, emotionale Entbehrungen. Vielleicht, als der zwei Jahre jüngere Bruder geboren wurde? Niemand weiß es. Letzten Endes ist es auch unerheblich, ob der Ältere tatsächlich bei der Mutter emotional durch die Ritzen rutschte oder ob es sich für ihn nur so anfühlte. Was heranwächst, ist ein Kind ohne echte Bindung, innerlich erstarrt, in einer Art früh-kindlichem Hospitalismus. Ein Junge ohne Möglichkeiten und Mut, seine Nöte gegenüber anderen zu äußern. Gab es jemanden, der seine Ängste bemerkte? In sein Tagebuch schreibt Sebastian Bosse ein paar Jahre später: »Wenn ich einen von den Arschlöchern sehe, bin ich wie gelähmt. Ich laufe die Straßen entlang und sehe welche von der Sorte – Jugendliche, Hip-Hopper, Feinde –, und ich bekomme wahnsinnige Angst. Es kommt dann gar keine oder nur eine sinnlose Antwort heraus.« Worte eines Entthronten. Hier schreibt ein Prinz ohne Krone.

Und die Sache mit dem glühenden Fahrradschlüssel? Karola Keller, Schulleiterin der Geschwister-Scholl-Schule und zugleich Lehrerin für Deutsch und Geschichte, berichtet, dass sie erst im August 2004 an die Schule gekommen sei und deshalb über die Zeit davor kaum etwas sagen könne. Richtig wäre aber, dass der frühere Schulleiter aufgrund des Fahrradschlüssel-Delikts Anzeige wegen Körperverletzung erstattet habe. Am Tag vor dem Amoklauf kam Sebastian Bosse in seinem Abschiedsvideo – aufgenommen im Wohnzimmer seiner Eltern, vor einer ausladenden Siebziger-Jahre-Ledercouch – von sich aus auf die frühe Demütigung zu sprechen. Sie wird zum Zentrum seiner knapp fünfminütigen, in holprigem Englisch vorgetragenen Kriegserklärung, die zugleich sein Abschied wird. »You are alone and want friends«, erklärt der kurzgeschorene Mann im schwarzen T-Shirt. Eine weiße, unüberbietbar deutsche Lampe baumelt über ihm. Er läuft unruhig auf die Kamera zu. Das Bild verschwimmt. Der hagere Körper dreht sich, hält inne, um in Stakkato und mit direktem Blick seine »Fuck you«-Sätze in die Kamera abzusetzen. Die Szene wirkt aufgepumpt. Auf Englisch ist er offensichtlich vollständig mit dem Columbine-Geschehen identifiziert, auf Deutsch rudert er seltsam hilflos im Wohnzimmer der Eltern herum. Immerhin ist es der Familien-Raum. Seht her, scheint er sagen zu wollen: Das bin ich, euer Sohn. Das werde ich euch und den anderen antun. Sein Versuch der Beschämung. Das Zimmer wirkt bedrückend, eng, spießig, das Ganze wirr, seltsam raumlos. Da nützt auch alles scheinintellektuelle Aufmotzen und Seltsam-Gequatsche des selbstinszenierten »Weiterentwicklers« nichts. Als hätte sich der Nebel-Amok des nächsten Tages schon ins genealogische Wohnzimmer eingeschrieben. Im Gedächtnis bleibt die enge Verkopplung der Fahrradschlüssel-Geschichte mit dem Satz: »Ich kann alle erschießen, die ich erschießen will.« Die verbrannte Hand erzählt sich als Schlüssel-Geschichte, die in ihrer Fixierung wiederum zum Schlüssel wird.

Karola Keller weist darauf hin, dass es im Zusammenhang mit dem Mobbing-Delikt mehrfach Gespräche mit dem Klassenlehrer gegeben habe. Auch die Eltern hätten interveniert. Man habe Sebastian Bosse dringlichst einen Schulpsychologen empfohlen. Das habe er strikt abgelehnt. »Und Sebastian Bosse ab Jahrgang 2004?« – »Ich kannte keinen introvertierteren Schüler«, sagt Karola Keller. »Im Grunde habe ich nur zwei Begegnungen mit ihm gehabt: Einmal stand er vorm Lehrerzimmer. Ich fragte ihn, auf wen er warten würde. Er stand da, verdruckst und unentschieden. Dabei war der Lehrer, um den es ging, ja anwesend und die Situation letztlich einfach zu lösen. Aber er hatte offensichtlich nicht den Mut dazu. Beim zweiten Mal ging es um ein neues Theaterstück, um die Proben der Theater-AG für ›Die Schöne und das Biest‹. Sebastian Bosse gehörte der Bühnenbau-AG an, war im Grunde ein Kulissenbauer. Das konnte er gut. Herumbasteln, das passende Interieur für ein Stück finden, die Bühne zusammenbauen. Ich sah ihn da in der Aula rumwerkeln und lobte ihn dafür.«

PEOPLE = SHIT. »Die Schöne und das Biest«. Ein Märchen? Die Theaterleitung ist skeptisch, die Akteure aber sind sich einig. Nicht das Originalmusical, nicht die Walt-Disney-Fassung, sondern ein ganz eigenes Stück, mit neuen Rollen, eigenen Liedern, aktuellen Bezügen. Die Inszenierung, die die Theater-AG im Schuljahr 2005 auf die Bühne stellt, beginnt mit einem Zitat von Jean Cocteau: »In der Kindheit glaubt man, was einem gesagt wird, und man zweifelt nichts an. Man glaubt, dass, wenn man eine Rose pflückt, der Familie ein Unglück widerfährt. Man glaubt, dass die Hände einer menschlichen Bestie, sobald sie jemanden tötet, zu dampfen anfangen und dass sich die Bestie dafür schämt, wenn ein junges Mädchen im Hause wohnt. Man glaubt noch tausend andere naive Sachen. Ein bisschen von dieser Naivität erbitte ich mir jetzt von Ihnen und sage, um uns allen Glück zu bringen, die drei magischen Worte, das wahre ›Sesam-öffne-dich‹ unserer Kindheit: Es war einmal...«

Sesam öffne dich. Es war einmal. Das erhofft Naive. Die Welt des Kulissenbauers Sebastian Bosse jedoch hat mit der Schulmärchenwelt nicht mehr viel zu tun. Er ist dabei, seine eigene Kulisse zu bauen, hört »Slipknot«, die Masken-Band, wie Robert Steinhäuser. Sein Lieblingsstück: »People = Shit« hat bei Youtube aktuell mehr als drei Millionen User. »Yeah!! Come on! Here we go again, motherfucker!«, dröhnt gleich zu Anfang eine Stimme. »Everybody hates me now, so fuck it. Blood's on my face and my hands, and I don't know why, I'm not afraid to cry, but that's one of your business. Whose life is it? Get it? See it? Feel it? Eat it?« Die Motherfucker-Community ist sich einig: Das ist der geilste Song der Welt.

Einem Chatpartner schreibt Sebastian Bosse über seine beiden Sitzenbleiberjahre: »Die Tatsache, dass ich älter bin, macht die Sache nicht leichter. Es ist nicht mehr wie in der alten Klasse, in der ich gedemütigt wurde. Nur das jetzt sind alle so Vollidioten: entweder Spaßkinder oder halbstarke Kiffer, die sich für die Größten halten.« Mit einem Freund baut er in diesen Monaten Nagelbomben, bestellt sich Pistolen im Internet, dreht Gewaltvideos mit harter Punkmusik. »Es gibt keinen Gott«, berichtet Sebastian Bosse seinem Tagebuch. »Was habe ich denn jetzt noch zu verlieren? Nichts. Ich werde den Rest meines Lebens ein abgefuckter Loser sein.« August 2005. Es beginnt das Jahr des Realschulabschlusses. Sebastian Bosse will das Zeugnis unbedingt und danach zur Bundeswehr. Nicht jeder, weiß er, wird da genommen. Insofern soll der Abschluss halbwegs passabel ausfallen. Das müsste zu machen sein. Er ist intelligent. Es ist auch das Jahr der doppelten Buchführung: der Schulabschluss und zugleich sein Parallelprogramm als sogenannter Schläfer. Als es um die Klassenfahrt des Jahrgangs geht, ist er nicht dabei. Er ist beschäftigt, mit seinen Chat-Partnern, den Gewalt-Spielen, mit »Slipknot« und dem Basteln von Bomben. »Ich habe in den 18 Jahren meines Lebens erfahren müssen, dass man nur glücklich werden kann, wenn man sich der Masse fügt, der Gesellschaft anpasst. Aber das konnte und wollte ich nicht. Ich bin frei! Niemand darf in mein Leben eingreifen, und tut er es doch, hat er die Konsequenzen zu tragen! Kein Politiker hat das Recht, Gesetze zu erlassen, die mir Dinge verbieten. Kein Bulle hat das Recht, mir meine Waffe wegzunehmen, schon gar nicht, während er seine am Gürtel trägt«, erklärt er seinem Tagebuch.

Der Realschulabschluss im Juni 2006 gelingt ihm besser, als er selbst erwartet hatte. Die Abschlussfeier des Jahrgangs findet konsequentermaßen ohne ihn statt. Was soll er da, mit den blöden »Spaßkindern« und »halbstarken Kiffern«? Wozu noch Zeit vergeuden? Er ist längst in anderen Sphären unterwegs. Im Internet findet er die nötigen Details zu »REB, Vodka und Steini«, seinen »Helden«. Es sind die ersten konkreten Rohentwürfe für seine »verdammt göttliche Tat« ein halbes Jahr später. Darüber hinaus ist er auf dem Gewaltvideo-Trip. Das Szenario ist vielfältig: als Gangster stürmen, Gelände im Kampf fluten, Passanten auf bestialische Art überfahren, Frauen von hinten mit Drahtschlingen erdrosseln. Vor allem wird in einem fort geschossen. Die Gebrauchsanweisung des Computerspiels »GTA San Andreas« gibt vor: »Sollten Sie neben einem verletzten Gegner stehen, erscheint gelegentlich eine Exekutieren-Meldung. Drücken Sie in Fall V die Taste 8, um ihren Kontrahenten zu erlösen.« Liquidieren, ausschalten, töten,

Kontrahenten erlösen. Sebastian Bosse befindet sich im medialen Dauerkrieg.

Das Rektorat der Geschwister-Scholl-Schule stellt ihm das Zeugnis per Post zu. Die Bewerbung für die Bundeswehr war von ihm bereits vor geraumer Zeit abgeschickt worden. Die Zusage müsste jeden Tag kommen. Ein Interregnum, das er damit ausfüllt, im örtlichen Baumarkt zu jobben. Und ansonsten? Wird der Realschulabsolvent im Juni 2006 wegen unerlaubten Waffenbesitzes angezeigt. Am Rande einer Open-Air-Veranstaltung hatte er einen Jungen mit einer Gaspistole bedroht. Die Konsequenz: Der Bundeswehr-Traum ist ausgeträumt. Es ist der Moment, in dem sich die Dinge im Leben von Sebastian Bosse auf besondere Weise beschleunigen. Noch sieht alles nach Ruhe aus, ein bisschen wie in einem Baumarkt. Das Bild: Die Dinge scheinen geordnet, das Großsystem wirkt noch einigermaßen funktional eingerichtet. Die Zentrale jedoch hat entschieden, dass in Kürze ein Komplettumbau anstünde. Die Wandfarben sollten besser in der zweiten Etage statt lange Zeit in der ersten platziert werden. Die Lampen würden statt vorher am Ende der Halle nun am Eingang angeboten. In dieser Großumschiebe-Aktion wird die wohlfeil kartonierte Ordnung zum völligen Tohuwabohu. Was vollzieht sich im Inneren eines Amokläufers in den Wochen, Monaten, ja mitunter Jahren vor der Tat, in seiner Schläfer-Existenz? Was geschieht an seelischem Umbau?

IM KILLER-MODUS. Forschungsliteratur zu Amok-Tätern hat in den letzten Jahren den Akzent insbesondere auf spezielle Formen von frühkindlichem Hospitalismus gelegt und auf dauerhafte, wiederholte Erlebnisse von Deprivation, Entwertung, Missbrauch, Vernachlässigung, Verwundung und massiver Missachtung der Bedürfnisse der Kinder hingewiesen, die die Ursache für eine spätere Gewaltfixierung werden können. Was als Bindungsforschung über die Jahre zum Standard wurde, fängt an, in die entwicklungspsychologische Präventionsarbeit integriert zu werden. Dabei wird im Hinblick auf das sogenannte »Schläfer«-Stadium davon ausgegangen, dass der spätere Täter seine innere Zorn-Gesellschaft nicht mehr zu bändigen vermag und deshalb psychisch derart in Not gerät, dass er unter seelischem Höchstdruck eigene frühkindliche Spaltungen in ein »nur gut« und »nur böse« aktiviert. Diese in die Tiefe der Psyche abgesinterten Zustände schieben sich aufgrund der inneren Akutsituation nach und nach an die Oberfläche und absorbieren den Schläfer in der Zeit vollständig. Seine seelische Grammatik wird zu einem wirren Kaleidoskop immer skurrilerer und bedrohlicherer Bilder, die nur noch durch einen archaischen Hass auf ihn verfolgende innere und äußere Objekte zusammengehalten werden können. Es ist dieses Hasskondensat, einhergehend mit einem psychotischen Schub, das die Welt des künftigen Täters in ein totales Schwarz taucht und ihn in letzter Instanz – oft braucht es nur noch einen minimalen Anlass – zur Tötungsmaschine macht. Die Mordgeste wird zum Mord am Verbot.

Sebastian Bosse bemüht in seinem Tagebuch unentwegt die Lektionen der Wildnis, des Frei-Seins, des eigenen Heldentums. Seine Generalkritik: »Das Leben, wie es heute stattfindet, ist wohl das armseligste, was die Welt zu bieten hat. S. A. A. R. T. – Schule, Ausbildung, Arbeit, Rente, Tod.« Sätze, die ihm auf den ersten Blick offensichtlich Fürsprecher und Sympathien garantieren. Wer wollte nicht frei sein, wer keine gerechtere Gesellschaft? Es ist ein Lockruf an die Verunsicherten und dabei ein Kauderwelsch voller Klischees. Dem späteren Akteur dienen diese Überlegungen aber als Schleusen, mit dem Ziel, sich in die politische Referenz der Gesellschaft einzuzeichnen. Eine prekäre Mixtur aus Verwüstung und Verkennung, ein Zustand der De-Rationalisierung, in dem jede Art von persönlicher Ausschweifung bis hinein in Gewaltexzesse gestattet sein soll. »Man wird gezwungen, dies zu tun, man wird gezwungen, das zu tun. Ergo: keine Freiheit! Nazis, Hip-Hopper, Türken, Staat, Staatsdiener, Gläubige, einfach alle sind zum Kotzen und müssen vernichtet werden.« Hier darf eine gelangweilte Hybris wahllos fremdes Leben zerfetzen und sich das eigene Denken die vermeintliche Substanz in der Tödlichkeit selbst suchen. Alles geht, ohne Grenze. Weder der Gesellschaft noch dem Täter – falls er überlebt – ist es nach der Katastrophe im Nachhinein ohne weiteres möglich, Zugang zu diesem Akt der Totaldestruktion zu finden. Dennoch: Was wüstet hier eigentlich?

Die Frage nach »dem anderen Schauplatz des Subjekts«, wie Sigmund Freud den Zustand nannte, ist sicherlich auch wegen dieses existentiellen Abgrundes – des blinden Flecks als Fühl-, Seins-, und Denkvakuum – zum umfassenden Wissenschaftsterrain geworden, mit freilich sehr unterschiedlichen Zugängen. So weist der Neuropsychologe Thomas Ebert in einem Interview vom 28./29. 8. 2010 in der »Süddeutschen Zeitung« auf eine weit zurückliegende evolutionsbiologische Phase hin, in der sich vor gut zwei Millionen Jahren im Erdzeitalter des Pliozän für den männlichen Hominiden in seinem Gehirn offensichtlich etwas Grundlegendes verändert hat: »Zuvor Vegetarier, begannen sie damals Fleisch zu essen und zu jagen, was extrem anstrengend ist: Sie mussten Beute aufspüren, verletzen, eine Blutspur tagelang verfolgen, schließlich das Tier mit Speer und Stein umbringen. Unsere These lautet, dass diejenigen Männer besonders großen Jagderfolg hatten und sich erfolgreicher vermehrten, die solche Entbehrungen als lustvoll empfunden haben – die Schmerzen, den Schweiß und das Töten selbst. Damals müssen sich die Gewalt- und Lust-zentren des Gehirns verbunden haben: Ich fange den Fisch nicht allein, weil ich sein Eiweiß brauche, sondern weil mich der Akt des Fischfangs fasziniert. Vor allem Blut scheint ein Schlüsselreiz zu sein.«

Thomas Ebert betont, dass die Verkopplung von Gewalt und Lust evolutionär in jeder Hinsicht in die Verlängerung gegangen sei und sich in der Folge auch auf die eigenen Artgenossen richtete. »Wer fähig war, das nächste Dorf zu überfallen, konkurrierende Männer zu erschlagen und Frauen zu rauben, konnte sich erfolgreicher reproduzieren.« Gewalt in Gruppen bei der es insbesondere darum ging, jeg-liche Tötungshemmungen abzulegen, sei dabei für Männer besonders faszinierend gewesen. »Unsere Laboruntersu-chungen deuten darauf hin«, sagt der Forscher, »dass das Gehirn bei starken Erfahrungen assoziative Netzwerke aufbaut. Bei traumatischen Erfahrungen bildet sich ein negativ besetztes Netzwerk: Da ist die Hilflosigkeit drin, der Schrecken, das Blut. Und dann gibt es das Jagdnetzwerk: Ich hab das Tier gekillt. Es war ein Erfolg. Wir waren Hel-den. Diese beiden Netzwerke berühren sich über geteilte Elemente wie das Blut oder die Gewalt. Wir vermuten, dass die Vorerfahrungen des Kindes darüber entscheiden, wohin es kippt.« Wohin es kippt. In die Register des Körpers, die – da neuronal verankert und unter Massivstörung – zum Killer-Modus werden können. Zwei Millionen Jahre sind ei-niges an Zeit. Folgt man diesem Strang der neuropsycholo-gischen Forschung, brauchte das Gehirn die Wiederholung von Opfer- und Tätergeschichten im Sinne einer symbio-tischen Entwicklungslogik. Die Todesauftritte waren auf Chaos, Übergang, Auslöschung, das Hineingeworfensein ins Nichts, auch den eigenen Tod aus. Sie schufen Narben im Hirngewebe, die als Überlebensstrategie eine Voraussetzung für neue neuronale Verkoppelungen wurden.

Die eher pragmatischeren Versionen im Hinblick auf Identität und Selbstbewusstsein kommen aus der US-amerikanischen Hirnforschung. Der Neuropsychologe Michael Gazzaniga betont in seinem Buch *Who's in Charge? Free Will and the Science of the Brain* das Illusionistische des freien Willens. In einem Interview vom 12.12.2011 in »Der Spiegel« sagt er: »Das Konzept des freien Willens ist bedeutungslos. Es wurde zu einer Zeit erfunden, in der die Menschen an eine Seele, ein Selbst, glaubten. Die Menschen wollten sich damals versichern, dass sie aus freiem Willen handelten, dass sie nicht ein Produkt der Außenwelt sind. Diese Idee war im Christentum genauso wichtig wie in der Philosophie. Doch wir sind nur – wenngleich wundervoll entworfene – Maschinen, die rein deterministisch arbeiten. Wir weben uns ständig eine Storyline für unser eigenes Leben zusammen. Und wir wissen heute sogar, wo diese Geschichte entsteht: in der linken Hemisphäre des Gehirns, in einem Areal, das ich den Interpreten nenne.« Bewusstsein ist für Michael Gazzaniga damit nichts anderes als ein Nebenprodukt sozialer Interaktion.

So seelenfrei diese Art Ansatz, so konsequent und unmissverständlich fällt beim Gros der US-amerikanischen Forscher dann erstaunlicherweise die Frage nach der Schuldfähigkeit eines Amoktäters aus. Gazzaniga betont: »Der Typus hat eine tiefe psychologische und soziale Theorie über die Welt. Auf so verrückte Ideen kann man aber leider mit ganz normalen Gehirnmechanismen kommen.« Ist der besagte Täter somit verantwortlich für sein Tun? »Natürlich«, sagt Gazzaniga. »Weil er die Regeln versteht, die er gebrochen hat. Er hat zweifellos den sozialen Vertrag verletzt, der allen Gesellschaften eigen ist. Er ist verantwortlich, weil es Regeln für soziale Interaktion gibt, und da kann es keine Ausnahmen geben.«

Die in Chicago lebende forensische Psychiaterin Helen Morrison, deren Arbeitsplatz seit über 30 Jahren die Hochsicherheitstrakte amerikanischer Gefängnisse sind, liegt im Hinblick auf die Schuldfähigkeit von Serienmördern ganz auf der Linie von Michael Gazzaniga. Für sie spielt aber nicht der »Interpret« im Gehirn die maßgebende Rolle, der »uns eine konstruierte Realität einflüstert«. Morrisons Forschung zielt ganz auf das rein biologisch bedingte Phänomen des Mordens. Für die Profilerin wird der Killer als solcher geboren, das heißt, er ist genetisch vorbelastet und letztlich nicht in der Lage zu begreifen, was er tut, da er, wie sie sagt, »im emotionalen Stadium eines Säuglings« verharrt. In ihrem Buch *Mein Leben unter Serienmördern*, das auf ihrer langjährigen Gefängnis-Arbeit beruht, denkt sie – nicht unumstritten – auch über die Konsequenzen ihrer Theorie nach: »Was geschieht, wenn man tatsächlich eine Art ›Serienmörder-Gen‹ entdecken würde? Sollten alle Neugeborenen dahingehend untersucht werden? Kann man den Defekt beheben, wenn besagtes Gen auftritt? Falls nicht: Was soll mit der gefährdeten Klientel geschehen? Steckt man sie in Gefängnis-Sanatorien, bevor sie tätig werden?«

Der weltweit anerkannte FBI-Experte Robert K. Ressler, der Vater des »Profiling«, der verhaltensorientierten Verbrecherfahndung, zog aus seiner zunehmend präzisierten Kriminologie den Schluss, dass man aufgrund der Einzelentscheidungen, die der Täter am Tatort und bei der Auswahl der Opfer fällt, Rückschlüsse auf das Charakteristische seiner Person ziehen könne. Die Tat erzähle sich als interpersonale Transaktion, die Spur spräche ihre eigene Sprache. Für Robert K. Ressler spielen insbesondere drei

Faktoren in das hinein, was er Profiling nennt: der interpersonelle Stil des Täters, seine kognitiven Fähigkeiten und seine kriminelle Entwicklung. Die US-amerikanische Forschung unterscheidet dabei zunehmend zwischen Spray Shooting – als nichtadoleszente Serienmorde im Medienzeitalter – und School Shooting. Die Profile beider Täter-Typen würden zwar Analogien aufweisen, aufschlussreich seien aber die Differenzen.

In beiden Fällen ist – würde man die Unterscheidung für Deutschland übernehmen – von überkomplexen, multifaktoriellen Symptomatiken auszugehen, die nicht ohne Verständnislücken und Widersprüche auskommen. Generell werden schwere Gewalttaten noch immer zu fast 100 Prozent von männlichen Jugendlichen und jüngeren Erwachsenen begangen. In Deutschland finden jährlich 3000 vorsätzliche Tötungsdelikte statt, etwa 750 davon enden tödlich. Ein Amoklauf ist unter diesem Rubrum die Ausnahme. Da sich jugendliche Amokläufer in Deutschland meist selbst töten, ist es für die Forschung unmöglich, auf einen »Täter-Fundus« zurückzugreifen.

Ist die in den USA getroffene Unterscheidung zwischen Spray Shootern und School Shootern hilfreich? Beim Typus Spray Shooter zielt die Forschung mittlerweile auf einen der Adoleszenz entwachsenen Täter, der zwischen psychotischem bis neurotischem Störungsniveau agiert und seinen Todeslauf nicht an einer Schule, sondern auf Campingplätzen, Straßen, Supermärkten, im familiären oder politischen Raum plant. Beim School Shooter handelt es sich um männliche Jugendliche zwischen 6 und 20 Jahren aus der Mitte der Gesellschaft, also meist kleinbürgerlichen Verhältnissen, ohne echte familiäre Bindung, zumeist mit depressiver und narzisstischer Persönlichkeitsstörung, eher introvertiert, aber bisweilen arrogant, wenig konfliktfähig, ohne altersentsprechende Beziehungen oder Liebesbeziehung, mit geringer Frustrationstoleranz, manifesten Loser-Gefühlen, geringer Empathiefähigkeit und gleichzeitig einer hohen, erstaunlich kreativen Destruktionsenergie. John Douglas, ebenfalls eine Koryphäe als US-amerikanischer Profiler, schreibt 1999 in seiner Autobiographie: »Der hohe IQ des Täters, das ist ein Problem, weil der IQ einer durchschnittlichen Person zwischen 95 und 105 liegt. Serientäter, ob nun Vergewaltiger, Mörder oder Bombenleger, haben einen IQ von 115 und höher, in der Regel 125 und höher.«

Der Verhaltensforscher Frans de Waal sucht mit seinem Ansatz noch einen anderen Akzent zu setzen. In einem Interview vom 1. 5. 2011 in der »Berliner Zeitung« verweist er darauf, dass Empathie eine unbewusste, keine kognitive Reaktion sei. »Wir entscheiden uns nicht, empathisch zu sein, wir sind es ... Wir haben diesen empathischen Impuls, und ich glaube auch, dass wir ihn zurückdrängen können. Männern gelingt das leichter als Frauen. Aber auch bei Männern ist das nicht leicht. Man gibt ihnen schöne Waffen und ausgezeichnete Gründe für den Mord an den Artgenossen, und doch kommen ein Drittel bis zur Hälfte der Männer mit posttraumatischen Belastungsstörungen aus den Kriegen zurück. Es gibt amerikanische Studien, die belegen, dass in den meisten Kriegen die meisten Männer nicht töten.«

Frans de Waal betont, dass man noch schnell vom Killerinstinkt des Menschen spricht. »Aber wir wissen, dass die große Mehrheit der Tötungen in einem Krieg von ein bis zwei Prozent der Soldaten vorgenommen werden. Das sind so viele, wie es auch Psychopathen in der Gesellschaft gibt. Er hat alle kognitiven Fähigkeiten zur Empathie. Er erkennt die Gefühle seiner Opfer. Das hilft ihm dabei, sie zu seinen Opfern zu machen. Er kann das besser als alle anderen, weil er die kognitiven Fähigkeiten zur Empathie hat, nicht aber die emotionalen.«

Dieses Defizit scheint eine der Ursachen für die unwahrscheinliche Sachlichkeit während der Tötungsorgie, ja völlige Gleichgültigkeit gegenüber den Opfern, zu sein. Der Täter vermag sich mit all seiner destruktiven Kreativität an das Opfer anzuschmiegen, weil er seine Narben und Wunden kennt. In seinem Entgrenzungsakt will er zuallererst die Wunden des Opfers – offen – sehen, da er seine eigenen nicht spüren kann. Er ist selbst vollständig ohnmächtig und aktiviert diesen Zustand in allen Arten von tödlicher Gegenwehr, um ihn als Entladung – der ein Gefühl der Omnipotenz eingeschrieben sein muss – verlassen zu können.

Mit Blick auf die erhofften Empathievorräte oder eben realen Gewaltentladungen könnten die Forschungsansätze gegenwärtig divergierender kaum sein. Doch was weiß man wirklich? Sind Ratlosigkeit und Totalverunsicherung im Hinblick auf Amokläufe tatsächlich ein Problem der Forschung oder bringt die Schule des neuen Tötens das Menschenbild einer Gesellschaft derart ins Wanken, dass sie nicht anders kann, als das Phänomen abzuwehren und die Fälle zu dämonisieren? Das Monster, das Böse, das Grauen, der Dämon, der Schrecken, das Unheil: je kürzer die Halbwertszeit öffentlicher Trauer, umso drastischer Fall um Fall der sprachliche Exorzismus.

KRIEGS-CONTAINER. Sebastian Bosse nimmt europäische Geschichte über die Rezeption des Massakers in Columbine in sein deutsches Tatprogramm auf. Für Eric Harris und Dylan Klebold war Hitler ein zu funktionalisierendes Prinzip, eine Aktions-Folie, weniger eine realhistorische Person. Eine Symbolstruktur des seriellen Tötens, mit deren Hilfe man sich in den eigenen Schrecken hineinarbeiten kann. In den Abschottungs-Wochen vor der Tat, in denen es letztlich um die Entscheidung für oder gegen einen Todeslauf geht, dürfte es für den späteren Täter mehrstufige Reflexionsphasen geben. Welcher Ort? Was soll stattfinden? Wer sind die Opfer, welches die Modelle für den geplanten Ausnahmefall?

Als gedankliche Vorräume spielen bei aller Globalität des Amok-Komplexes die maskulin-monolithischen Verhaltens- und Denkmodelle des europäischen 20. Jahrhunderts eine nicht unmaßgebliche Rolle. Im Kern geht es um radikalisierte Abstraktion, um die Abschaltung des Körpers. Es war Sigmund Freud, der klarstellte, dass es im Trieb selbst einen Anreiz für die Zerstörung jeder Organisation gibt. Die Magie des Extrems, die eisernen Rationen, die Entschlossenheit zur Zerstörung, die großen Kriege, die Ästhetik des Schreckens. Die Moderne hatte es mit den von Nietzsche angekündigten »Barbaren des 20. Jahrhunderts«; der Geist war ganz auf den »Kontrapunkt« der Gewalt aus; eine Stimme wie Gottfried Benn fand für die laufenden Katastrophenszenarien die nötigen Sätze, nicht ohne das Ganze als einzigartiges Unterfangen der Moderne zu behaupten: »Gute Regie ist besser als Treue.« Oder: »Die Liebe ist eine Krise der Berührungsorgane.« Oder: »Der menschliche Leib ist ein metaphysisches Massiv, aus ihm steigen die Geheimnisse, ohne ihn keine Freiheit und kein Fluidum, ohne ihn keine Erkenntnis, in ihm allein entwickelt der Tod sein Feld.« Das sind so Sätze. Da spielte sich was ein. »Allen radikalen Konstruktionen des Neuen Menschen ist gemeinsam, dass sie die Mittelzone einer Gesellschaft, in der Austausch und Ausgleich stattfinden könnten, eliminieren. Sie gehorchen einem Diktat, das aus dem Zeitalter der Nervosität stammte: sich in Form bringen«, schrieb der Kulturwissenschaftler Helmuth Lethen.

In Deutschland ging es um den Erfahrungsvorsprung

derer, die im Ersten Weltkrieg in den Schützengräben gehockt hatten, das Gesehene aber eisern beschwiegen. Eine Differenz, die die Generation der Kriegsjugend durch einen Lebensstil der Sachlichkeit, Radikalität, Selbstdisziplin und Härte kompensierte. Spezielle Weitergaben, intime Komplizenschaften, massive Sichtblenden, die vor allem zu einem geworden sind: einer Mega-Erzählung über die Angst vor Empathie. Die Älteren übergaben den Jungen ihr männliches Kriegerideal. Die wussten es nicht besser und transponierten es wie selbstverständlich ins Innere. Den Krieg zum Vater haben. Was aber bedeutet das für die Jungen heute? Noch immer erweist sich das, was wir Zeitgenossenschaft nennen, als ein spezielles Reaktionsfeld auf historische Erfahrungen. Es geht um Abspaltungssysteme und Einkapselungen, um Tabus und Seelenrisse, um Erbstöcke des Fühlens und Nichtfühlens, um Schmerzvermeidungssysteme in allen Facetten. Um Blasensysteme, die aus den Tiefen des kollektiven Bewusstseins lange Abgelegtes an die Oberfläche treiben lassen. Interessant ist der Moment, wenn die giftigen Einschlüsse oben ankommen, wenn sie platzen und sich auf der politischen Oberflächenstruktur entladen.

Was die modernen Krieger in ihren Tötungsorgien verhandeln, ist insbesondere in Deutschland noch immer ein Stück weit Transgenerationelles, auch im Politischen und Geistigen. Da ist etwas unaufgelöst geblieben. Einerseits funktionalisieren die Rampage-Jungs Geschichte für sich als Steinbruch, spielen mit ihr als weiträumigem Basisraum, um sich für den eigenen Krieg aufzumunitionieren. Andererseits verharren sie in diesem entlehnten Spiel als Kriegs-Container gleichermaßen unbewusst im Befehlsnotstand, in Abwehrkämpfen, in einer erstaunlich stringenten Hass- und Abstraktionsobsession. Eine Container-

Rolle, ein Funktions-System, ihr Identifikationsangebot an historische Destruktionsräume.

Es ist nicht das einzige Rollenspiel, das die neuen Destrukteure beherrschen. Im Internet bewegen sie sich von Level zu Level, von Plateau zu Plateau, von Option zu Option, um sich in ihre Mission hineinzuarbeiten. Was sie dabei lernen? Diverses, vor allem aber, dass alles ein Spiel ist: anonym, beliebig, nahtlos, schnell. Selbst das Töten. In der Zwischenzeit müssen sie noch halbwegs mit ihren fragmentierten Realitäten klarkommen. Da ist die Schule, da sind die Freunde, da ist die Familie, der reale Schießplatz. Eric Harris, Dylan Klebold, Robert Steinhäuser, Sebastian Bosse: Auffällig ist, dass Amok-Täter vielfach einen intensiven Bezug zum Theater haben, egal ob als Texter, Spieler, Lichtmeister oder Kulissenbauer. Sie schlüpfen in Rollen, Masken, Verstellungen, ästhetische Verstecke, neue Passformen, beziehen von außen einen anderen Körper, um mittels diverser Rollenwechsel endlich in ihre Haut zu finden. Sie brauchen das, um ihren Hass zu dämmen, die dumpfe, innere Leere zu überspielen, um Defizite und Ängste zu bewältigen.

Es ist Dauer-Probenzeit, auch, um sich wie nebenher für den großen Akt zu präparieren. Ein Spiel mit der eigenen Phantasie, das versucht, die Grenzen der Realität zu überschreiten und sich bei aller psychischen Not etwas mehr innere Wirklichkeit zu gewähren. In dem 2006 erschienenen Comic *The Surrogates* von Robert Venditti, einer fiktiven Ersatzwelt für das Jahr 2054, heißt es: »Das Erscheinungsbild deines Surrogaten zu entwerfen, ist ein wichtiger Vorgang, und unsere geübten Modellierungsberater sind bereit, dir dabei zu helfen. Durch die Nutzung unserer fortschrittlichen Einrichtungen können wir dein gegenwärtiges Ich replizieren, dein früheres Ich wiederherstellen oder einen Look für dich entwerfen, der ganz neu und anders ist. Welche Option dir auch vorschwebt, das Resultat wird abgespeichert in unserer Erscheinungsdatenbank. So stellen wir sicher, dass das Ich, auf das deine Wahl fällt, dir gehört – und nur dir allein! Sobald du festgelegt hast, wie dein Surrogat von außen aussieht, kannst du uns das Innenleben überlassen.«

Bei Eric Harris klingt das Rollen-Switchen so: »In dem Stück ›Cyrano de Bergerac‹ von Edmond Rostand legt Cyrano ein echtes Renaissance-Wesen an den Tag. Er entfaltet Kenntnisse in Poesie, Worten, Gefühlen, ausgezeichnete Kampf- und Fechttalente und ist äußerst großzügig. Ich selbst verfüge über eine Vielzahl geistiger und körperlicher Fähigkeiten, die mich zu einem ›Renaissance-Menschen‹ machen. Ich bin sehr gut in verschiedenen Sportarten und im Schreiben, Sprechen und Denken. Was das Schreiben angeht: Ich bin dafür bekannt, mehrere verschiedene Schreibtechniken zu beherrschen. Rauh, herzlich, quasselnd, ernsthaft, dramatisch und verschiedene andere. Meine Gedanken sind der originärste und eigenste Teil meines Charakters. Die Bandbreite und Tiefe meiner Gedanken machen mich zu einem absoluten Renaissance-Menschen.«

Dylan Klebold beginnt, an seinem virtuellen Buch *Existences* zu schreiben. Es ist die Vorlage für seinen eigenen »DOOM«-Ego-Shooter. »Dieses Buch kann von niemandem geöffnet werden, der nicht Dylan ist. Eine übernatürliche Macht hindert gewöhnliche Menschen daran einzudringen.« Klebold kreiert dafür ein neues Design und programmiert zusätzliche DOOM-Levels, die dem späteren Columbine-Geschehen sehr nah kommen. Buch 1: »Knee Deep in the Dead«, Buch 2: »Hell on Earth«, Buch 3: »Infernal Sky«, Buch 4: »Endgame«. »So, Indio, wir nähern uns dem Schicksalstag ... AAA FUCK IT! Lass ihn einfach kommen.

Sie werden wissen, was es heißt, wenn Götter angepisst sind. Und die kleinen Pussies werden die Patronen & Kugeln spüren.«

Robert Steinhäuser galt als ausgemachter Film-Freak. Im »Video-Buster«, einer Videothek am Erfurter Juri-Gagarin-Ring, war er Dauergast. Hitchcock, Rossellini, Scorsese, Truffaut lieh er aus oder klaute sie. Mit der Zeit sah er härtere Sachen. Ab Mitte Mai 2001 lief innerhalb der Schulprojektwoche und nach der Idee seines Freundes Marco Sparmberg ein Filmprojekt mit dem Titel: »Vergeltung«. Vergebliche Liebe, Gewalt, Abstieg, am Ende Selbstmord. Marco Sparmberg legte Wert darauf, »dass es bei seinen Filmen keine erzwungenen Emotionen gibt. Gefühle müssen eins zu eins zu sehen und vor allem eindeutig sein.« Robert Steinhäuser war bei dem Großvorhaben für die technische Umsetzung verantwortlich. Er musste die Requisiten herbeibringen und die Szenen technisch aufbauen. 40 Spielfilm-Szenen, das wollte vorbereitet sein. Die Film-Orte: bei Steinhäusers im Hinterhof, in der Wohnung der Eltern, vor dem Haus in der Ottostraße, im Schieß-Klub Kalkreiße, im Erfurter Stadtteil Marbach auf der Straße, vor der alten Puddingfabrik »Rotplombe«. Vier von vierzig Szenen wurden abgedreht. Dann schlief das ehrgeizige Vorhaben sang- und klanglos wieder ein.

Das anhaltendste Engagement seiner ansonsten eher mageren Schulkarriere zeigte Robert Steinhäuser im Theater-Kurs. In diesen Stunden ging es meist darum, eigene Science-Fiction-Geschichten zu erfinden, um sie dann umzusetzen. Hie und da fiel die Vorlage auch klassisch aus: Zusammen mit vier anderen Schülern sollte Robert Steinhäuser ein paar Szenen aus Sophokles' »Antigone« einstudieren. Antigone, ausgerechnet! Wer den blinden Teiresias spielte, der im Stück versucht, das Unheil abzuwenden, muss offen bleiben. In jedem Fall kam die Gruppe – ganz zeit- und ortsgemäß – auf die Idee, den Klassiker ins Mafia-Milieu zu verlegen. Robert Steinhäuser, der auch Bühnenbild und Kostüme entwarf, war bei dem Projekt mit der Eifrigste. Falko Kuhnt, ein Mitschüler und die Kreon-Figur, erinnert sich daran, dass Robert Steinhäuser unentwegt mit neuen Ideen kam, so auch, wie jeder Spieler kostümiert werden sollte, damit es zum Text passte. In einer Video-Sequenz sieht man einen sehr wachen Robert Steinhäuser bei der Probe in einer Schulbank sitzend. Er hat das Geschehen voll im Blick. Auf der Schulbank vor ihm liegt eine Pistole aus Plastik.

Und der Kulissenbauer Sebastian Bosse? Er schreibt Theater-Texte unter seinem Internet-Pseudonym ResistanceX. Der Stoff: seine Schulrealität. Am 30. 5. 2005 hält er fest: »Wir hatten in Religion so einen Psycho-Text mit einer Katze, die mit einer Blume redet, weil sie mehr will und deswegen abhauen muss und die Pflanze isst. Ich denke, das gibt's doch nicht. Dann sollten wir halt einen Abschiedsbrief im Namen der Katze schreiben (Kindergarten!!!). Also, ich hab da halt das hingeschrieben, was die Lehrerin hören wollte. Aber als ich drangenommen wurde, sagte ich, dass ich das nicht vorlesen will.

Lehrerin: Gibt es einen besonderen Grund, warum du nicht lesen möchtest?
ResisX: Nein, ich möchte das einfach nicht.
Lehrerin: Also Arbeitsverweigerung?
ResisX: Ja.
Lehrerin: Möchtest du, dass ich dir eine 6 aufschreibe?
ResisX: Ja, geben Sie mir eine 6.
Lehrerin: Du weißt, dass so eine 6 die Versetzung gefährden kann, oder?

ResisX: Ist mir egal, schreiben Sie's auf.

Lehrerin: Seit wann ist dir das egal, Bastian?

ResisX: Seit zwei Minuten. (Keine Ahnung, warum ich das gesagt habe.)

Lehrerin: Das ist nicht lustig, Bastian.

ResisX: Ich weiß, deswegen lache ich auch nicht.«

Ansonsten baut Sebastian Bosse Kulissen für Stücke, die letzten Endes andere spielen. Wenn er nach der Schule nach Hause kommt, sitzt der Großvater im Sessel und schläft. Nur er, der Lieblingsenkel, darf ihn wecken. Eine besondere Fühlnähe zwischen zwei Generationen, beide in ihrem je eigenen Krieg. Als Großvater Alfred 2005 an Lungenkrebs stirbt, hinterlässt sein Tod in dem Jüngeren ein Loch, das sich im Nachhinein als Wendepunkt für sein anlaufendes R. A. C. H. E.-Programm anbieten könnte. In jedem Fall bleibt der Sessel im Generationenhaus im Dannenkamp leer. Es ist, als hätte in ihm der Halt gehockt, eine schlafende Instanz, ein Einvernehmen, das man wachrütteln konnte für den Nachmittagskaffee, oder das aus dem Fenster sah, wenn der camouflierte Enkel schwer bepackt Richtung Wald zog, um seine Airsoft-Sessions durchzuziehen. Möglich, dass der Alte in diesen Momenten seiner eigenen verratenen Jugend hinterherschaute und sich der Junge in seiner Tarnrolle anschickte, den verlorenen Krieg des Großvaters auf seine Art neu auszufechten. Jemand ist irgendwie zurückgekehrt, jemand zieht irgendwie los. Etwas darf nicht wirklich enden, etwas darf nicht wirklich anfangen. Der Krieg bleibt nonverbal verhüllt und hält an. Innige Komplizenschaften, ohne Sprache.

Das Tagebuch von Sebastian Bosse nach dem Tod des Großvaters wird zum kompensatorischen Abschottungs-Bericht, zu einer Insulations-Szene, die einzig und allein noch aus abstrakten Beziehungen besteht. Das Internet bietet sich dafür als Gemeinde an, in der »die Entfremdete« das Maximum an Nähe sein darf. Sie ist sein ihm entfremdeter Teil, sein fühlendes Alter Ego, ResistanceX stattdessen seine Internet-Inszenierung, die Verlust oder auch Störung der inneren Ordnung zur »Weiterentwicklung« umtextet. »Ich bin die Weiterentwicklung von REB! Aus seinen Fehlern habe ich gelernt, die Bomben. Aus seinem ganzen Leben habe ich gelernt.«

Columbine, USA, April 1999: 15 Tote, 24 Verletzte. Meißen, Deutschland, November 1999: 1 Tote. Mount Morris, USA, Februar 2000: 1 Tote. Brannenburg, Deutschland, März 2000: 1 Toter. Savannah, USA, März 2000: 2 Tote. Lake Worth, USA, Mai 2000: 1 Toter. Santee, USA, März 2001: 2 Tote, 15 Verletzte. Zug, Schweiz, September 2001: 14 Tote. Eching/Freising, Deutschland, Februar 2002: 4 Tote, 2 Verletzte. Waiblingen, Deutschland, Oktober 2002: Geiselnahmen. Erfurt, Deutschland, April 2002: 17 Tote. Cold Spring, USA, September 2003: 1 Toter, 1 Verletzter. Red Lion, USA, April 2003: 2 Tote. Coburg, Deutschland, Juli 2003: 1 Toter, 1 Verletzte. Red Lake, USA, März 2005: 8 Tote. Montreal, Kanada, September 2006: 1 Tote. Cazenovia, USA, September 2006: 1 Toter. Nickel Mines, USA, Oktober 2006: 5 Tote.

Eine Aufzählung, die keine Vollständigkeit beansprucht. Gleichwohl: Von »Unheil, das vom Himmel fällt«, von Naturereignissen ohne Kontext, vom singulär Monströsen kann in Sachen Amok längst keine Rede mehr sein. Das hat etwas Systemisches. Die Community ist mittlerweile nicht nur in der Lage, Anleitungs-Videos für den nächsten Amoklauf aus dem Internet herunterzuladen, sondern hat sich auch ein virtuelles Amok-Ranking eingerichtet. Es verschiebt sich je nach Aktualität. Lange Zeit hält Columbine Platz 1, Erfurt steht gleich dahinter. Wer Resonanzräume wie diese toppen will und zu maximieren plant – was alleiniger Sinn und Zweck der Schule des modernen Tötens ist –, wird sich etwas einfallen lassen. Der braucht dynamische Kriegsmodelle und weiß um die Politik der Bilder, des Virtuellen.

In »Surrogates« verspricht eine Stimme: »Wähle Zuverlässigkeit, wähle Sicherheit, wähle Freiheit! Unser patentiertes Virtual-Self-Chassis stellt einen Quantensprung auf dem Feld der Kybernetik dar. Es kombiniert die Ausdauer einer Maschine mit der Anmut und Schönheit des menschlichen Körpers. Virtual Self will dich mit einer nahtlosen Erfahrungswelt versorgen. Dieses bequeme, sehr leichte Headset wandelt deine Gedanken in Echtzeit-Handlungen um, dank derer die Einheit so verfährt, wie du es tun würdest. Besser noch. Denn bei einem Surrogaten musst du dir nie Sorgen um Müdigkeit oder Verletzung machen.« Das Surrogat als Welt ohne Makel. Keine Schramme, kein Nachlassen, unentwegt Daten, Sounds, Videoclips. Alles geht mit allem. Die destruktive Kreativität schläft nicht. Sie beobachtet, sucht, adaptiert, modelliert, illusioniert – gleichsam wie im Schlaf – und generiert auf diese Weise neue Realitäten. Die Bits und Bytes im Internet sind längst ein aktives Parallel-Universum, mit dem Vorteil, dass in ihm jeder uneingeschränkt das Sagen hat. Wer genug hat, schaltet ab. Bei Bedarf wird neu angeklickt. Ein Tastendruck, und alles steht auf Anfang: ein neues Leben, eine neue Identität, eine neue Passform, eine nächste Homepage, ein nächster Chatroom.

Seinem Tagebuch vertraut Sebastian Bosse an, dass er seine »Erfolgserlebnisse nicht in der Schule und auch nicht in der Familie« hat, sondern am PC, wenn er bei »DOOM« mal »eine gute Serie« durchziehen kann. Der Camouflierte weiß nicht nur um seine Vorgänger, er hat auch mit wachem Auge im Blick, was sonst noch auf der Welt passiert. Höchst unwahrscheinlich, dass er Ereignisse wie die Geiselnahme im Moskauer Dubrowka-Theater Ende Oktober 2002 und ihre mediale Rezeption nicht mitbekommt. Seine Art »Weiterbildung«, zumindest im technischen Sinne: Maskierte und Bewaffnete, mehr als 800 Geiseln, ein den Medien zugespieltes Terroristen-Video, Handgranaten, Minen, Sprengladungen, die direkt an die Körper der Angreifer geschnallt werden, Polizeisperren, Suchscheinwerfer, Geiselerschießungen, schlussendlich ein Gasangriff durch russische Spezialeinheiten, vermutlich mit Carfentanyl in Verbindung mit Halothan. Knapp 180 Menschen kamen bei dem dreitägigen Anschlag ums Leben. Seit dem 11. September 2001 geriet die Welt in den Bann neuer Erscheinungsformen von Gewalt.

In seinem aktuellen Buch *Topologie der Gewalt* von 2011 schreibt der Philosoph und Medientheoretiker Byung-Chul Han, dass sich »Gewalt je nach gesellschaftlicher Konstellation« verändere. »Sie verlagert sich heute vom Sichtbaren ins Unsichtbare, vom Frontalen ins Virale, vom Brachialen ins Mediale, vom Realen ins Virtuelle, vom Physischen ins Psychische, vom Negativen ins Positive und zieht sich in subkutane, subkommunikative, kapillare und neuronale Räume zurück, sodass der falsche Eindruck entsteht, sie verschwände.« Der epidemischste Typus neuer Gewalt oder auch die Leitkrankheit im Zeichen des Wachstums-Mantras ist der Depressive. Für die Weltgesundheitsorganisation ist die Depression eine Krankheit, die absolut auf dem Vormarsch ist. 300 Millionen weltweit – in Deutschland annähernd ein Fünftel Menschen – leiden an ihr. An dieser inneren Gewalt-Infektion ist so ziemlich alles progressiv. In Deutschland stehen seelische Erkrankungen mittlerweile an vierter Stelle. 2010 waren doppelt so viele Menschen wegen Depressionen im Krankenhaus als zehn Jahre zuvor.

Zur »anonymisierten, entsubjektivierten, systemischen Gewalt, die sich als solche verbirgt, weil sie mit der Gesellschaft in eins fällt«, wie Byung-Chul Han schreibt, entsteht jedoch – von dem Philosophen unbetrachtet – zeitgleich auch ihr Doppelgesicht im Typus des Selbstmordattentäters oder Amokläufers. Als Gegenfiguren haben beide dieselbe Funktion, durch ihre enorm bewegliche, unvorhersehbare, meist zielgenaue, maximal inszenierte, extrem tödliche Art zu agieren. Personifizierter, höchst expressiver Terror gehört inzwischen genauso zum Alltag wie jegliche Form internalisierter Gewalt.

Das Unternehmen eGun bestätigte, dass Sebastian Bosse im Oktober und November 2006 an drei Auktionen teilgenommen und Waffen erworben hatte, die ab 18 Jahren frei erhältlich seien. eGun, laut Eigenwerbung »Marktplatz für Jäger, Schützen und Angler« betreibe keinen Waffenhandel, sondern sei ähnlich wie eBay eine Handelsplattform. Man verurteile die Tat. Für den 21. November 2006 war Sebastian Bosse wegen unerlaubten Waffenbesitzes vor das Jugendgericht in Rheine geladen worden. Ein Tag, den es für den ehemaligen Realschüler nicht mehr geben sollte.

SURVIVAL-TRIP. Die Neigung, einem moralischen Gesetz zu folgen: Wo kann man das lernen? Justus M., Jahrgang 1989 und in Berlin-Kreuzberg aufgewachsen, weiß von sich, dass es eine Zeit gab, wo er nah dran war an einem Amoklauf. Er kenne das, es sei nicht so schwierig, sich vorzustellen, was bei jemandem wie Sebastian Bosse abgegangen sei, sagt der heute 22-Jährige. »Schräg ist nur, wie solche Fälle öffentlich im Nachhinein weggeschwatzt werden. Das Ganze läuft doch anders.« – »Und wie?« – »Na, zunächst einmal ist das keine Geschichte eines Einzelnen. Das ist ein Parallel-Universum. Die Zocker-Jungs sind echt drauf.«

Justus M. erzählt, wie das bei ihm so gelaufen ist: »Im Grunde war ich als Junge ein ganz pfiffiger Typ. Früh dran eben. Mit fünf Jahren schon kam ich auf die Lenau-Grundschule in Kreuzberg. In meiner Klasse gab es fünf Deutsche, ansonsten nur türkische und arabische Kids. Bis zur dritten Klasse war das okay so. Die Schule machte Spaß, ich war mit vorn dabei. Aber dann zogen die Freunde weg, weil ihre Eltern der Meinung waren, dass von nun an für sie bessere Schulen angesagt seien. Die, die blieben, wurden komplett neu aufgeteilt. Ich wurde zwar Klassensprecher und sogar Schulsprecher, aber eigentlich kam ich mit der ganzen Situation nicht klar. Was machst du ohne Freunde? Und dann die Lehrer, die so gar keinen Durchblick hatten. Da fängst du an zu spielen, wirst der Klassenclown, bis die Lehrer draußen im Flur heulend auf der Treppe saßen.« Die Heulerei hatte Folgen: 52 Einträge ins Klassenbuch, sechs Tadel, ein Klassenverweis. Und sie bedeutete, dass sich Justus M. eine andere Schule suchen musste. »Ich erzähle das nur, damit klar ist, dass diese Amok-Geschichten nicht von ungefähr kommen. Die haben einen Vorlauf. Ich bin kein Gewalt-Typ, aber das mit der Schule ist auch nicht so ohne.«

Nach der Lenau-Schule sei er in Tempelhof auf der Hugo-Gaudig-Schule gelandet, einer Realschule mit Gymnasialoberstufe. Es war die Zeit von »Eminem«, MTV-Videos und Schlapper-T-Shirts. »Die Mädels sahen alle aus wie Friseusen. Die Jungs waren klein, Hip-Hop-mäßig drauf, eben so Tempelhof-prollig.« Ab der siebten Klasse sei er dann auf die Carl-von-Ossietzky-Gesamtschule gekommen. 1200 Schüler, davon 98 Prozent Ausländer. »Wir waren 24 Deutsche. Ich war total unterfordert, hab am Rad gedreht, weil's so lang-

weilig war. Mitten im Unterricht bin ich raus, auf den Spiel-
platz, um eine zu kiffen. Da saßen die türkischen Mädchen
und wollten wissen, ob man vom Blasen schwanger werden
kann. So war das.« Das Jahr 2003: Aggro Berlin, Sido und
Bushido. Im O-Ton: »Ich komm nicht mehr runter heute
Nacht. Ich bin drauf. Fuck Hollywood. Hollywood is a mo-
ther fucker. Ich bin Berlin, bleibe meiner Linie treu. Fleisch,
Bein, Gewalt. Klare Ansagen! Wer Requisiten isst, der poppt
auch Komparsen. Das ist Schwarz-Rot-Gold, hart und stolz.« –
»Hat bisschen was von »Rammstein.« Justus M. lacht. »Die
mit ihrem Martialo-Gedöhns. Hochgedopte Oldies, die vorn
an der Bühnenrampe dauernd mit der Samenspritze rum-
machen. Das nervt total. Die würden sicher gern mal, aber
es klemmt halt.«

Für Mathe habe er nie lernen müssen, sagt er. »Da hatte
ich immer Einsen.« Ansonsten pegelte er sich in der siebten Klasse auf einem konstanten Sechser-Durchschnitt ein.
Schule und Eltern reagierten alarmiert. »Dann wurde ein
IQ-Test gemacht. Das Ergebnis: 140. Da war klar, dass was
nicht stimmte. Zur Schule zu gehen, ist in der Zeit wie Fol-
ter. Wenn du 13 bist, kriegst du mehr Gewalt ab, als du aushalten kannst. Ich war halt ziemlich schmal. Deshalb ging
es für mich zuerst mal darum, eine Körpersprache zu lernen. In Kreuzberg musst du irgendwie durchkommen. Die
Zeit war aggressiv.« Der Notendurchschnitt von Justus M.
wurde nicht besser. Irgendwann hatte er die Nase voll. Sein
Fazit: Kein Rumgebossel mehr, keine Aussprachen, keine
Schule. Er wollte seinen Weg allein finden, musste raus, auf
die Straße. Kreuzberg, Neukölln. Von da an schaltete sich
das Jugendamt ein und schlug für den Verweigerer eine sta-
tionäre Unterbringung vor. »Meine Mutter heulte nur noch.
Mein Vater zog seinen Kampfdress an, stritt sich mit den
Lehrern rum und rettete sich ins Formale«, sagt Justus M.

»Wenn man jung ist, ist man so allein. Man wird viel zu lange behütet und abgeschottet. Die Alten und die Jungen: Das sind zwei komplett verschiedene Universen. Die Jungen wissen nicht, ob sie den Scheiß der Alten mitspielen wollen. Sie suchen nach was Anderem. Aber find da erst mal was. Ich weiß, bei mir stand es in der Zeit echt auf der Kippe. Das hätte auch schiefgehen können.«

Mit Beginn der achten Klasse kam Justus M. auf die Schulfarm Insel Scharfenberg im Tegeler See. 1922 gegründet, gilt die Schule als Flaggschiff deutscher Reformpädagogik. Musik, Zeichensaal, Fotolabor, Werkstätten für Drucktechniken und Keramik, Wassersport mit Kanus und Segeljollen, ein Bauernhof mit Landwirtschaft und Tierhaltung. Das Leitbild der Schule: Mitbestimmung. Alles gut also? »Es war Murks von Anfang an. Ich kam aus Kreuzberg, vom Gangsta-Rap«, sagt Justus M. »Jetzt wurde im Internat um 9.00 Uhr das Licht ausgemacht, um 10.00 Uhr mussten alle schlafen. Das war nichts für mich. Ich war nicht nur auf einer Insel, ich fühlte mich auch so: isoliert, einsam, wie aus der Welt gefallen. Wer sollte das aushalten? Klar: Die Lehrer und Erzieher machten auch nur ihren Job, aber ich wollte meine Freiheit.« Justus M. haute ab, kletterte aus dem Fenster. Ihn zog es nach Hause, zu seinen Eltern. Die zeigten sich nicht begeistert. Er solle durchhalten, entschieden sie. Zurück also nach Scharfenberg. »Irgendwann wurde ich verpetzt, als ich mit einem Erzieher einen Joint rauchte.« Dem Erzieher wurde die Lizenz entzogen, Justus M. flog von der Schule und erhielt lebenslanges Insel-Verbot. »Das war krass, die Nummer mit dem Feindbild. Ich kam mir vor wie auf dem Mond.« – »Und dann?«

»War ich wieder zu Hause und hing rum. Mit Schule war nichts mehr.« Justus M. sagt, ihm war klar, dass er seinen Eltern sicher ziemlichen Stress gemacht habe. Es tat ihm auch leid. »Aber ich konnte einfach nicht mehr. Die Schulen, alle immer in diesem Pissgelb. Spooky places! Der Unterricht: totaler Nonsens. Das hatte doch mit Lernen nichts zu tun.« Er wisse ja, dass die meisten in der Schule es schaffen würden, sich anzupassen. »Die schlüpfen in Rollen, spielen mit, sind clever genug. Und wenn du das nicht kannst?« Falls man wirklich was für Kids machen wolle, sagt er, ginge es um Orte, die jung seien, wo Dinge passieren und echte Erfolgserlebnisse möglich seien. »Ich hing auf der Straße rum, kiffte, man traf sich an der Ecke, trank Bier. Da war ich 15. Nach und nach rutschte ich in die Mafiosi-Szene rein, wurde morgens von einem BMW abgeholt. Dealereien, echte Hardcore-Geschichten. Außer mir gab es fast keinen Deutschen. Wir bauten Bomben und sprengten auf dem Gleisdreieck – was damals Niemandsland war – ein Haus in die Luft. Mitunter gab es auch Messerstechereien, manchmal wurde geschossen. Unser Motto war: Ein misshandelter Pitbull muss hungern, damit er aggressiv wird. Klar hatte ich Schiss, aber es war halt so ein Jungs-Ding. Das war meine Lebensschule. Nicht duster, eher spaßig. Richtig passiert ist nie was. Einfach cool.«

»Und die Zocker-Jungs?« – »Die sind die komplett andere Fraktion, eine ganz andere Szene. Die sind nicht auf der Straße, sondern sitzen vor den Maschinen. Für die ist der Computer der Mittelpunkt des Lebens. Und der läuft die ganze Zeit. Das sind Jungs, die mit Spielen und Internet gut können. Sie sind intelligent, total tough, was Technik angeht, und geil auf Waffen. Das ist eine feste Community, die immerzu miteinander spielt. Ego-Shooter haben was echt Hypnotisierendes und du kriegst deinen Druck los. Irgendwann heißt es dann: Da ist einer, der sich abschottet, nicht mehr in den Chatrooms auftaucht, für die anderen unerreichbar wird. Alle wissen das, auch die ohne Computer.

So was spricht sich rum. Das kann dann so oder so aus-gehen.«

Man müsse sich das wie eine Tag- und Nachtwelt vorstel-len, meint Justus M. Am Tag sitzen die Jungs in der Schule. Da sind sie niemand. Kein Schwein interessiert sich für sie. Danach gehen sie nach Hause, in ihre Höhlen. Maus und Tastatur: Das ist ihr Körper. Der spielt sich durch, eine Nacht, zwei, drei, bis klar ist: Es geht. Man kann die ande-ren besiegen. »Ab da zocken die Typen jede Nacht. Viele sind noch dazu in Schützenvereinen und spielen Paintball, Softguns. Counter-Strike in real eben: Darum geht's, glaube ich. Das verschiebt alles, deinen Schlafrhythmus, den Blick auf die Welt«, sagt Justus M. »Das ist die Zeit, in der die Mädchen schlafen. Die sitzen dann früh topfit im Klassen-zimmer und nerven, sind tödlich wach, stellen unentwegt Fragen und kapieren nichts.« – »Aber ist das nicht die Phase, in der sich die Jungs und Mädchen ziemlich im Blick haben?« – »Kann schon sein, aber es funktioniert nicht. Die Mädchen sind im Tag, die Jungs in der Nacht. Das geht nicht zusammen.«

2005 – Justus M. war 16 Jahre alt – fanden seine Eltern nach langem Suchen ein Schulprojekt in Offenbach für hochbegabte Minderleister. Hier waren verkorkste Schul-karrieren kein Manko, sondern Kinder aufgrund ihres hohen IQs willkommen und auf besondere Weise zu för-dern. »Das war etwas völlig Neues«, sagt Justus M. »Zum ersten Mal war ich kein Loser, sondern die kapierten echt, was mit mir los war. Unglaublich. Das ganze Vorhaben war natürlich heiß begehrt. Mein Desaster war plötzlich ein Forschungsgegenstand.« Zu der Zeit arbeiteten 13 Leh-rer und Wissenschaftler mit 13 Schülern zusammen. »Da war kein Reinkommen. Null Chance. Offenbach fiel aus.« Allein aber die Tatsache, dass es solche Einrichtungen überhaupt gab und sich in der Richtung was bewegte, bedeutete Entlastung, für Justus und auch seine Eltern. Es gab mit einem Mal eine Perspektive, und es lohnte sich, weiter zu suchen. Die Lösung war am Ende die Berliner Oberschule für individuelle Praxislernprojekte: die »Stadt-als-Schule«. Eine Einrichtung, die sich »an Jugendliche aller Schularten wendet, die erfolgreich andere Lernwege beschreiten wollen und an der bisher besuchten Schule in Schwierigkeiten geraten sind. Die Schule ist insbesondere für diejenigen geeignet, die mit dem Regelangebot fehlgefordert werden.« So steht es in der Leitidee des Projekts.

»Fehlgefordert«. Genau. Das war der Punkt. Das neue Vokabular hieß nun: »Schule als Experimentier- und Schonraum«, »urbane Ressourcen als Lernfeld«, »handlungsorientiertes Lernen«, »Kommunikationsgruppen«. »Wie die das nannten, war mir völlig schnuppe«, sagt Justus M. »Hauptsache, ich konnte in Ruhe mein Zeug machen und kriegte endlich einen Abschluss.« Im konkreten Alltag ging der mittlerweile 17-Jährige zwei Tage auf die Schule und hatte drei Tage pro Woche sein Praktikum bei einem Schlosser. Nach einer schier endlosen Odyssee durch die deutsche Schullandschaft bekam Justus M. 2006 seinen Zehntklassenabschluss. Und nun? Was damit anfangen?

»Die Schule war zu Ende, aber Job kriegte ich keinen. Nichts ging. Also bin ich los, in die Wälder an der tschechischen Grenze. Eine Art Survival-Trip. Die Idee war: Bekomme ich das hin, allein zu überleben? Ich hatte ja immer schon meine imaginäre Welt. Aber das? Wenn du dann erstmal dort bist, musst du weiter, nach Russland. Dort habe ich einen Kurs beim besten Spurenleser der Welt gemacht. Tierspuren, Menschenspuren, Tracking. Spuren im Schnee, im Sand. Diese Art Gedächtnis hat mich interessiert. Als ich zurückkam, kriegte ich ein Praktikum bei einem Modedesigner in Lichtenberg, für ein Jahr. Science-Fiction-Mode, na, dieser künstliche Kram eben. Das war nicht so mein Ding. Letzten Monat habe ich mich an der Kunsthochschule Berlin-Weißensee beworben. »Du bist dir auf der Spur?« – »Kann sein.«

360-GRAD-SICHERUNG. Am 20.11.2006 hält sich die Rektorin der Geschwister-Scholl-Schule, Karola Keller, zu Beginn der ersten großen Pause im Lehrerzimmer auf. Als sie die ersten Detonationen hört, denkt sie: ›Meine Güte, das wird ja immer toller. Wer holt denn jetzt schon die Silvesterballer raus?‹ Sekunden später stürzt die am Eingang der Schule verletzte Lehrerin in den Raum und berichtet von einem maskierten Amokläufer. »Ich weiß nicht«, sagt die Rektorin heute, »aber von dem Moment an war für mich alles klar. Ab da habe ich nur noch agiert.« Bereits um 9.30 Uhr setzt sie einen Notruf an die Polizei ab. Keine 400 Meter von der Schule entfernt hatte sich auf einer Kreuzung kurz zuvor ein Verkehrsunfall ereignet. So kann die Emsdettener Schutzpolizei binnen vier Minuten – bereits um 9.34 Uhr – am Tatort sein.

Das Rettungsdesaster am Erfurter Gutenberg-Gymnasium im April 2002 hatte vor allem bei den Verantwortlichen der Polizei bundesweit hohe Wellen geschlagen und zu unmittelbaren Konsequenzen geführt. Von nun an galt eine neue Einsatzstrategie, die bereits ab 2003 bis ins letzte Kriminalkommissariat hinein trainiert wurde. Langsames Einsickern ins Gelände war passé. Das neue Einsatzkonzept hieß: sofortiges Fluten des Amok-Terrains. Die Emsdettener Polizisten treffen an der Schule ein und stürmen den Eingangsbereich. Dort finden sie den schwer verletzten Hausmeister vor, der trotz starker Blutungen auskunftsfähig ist. Er wird medizinisch sofort versorgt. Da sich im ganzen Gebäude starker Rauch ausgebreitet hat, müssen die Polizisten kriechend durch die Aula und arbeiten sich vom Kern des Gebäudes Zentimeter für Zentimeter die Stockwerke hoch. Die Schüsse kommen aus dem zweiten Stock, nahe des Chemieraums. Es ist anzunehmen, dass der Täter sich dort verschanzt hat.

Von den 720 Schülern werden etwa 200 mit Hilfe der Polizei durch die Aula ins Freie gebracht. Viele fliehen von den Schulhöfen aus in die umliegenden Privatgärten. Der Bürgermeister der Stadt, Georg Moenikes, der unmittelbar neben der Schule wohnt, wird per Handy über das Geschehen informiert und ist keine fünf Minuten später am Einsatzort, um bei der Koordinierung zu helfen. Auch das SEK Münster Nord ist schnell zur Stelle. Es trifft um 9.58 Uhr ein und beginnt umgehend damit, die Schule zu fluten. »An Panik kann ich mich nicht erinnern«, sagt Karola Keller. »Im Gegenteil: Die älteren Schüler halfen den jüngeren. Die Informationskette per Handy lief reibungslos. Die Türen wurden von innen geschlossen. Die Klassenlehrer blieben bei ihren Schülern. Polizei, SEK, Rettungskräfte – alle waren sofort am Ort. Da ausgerechnet an dem Tag in Emsdetten eine Tagung von Schulpsychologen stattfand, gab es auch hier hinreichend direkte Hilfe. Sebastian Bosse war tot, aber die große Katastrophe blieb aus.«

Die evakuierten Schüler werden in die Aula der nebenliegenden Droste-Hülshoff-Schule, einer Förderschule, geschleust. Karola Keller greift zum Mikrofon, beruhigt, wendet sich an die Klassenlehrer, klärt ab. »Ich hatte den Eindruck, dass meine Stimme einiges von dem Schock, den Ängsten und der Nervosität nehmen konnte. Immerhin waren wir annähernd 200 Personen im Raum.« In der Zwischenzeit wird das Gelände durch die Polizei weiträumig abgesperrt. »Der Bürgermeister und ich verständigten uns auf Zuruf, dass die Schüler vor sich selbst zu schützen sind und keine Medien zugelassen werden«, sagt die Rektorin. Politik und Medien werden im Rathaussaal, knapp zwei Kilometer vom Tatgeschehen entfernt, versammelt. »Für uns war sofort klar«, sagt Georg Moenikes, »dass wir mit dem Fall offensiv und transparent umgehen. Die erste Pressekonferenz fand bereits um 15.00 Uhr statt.«

Um 10.36 Uhr findet die Polizei im stark verrauchten zweiten Obergeschoss den am Boden liegenden Sebastian Bosse in einer Blutlache. Neben ihm mehrere Brand- und Sprengsätze sowie seine drei Waffen. »Wegen der ungesicherten Auffindesituation durch »unkonventionelle Brand- und Sprengvorrichtungen« (USBV)«, heißt es im Bericht des Innenministeriums von Nordrhein-Westfalen, »verzichteten die Einsatzkräfte zunächst auf ein weiteres Annähern und warteten das Eintreffen eines Entschärfers ab. Weitere USBV wurden um 10.43 Uhr im Gebäude gefunden. Es handelte sich dabei um selbstgebastelte Rohrbomben. Nach der zielgerichteten Absuche an den Schulgebäuden nach weiteren USBV und der Tatortaufnahme wurde gegen 17.00 Uhr das vor der Schule geparkte Täterfahrzeug von einem Entschärferteam durchsucht. Nach Lagebewertung durch die Experten wurden die Absperrmaßnahmen um das Täterfahrzeug erweitert und vorsorglich vier umliegende Wohnhäuser evakuiert. Im Fahrzeug wurden weitere Spreng- und Rauchmittel gefunden.«

Die durch Schüsse Verletzten werden mit Martinshorn in die Universitätsklinik Münster gebracht. Die Eltern holen ihre Kinder in der Aula der Droste-Hülshoff-Schule ab. Psychologen und Notfallseelsorger haben alle Hände voll zu tun. Die Schule ist abgesperrt und schwelt vor sich hin. Der Bruder von Sebastian Bosse sitzt unter Schock in einem Streifenwagen der Polizei. Die Eltern Bosse erleiden beide einen Zusammenbruch und müssen notbehandelt werden. Die Stadt füllt sich mit dem üblichen Medienauflauf. Bald ist sie komplett verstopft. Karola Keller fährt, nachdem endlich alle Schüler sicher zu Hause eingetroffen sind, am Abend noch zu den Verletzten. Am nächsten Morgen trifft sie sich mit ihren Kollegen zu einer Konferenz im Rathaus. Wie soll es weitergehen? Die Entscheidung fällt rasch: Die Klassen-Jahrgänge bleiben zusammen; in den ersten Tagen kommen nur diejenigen Kinder in die Schule, die das möchten; es wird elf Schulstandorte in der Stadt geben; die Schule wird komplett saniert; der Unterricht muss zunächst aus dem Gedächtnis der Fachlehrer stattfinden. Alle Materialien, alle Pläne liegen in der verkohlten Schule. Der Zugang zu ihr ist wegen Ermittlungen bis auf weiteres gesperrt. Die Lehrer fordern eine Unterweisung, wie sie den verstörten Schülern begegnen sollen. Gleichzeitig finden sich etwa 300 Schüler und Eltern in der Stroetmanns Fabrik, dem zentralen Kulturort der Stadt, ein, um dort professionelle psychologische Hilfe zu bekommen.

Am 23.11.2006, zwei Tage nach dem Amoklauf, findet in der katholischen St. Pankratius Kirche in Emsdetten ein ökumenischer Gottesdienst statt. Die Kirche ist brechend voll. »Wir sind erschrocken über eine solche Ausweglosigkeit«, sagt der katholische Regionalbischof Franz-Peter Tebartz-van Elst. »Die Tat von Emsdetten löst viele Debatten aus«, meint der Präses der Evangelischen Kirche von Westfalen, Alfred Buß. »Das ist alles richtig, aber treffen sie auch den Kern des Problems?« Bürgermeister Georg Moenikes lässt seit dem Amoklauf die Woche über jeden Tag im Rathaus eine Pressekonferenz stattfinden. Er besteht darauf, dass den Medien jedes Detail der Ermittlungen zugänglich gemacht wird. Alle Fragen müssen gestellt werden können. Sebastian Bosse wird auf dem St. Marien Friedhof in Emsdetten anonym beerdigt. Am fünften Pressetag – es ist Freitag, der 24. 11. 2006 – ist der Medienraum wie leer gefegt. Der Hintergrund: Über den Ticker läuft, dass soeben eine Piper PA-34, ein Kleinflugzeug mit drei Personen an Bord, wegen Treibstoffmangel auf der A 52 notgelandet ist.

WINNENDEN, 11. MÄRZ 2009

KABA UND RÜHRKUCHEN
AUSZÜGE AUS DEN ZEUGENVERNEHMUNGEN
ZUM AMOKLAUF IN WINNENDEN/WENDLINGEN
VOM 11.3.2009

FRAGE: Wie war Tim in seiner Kindheit?

VATER: Er war richtig lebenslustig, er hat alles gemacht, er hatte Freunde. Die Freunde lernte Tim im Kindergarten kennen. In der unmittelbaren Nachbarschaft gab es in der Zeit wenige Kinder im Alter von Tim.

FRAGE: Können Sie uns von Tim erzählen?

MUTTER: Tim war ein fröhliches und wuseliges Kind. Zwar war es so, dass er am Anfang, als er in den Kindergarten gekommen ist, zwei bis drei Wochen geweint hat, wenn ich ging, aber das war es auch. Er hatte Freunde im Kindergarten. Sie kamen zu uns nach Haue. Der Hof ist oft voller Kinder gewesen. Schauen Sie sich die Videos an, die wir zu Hause haben. Auf denen kann man das alles sehen.

FRAGE: Wie war das Verhältnis in der Kindheit von Tim zu Ihnen und zu Ihrer Frau?

VATER: Tim war freundlich, aufgeschlossen, fröhlich, meiner Ansicht nach sogar zu dieser Zeit hyperaktiv. Dies ist auch den Filmaufzeichnungen zu entnehmen.

FRAGE: Wie war es dann, als seine Schwester auf die Welt kam?

VATER: Tim freute sich, dass er eine Schwester hatte. Er war auch nicht eifersüchtig. Er hat sich um sie gekümmert, hat sie mit dem Kinderwagen spazieren gefahren. Tim hat das gefallen.

FRAGE: Hatte Tim von Anfang an ein eigenes Zimmer?

VATER: Ja.

FRAGE: Sie sagten, Tim suchte eher Freunde, die älter waren als er. Gab es hierfür einen Grund?

VATER: Tim sagte, mit Gleichaltrigen könne er nichts anfangen. Die Jungs, die etwas älter waren, machten schon ganz andere Sachen.

FRAGE: Wie war denn das Verhältnis von Tim zu Ihnen, als er 15 Jahre alt war?

VATER: Es war immer gut. Wenn ich was gefragt habe, hat er mir geantwortet. Wenn ich ihn gefragt habe, wie es in der Schule geht, ob er dort Ärger habe, dann antwortete er: Nein, nichts, normal.

FRAGE: Welchen Eindruck hat der Enkel beim letzten Besuch auf Sie gemacht?

GROSSVATER: Ganz normal, so wie immer. Gar nichts. Er redet ja sowieso nicht viel.

FRAGE: Haben Sie sich darüber unterhalten, wie es ihm in der Schule geht, bzw. wie er sich die Zukunft vorstellt?

GROSSVATER: Darüber haben wir nicht gesprochen. Die jungen Leute haben ihre eigenen Ideen. Mal wollen sie das, mal wollen sie jenes.

FRAGE: Hatten Sie beim letzten Besuch den Eindruck, dass Tim irgendwelche Probleme hatte oder über jemand verärgert war?

GROSSVATER: Nein, gar nichts. So, wie immer.

FRAGE: Könnte Tim irgendwelche seelischen Probleme gehabt haben?

GROSSVATER: Davon weiß ich nichts. Wenn er zu uns kommt, sagt er »Grüß Gott!« und verhält sich in aller Regel ruhig. Ich unterhalte mich dann mit seinem Vater, während Tim ruhig dabei sitzt.

FRAGE: Wie war denn das Verhältnis von Tim zu seiner Schwester?

VATER: Ich würde es als normal bezeichnen. Wenn Tim etwas von ihr wollte, z.B. eine Videokassette, dann hat er es auch bekommen. Gestritten haben sie eigentlich nicht.

FRAGE: Gibt es eine Person, zu der dein Bruder besseren Kontakt hatte?

SCHWESTER: Ich glaube, zu meinem Opa väterlicherseits, dem Wilhelm Kretschmer, hatte er besseren Kontakt.

FRAGE: Gab es gestern abend etwas Besonderes?

SCHWESTER: Nein, er war wie immer. Mir fiel nichts auf. Er sagte noch, dass er heute später Schule hätte. Das Abendessen war so ca. 18.30 Uhr. Danach war ich in meinem Zimmer und Tim in seinem. Ich hörte ihn noch ein paar Mal, mit seinen Hanteln oder wenn er im Zimmer umherlief.

FRAGE: Gab es aus deiner Sicht irgendwelche Anzeichen oder Hinweise auf den heutigen Amoklauf?

SCHWESTER: Es gab für mich gar keine Anzeichen, obwohl er so typische Dinge machte, wie man sie aus den Berichten von Amokläufen kennt.

FRAGE: Hatte Tim mit einem bestimmten Lehrer an der Albertville-Realschule Probleme?

SCHWESTER: Nein, er hatte keine Probleme. Er war eben ein schlechter Schüler. Besondere Vorkommnisse gab es nicht.

FRAGE: Haben Sie heute mit Tim gemeinsam gefrühstückt?

MUTTER: Ich habe eine kurze Zeit mit Tim am Tisch gesessen und noch Zeitung gelesen. Dann bin ich aufgestanden und habe angefangen, im Haushalt zu arbeiten. Ich habe das Geschirr vom Vortag, das noch auf dem Wohnzimmertisch stand, aufgeräumt.

FRAGE: Was hat Tim gefrühstückt?

MUTTER: Er hat einen Kaba getrunken und einen Rührkuchen gegessen. Den Rührkuchen hatte ich bei der Bäckerei Maurer gekauft.

FRAGE: Wie lange saß Tim am Tisch?

MUTTER: Ich kann es nicht mehr genau sagen. Ich bin kurz darauf in den Keller gegangen, in mein Büro.

FRAGE: Haben Sie beim Frühstück mit Tim etwas gesprochen?

MUTTER: Ich weiß noch, dass wir über den Rührkuchen gesprochen haben. Tim mochte Rührkuchen und freute sich.

FRAGE: Sie haben gesagt, Sie waren im Büro. Wann haben Sie Tim dann wieder gesehen?

MUTTER: Nicht mehr.

FRAGE: Kann ich darauf schließen, dass Sie gar nicht wissen, wann und wie Tim das Haus verließ?

MUTTER: Ich habe nur gehört, dass die Haustür ging. Das war kurz vor 9.00 Uhr.

FRAGE: War es üblich, dass Tim das Haus verlässt, ohne sich von Ihnen zu verabschieden?

MUTTER: Ja, das war normal.

FRAGE: Welche Freiheiten hatte Tim denn?

VATER: Alle, die man Kindern in dieser Zeit, in diesem Alter, gibt.

FRAGE: Könnten Sie das genauer sagen?

VATER: Er war pünktlich genau, kam immer von der Schule heim, hat seine Hausaufgaben gemacht.

FRAGE: Ich meinte so etwas wie: Wann musste Tim zu Bett, wie lange durfte Tim fernsehen?

VATER: Ich habe ihm keine Vorschriften gemacht.

FRAGE: Haben Sie sich einmal damit befasst, was Tim so für Fernsehsendungen oder Videofilme anschaute, bzw. welche Spiele er am PC spielte?

VATER: Der Lieblingssender von Tim war Pro 7. Er hat oft lustige Sendungen geschaut, z.B. »Schlag den Raab« oder Comedyserien und natürlich auch Actionfilme. Was im Fernsehen halt so läuft.

FRAGE: Haben Sie sich mal die Zeit genommen und geprüft, welche Spiele Tim am PC spielt?

VATER: Ich kenne zwei Spiele. Eins war so ein Wintersportspiel, das andere ein Schießspiel mit Polizei und Verbrechern.

FRAGE: Wir haben bei Tim verschiedene Ego-Shooter-Spiele sichergestellt. Diese Spiele sind erst ab 18 Jahren freigegeben. Wie kam Tim in den Besitz der Spiele?

VATER: Ich weiß es nicht. Vielleicht hat meine Frau ihm eins gekauft.

FRAGE: Genauso verhält es sich bei den sichergestellten DVDs. Wir haben auch Horrorfilme und Gewaltfilme sichergestellt, bei denen das Töten von Menschen im Mittelpunkt steht. Woher hatte Tim diese Filme?

VATER: Ich weiß es nicht.

FRAGE: Sie erwähnten, dass es auch vorkam, dass sich Tim in seinem Zimmer einschloss. Haben Sie Tim einmal daraufhin angesprochen?

VATER: Angesprochen habe ich ihn nicht. Wenn ich geklopft habe, hat er mir geöffnet.

FRAGE: Haben Sie mitbekommen, was Tim im Zimmer machte, wenn er sich einschloss?

VATER: Ich vermute, dass er irgendwelche Spiele am PC spielte und dass ich nicht wissen sollte, was er spielt.

FRAGE: Können Sie zur Leidenschaft von Tim, was das Pokerspielen angeht, etwas Näheres sagen?

VATER: Also, Tim war ein leidenschaftlicher Pokerspieler. Ich habe ihm auch gesagt, dass das Pokerspielen am PC nichts bringen würde, da man ja nicht wissen kann, wer die Gegner sind, und ob alles mit rechten Dingen zugeht.

FRAGE: Wie kam denn Tim zum Pokerspielen?

VATER: Durch das Fernsehen. Es gibt so gewisse Sendungen im DSF mit Pokerrunden. Das kann man schon morgens anschauen und natürlich übers Internet.

FRAGE: Bei der Auswertung haben wir festgestellt, dass der Bildschirm beim Spielen von »Counter-Strike« mit der Kamera aufgezeichnet wurde. Wissen Sie, wer das gemacht hat?

VATER: Nein.

FRAGE: Wie war denn die finanzielle Situation von Tim? Wie viel Taschengeld hat er bekommen?

VATER: Tim bekam monatlich 30 Euro auf sein Bankkonto überwiesen. Für die Schule bekam er Essensgeld. Das waren 70 bis 80 Euro im Monat. War es ein langer Monat, bekam er auch mal 100 Euro. Die Kinder konnten frei entscheiden, was sie sich zum Mittagessen kauften, ob sie mal ins Restaurant gingen oder ein Tagesessen bestellten.

FRAGE: Im Zimmer von Tim wurde ein Bargeldbetrag von fast 5000 Euro gefunden. Wissen Sie, woher das Geld stammt?

VATER: Es war so, dass er für mich und meine Frau einen Bargeldbetrag von ca. 2000 Euro im Tresor aufbewahrte. Dann war es so, dass Tim immer wieder zu Geburtstagen oder Festen Geld bekam und als Spielprämien für gewonnene Tischtennisspiele. Das Geld hat er gespart und in seinem Tresor aufbewahrt. Tim hat nie

Geld ausgegeben, er war richtig geizig. Er hat z. B. niemandem Geschenke zum Geburtstag gemacht.

FRAGE: Ich verstehe nicht, warum Ihre Frau und Sie Tim 2 000 Euro zum Verwahren gegeben haben, zumal Sie ja selber einen Tresor haben.

VATER: Wir haben zwar zwei Tresore, aber die sind im Keller. Meine Frau hat eine große Abneigung gegen Waffen und geht daher nicht gern an diese Tresore. Das war der Grund, warum Tim das Geld für uns in seinem Tresor verwahrt hat. Im äußersten Notfall wären wir an dieses Geld auch über den Generalschlüssel rangekommen. Allerdings habe ich bislang stets vermieden, derart in die Privatsphäre meiner Kinder einzudringen.

FRAGE: Sie haben vorhin gesagt, als es um das Geld ging, Ihr Mann hat Tim blind vertraut.

MUTTER: Das haben wir beide. Ich hätte ihm alles anvertraut.

FRAGE: Um auf den Punkt der Musterung zur Bundeswehr zu kommen, war es Ihnen wichtig, von sich aus noch etwas zu dem Punkt zu sagen.

MUTTER: Es war so, dass im Dezember 2008 der Fragebogen zur Musterung kam. Diesen Fragebogen habe ich ausgefüllt. Tim war gar nicht dabei. Er hat ihn nur unterschrieben. Ich wusste, dass er nicht zur Bundeswehr wollte. Am liebsten hätte er gar nichts gemacht, notfalls Zivildienst. Ich habe mir überlegt, wie er am ehesten darum herumkommt. Und nachdem es schon die Gespräche im psychiatrischen Klinikum Weißenhof gegeben hatte, lag der Trick nahe, die Diagnose Depressionen aufzubringen und dabei das Klinikum zu erwähnen. Ich versuchte, den Abschlussbericht zu bekommen. Mir wurde mitgeteilt, die Akte sei augenblicklich nicht auffindbar.

FRAGE: Welchen Kontakt hatte Tim denn zu Mädchen? Hatte er eine Freundin?

VATER: Ich weiß, dass Tim sich für Mädchen interessiert hat, aber noch nie eine Freundin hatte. Ich hab mal zu Tim gesagt: Sitz doch nicht nur vor dem PC. Geh doch bei dem schönen Wetter mal fort oder abends mit anderen in die Disco. In dem Zusammenhang sagte mir Tim, dass es nicht so einfach sei, eine Freundin zu finden. In diese Richtung hat er nie groß mit mir gesprochen.

FRAGE: Können Sie irgendwelche konkreten Namen nennen, damit meine ich, Mädchen, an denen er Interesse hatte?

VATER: Ich weiß, dass er zum Jahreswechsel 2007/2008 an einem Mädchen aus unserer Nachbarschaft Interesse hatte. Mir selber hat er nichts davon erzählt. Wir sind darauf gekommen, weil er öfter bei ihr angerufen hat und meine Frau dann auf die Telefonnummer geschaut hat.

FRAGE: Hat Tim in der Vergangenheit Drohungen gegen Lehrer oder Mitschüler oder auch gegen andere Personen ausgesprochen?

VATER: Gar nichts, nie.

FRAGE: Gab es Anzeichen, dass sich sein Verhalten in letzter Zeit geändert hat?

VATER: Nichts, wie immer, zwei, drei Jahre immer gleich.

FRAGE: Wie würden Sie seinen Charakter, sein Wesen beschreiben?

VATER: Er ist gegenüber Kindern und allen Leuten freundlich. Er kann gut mit Kindern und auch mit Erwachsenen umgehen. Ich habe schon überlegt, ob er nicht mal Kindergärtner werden sollte. Tim ist mehr ein ruhiger, zurückhaltender Typ. Er hat von sich selber aus normalerweise nicht zu sprechen angefangen. Er hat gesprochen, wenn man ihn was gefragt hat. Die Gespräche mit ihm waren eher kurz.

FRAGE: Was liest Tim?

VATER: Soviel ich weiß, gar nichts. Er liest keine Bücher und auch keine Zeitschriften.

FRAGE: Was hört er für Musik?

VATER: Er hört fast gar keine Musik. Er hat auch nie Radio in seinem Zimmer. Wenn, dann sitzt er am Fernseher oder am Computer.

FRAGE: Wie gestaltet er sonst seine Freizeit?

VATER: Immer gleich, daheim. Er geht nur mittwochabends zum Tischtennistraining.

FRAGE: Gab es irgendeinen Zeitpunkt, an dem Sie angefangen haben, sich darüber Gedanken zu machen, warum Tim so allein ist?

MUTTER: Natürlich haben wir uns Gedanken darüber gemacht und beobachtet, dass immer weniger Jungs zu uns nach Hause kamen und er auch selber nicht rausgegangen ist, sondern vorwiegend vor dem PC saß. Ich habe mit Freundinnen darüber gesprochen. Die haben gesagt, das sei bei vielen Jungs so.

FRAGE: Wie verwahren Sie Ihre Waffen zu Hause?

VATER: Ich habe einen Waffentresor im Hobbyraum des Kellers. Dieser Tresor ist mit einem Zahlenschloss gesichert, einem 8-stelligen Code. Im Tresor sind alle meine Waffen, mit einer Ausnahme. Die Ausnahme ist die Pistole Beretta, mit der Tim ein paar Mal geschossen hat. Die Pistole verwahrte ich im Schlafzimmer und dort im Kleiderschrank. Dort lag sie hinter Pullovern, von vorn nicht sichtbar. Die Pistole war ohne Magazin. Das Magazin befand sich ebenfalls im Schlafzimmer und zwar in einer Schublade meines Nachttischchens. Dort habe ich es in einen Lederhandschuh gesteckt, damit es nicht sichtbar ist. Das Magazin war geladen mit zehn Schuss. Es gab dann noch weitere Munition im Schlafzimmer.

FRAGE: Weshalb war die Waffe überhaupt außerhalb des Tresors?

VATER: Zum eigenen Schutz. Wir haben eine Alarmanlage. Die ist schon mal angegangen. Eine spezielle Bedrohungslage gegen mich oder meine Familie liegt nicht vor. Das war eben eine Vorsichtsmaßnahme meinerseits.

FRAGE: Die scharfen Schusswaffen Ihres Mannes wurden im Keller, in Tresoren und Stahlschränken, aufbewahrt. Der Tresor war mit einem Zahlencode gesichert. Kannten Sie diesen Code?

MUTTER: Ja.

FRAGE: Hat Tim den Code gekannt?

MUTTER: Meiner Meinung nach kannte Tim den Code nicht.

FRAGE: Wo hat denn Ihr Mann seine Munition aufbewahrt?

MUTTER: Ich weiß es nicht.

FRAGE: Hatten Sie und Ihr Mann getrennte Kleiderschränke?

MUTTER: Es handelt sich um einen großen Schrank, von dem mein Mann einen abgetrennten Teil nutzt und ich den anderen.

FRAGE: Wenn Sie die Wäsche Ihres Mannes gewaschen haben, haben Sie dann seinen Kleiderschrank eingeräumt oder hat er das selbst gemacht?

MUTTER: Das war unterschiedlich. Mal habe ich die Wäsche für ihn eingeräumt. Mal habe ich sie ihm gefaltet aufs Bett gelegt.

FRAGE: Wenn Sie die Wäsche in den Schrank geräumt haben, hätte Ihnen dann nicht auffallen müssen, dass dort eine Waffe verwahrt war?

MUTTER: Nein. Ich habe die Wäsche jeweils auf die Stapel draufgelegt.

FRAGE: Ich frage Sie das deshalb, weil ich weiß, dass Sie die Begeisterung Ihres Mannes für Waffen nicht teilen. Hätte Ihr Mann davon ausgehen müssen, dass es Ärger gegeben hätte, wenn Sie die Waffe gefunden hätten?

MUTTER: Ja, davon hätte er ausgehen müssen.

FRAGE: Wusste Tim vom Ablageort der Waffe?

VATER: Nein.

FRAGE: Sind Sie ganz sicher?

VATER: Das Einzige, was er hätte wissen können, ist eventuell die Tatsache, dass ich bei der Rückkehr vom Schießen nicht alle Waffen eingeschlossen habe, sodass er zu der Annahme hätte kommen können, dass eine Waffe woanders im Haus verwahrt wird.

FRAGE: Sie haben gesagt, dass Tim die Tat vermutlich schon lange geplant hatte. Wie kommen Sie darauf?

VATER: Wir haben uns überlegt, wie er an die Waffe gekommen ist. Das hat er hundertprozentig so gemacht, dass er erstmal ausgekundschaftet hat, wo liegt die Waffe? Und dann hat er überall gesucht. Weil, er hat gewusst, dass sie nicht im Tresor ist. Aber sie musste ja irgendwo sein. Und abends, ich kontrolliere abends immer, ich lange immer hin, wenn ich irgendwas raushole im Kleiderschrank, da lange ich immer oben drüber, wo die versteckt war zwischen den Pullovern. Da weiß ich, sie ist da. Und die muss er dann morgens geholt haben. Und dann hat er sie wahrscheinlich in den Schulranzen rein, und keiner hat es gemerkt.

FRAGE: Was schätzen Sie, wie er zu der großen Menge Munition kam?

VATER: Das weiß ich nicht. Weil: Da oben drin war ja nur ein Päckle. Ich weiß nicht, was da drin ist, 25 Schuss oder so was, und ein Magazin. Also normal müsste er von mir nicht mehr als 50 Schuss gehabt haben. Ich weiß nicht, ob er die sich irgendwo besorgt hat. Er ist mal zu Frankonia nach Stuttgart gefahren und wollte mir Munition kaufen zu meinem 50. Geburtstag. Und jeder Laie weiß ja, dass man unter 18 nichts kriegt. Und deshalb haben die gesagt: »Nein, du kriegst nichts. Da musst du schon deinen Vater vorbeischicken.«

FRAGE: Ihr Mann hat uns gesagt, dass Tim eigentlich nie anderen Geschenke gekauft hat. Ist das so richtig?

MUTTER: Ja.

FRAGE: Bei den Ermittlungen wurde bekannt, dass Tim dieses Jahr im Januar Ihrem Mann Munition schenken wollte und wohl auch die Rechnung für bestellte Munition bestellt hat. Was wissen Sie davon?

MUTTER: Mein Mann ist 50 Jahre alt geworden dieses Jahr. Wir haben dann erfahren, dass Tim bei der Firma Frankonia war und dort Munition kaufen wollte. Tim hat uns selbst davon erzählt.

FRAGE: Sowohl Sie als auch Ihr Mann sagten uns, dass Tim eigentlich nie Geschenke machte. Deshalb ist uns dieser Umstand doch sehr merkwürdig.

MUTTER: Wenn Sie darauf hinauswollen, dass er schon damals die Tat vorbereitet hat, oder wir das hätten erkennen sollen, dann kann ich dazu nur sagen, dass Tim zu mir kam und sagte, dass er seinem Vater Munition kaufen wollte und keine bekam. Seine neue Idee war, ihm Zigaretten zu schenken. Davon war ich nicht begeistert und habe das meinem Mann erzählt. Für meinen Mann war es so, dass er sich riesig gefreut hat, dass Tim an ihn gedacht hat und ihm etwas schenken wollte. Deshalb ist er auch mit ihm zu Frankonia gefahren und hat dort Munition gekauft, die Tim bezahlt hat.

FRAGE: Ich habe von Ihnen heute sehr oft gehört, dass die Wünsche von Tim immer erfüllt worden sind. Gab es auch Wünsche von Tim, die nicht erfüllt wurden?

MUTTER: So viele Wünsche hatte er eigentlich nicht. Ich kann jetzt aus dem Stegreif keinen Wunsch von Tim nennen, der ihm nicht erfüllt worden wäre.

FRAGE: Wurde bei Ihnen in der Familie über Gefühle gesprochen?

MUTTER: Dazu kann ich sagen, dass Tim eher verschlossen war. Er hat sich uns nicht so sehr mitgeteilt. Und er hatte es auch nicht gern, wenn wir ihn beispielsweise in den Arm nehmen wollten.

FRAGE: Hatte er Probleme mit Mitschülern? Wurde er eventuell gehänselt?

GROSSVATER: Außer den »Grüß Gott!« bei seinen Besuchen hat er mit uns eigentlich nicht viel gesprochen.

FRAGE: Wie würden Sie das Verhältnis zwischen Tim und seinen Eltern, bzw. zu seiner Schwester beschreiben?

GROSSVATER: Es war gut. Einwandfrei.

FRAGE: Über wie viele Fahrzeuge verfügt Ihr Sohn?

GROSSVATER: Mein Sohn besitzt drei Autos, eines für seine Frau, die die Buchführung der Firma macht, eines benützt er selbst in der Firma, das dritte war für Tim.

FRAGE: Welches Fahrzeug wurde für Tim gekauft?

GROSSVATER: Ich weiß es nicht genau. Es war ein japanisches Modell.

FRAGE: Welche Erklärung haben Sie dafür, dass Ihr Enkel heute mehrere Menschen in der Albertville-Realschule in Winnenden erschossen hat?

GROSSVATER: Das kann ich nicht begreifen. Seit ich ihn kenne, war er ruhig, so wie heute auch noch.

FRAGE: Wir haben gestern in seinem Zimmer festgestellt, dass er aus einer »Bild«-Zeitung eine nackte Frau, also ein nacktes Frauenbild ausgeschnitten hat. Hat er das öfters gemacht?

VATER: Er hat seit ein paar Wochen die »Bild«-Zeitung gekauft. Die hat er vorher eigentlich nie gelesen. Meine Frau hat das entdeckt und gedacht: Hach ja, vielleicht interessiert er sich ja ausgerechnet für Zeitungen oder so. Verstehen Sie? Wenn er in Waiblingen in die Schule geht, kann er am Bahnhof die »Bild«-Zeitung kaufen, was früher nicht so war. Er war ja nie am Bahnhof. Er war ja immer in Winnenden in der Schule.

FRAGE: Hat er Internet-Kontakte gepflegt?

VATER: Das weiß ich nicht, ich glaube eher nicht. Er hat immer Poker im Internet gespielt, also das freie, was man spielen kann. Oder Fernsehen oder Video geschaut. Oft lustige Sachen eigentlich. Das hat ihm Spaß gemacht.

FRAGE: Was haben Sie von den Zwangsgedanken Ihres Sohnes gewusst?

MUTTER: Von diesen Gedanken habe ich nichts gewusst. Wir sind sehr pflichtbewusste Eltern. Hätten wir davon gewusst, hätten wir reagiert.

FRAGE: Die Ärzte im Weinsberger Klinikum sagen, man hätte Sie darüber informiert.

MUTTER: Das stimmt nicht. Wir hatten schließlich auch Besuch von Freunden mit kleinen Kindern, mit denen Tim gespielt hat. Hätten wir davon ausgehen müssen, dass er solche Gedanken hat, wären wir da natürlich sehr viel vorsichtiger gewesen.

FRAGE: In dem Kontext stellt sich natürlich die Frage, wie man ein Kind, das derartige Gedanken hat, mit zum Schießen nehmen kann.

MUTTER: Die Erklärung dafür ist, dass wir es nicht wussten. Sonst hätte mein Mann das nie gemacht. Im Übrigen hat er ihn auch nicht oft mitgenommen. Tim sollte unter die Leute kommen. Einige aus dem Schützenverein kenne ich selber aus privatem Anlass. Dort ging es immer fröhlich und lustig zu, sodass es für Tim auch eine Chance sein konnte, da Anschluss zu finden.

FRAGE: Wie bekam Tim denn die Waffen?

MUTTER: Mein Mann hat sie ihm besorgt. Er hat sich auch gefreut, dass sich Tim dafür interessierte, da es sein Hobby war.

FRAGE: Wie oft war er denn beim Schießen mit Ihnen?

VATER: Ungefähr dreimal insgesamt.

FRAGE: Habt ihr da Langwaffe geschossen oder Kurzwaffe?

VATER: Bitte?

FRAGE: Lang- oder Kurzwaffe geschossen?

VATER: Kurzwaffe. Langwaffe haben wir auch mal geschossen vor ein paar Wochen. Da waren noch zwei Kollegen vom Geschäft dabei. Die wollten mal schießen. Da hat er gesagt, da will er auch mit, so halt zum Ausprobieren, ja.

FRAGE: Mit was für einer Waffe?

VATER: Wir haben alles dabei gehabt, .308, (unverständlich), Unterhebelrepetierer. Vier Waffen, zum Wechseln halt, wissen Sie.

FRAGE: Wenn er mit der Kurzwaffe geschossen hat, mit der Pistole, war es dann diese Beretta?

VATER: Jawohl.

FRAGE: Und wie waren seine Schussergebnisse?

VATER: Also, als wir das letzte Mal geschossen haben, vor knapp drei Wochen, da hat er auch mal einen 8-er getroffen, einen 6-er. Also, so bissle verstreut auf der Scheibe.

FRAGE: Was hat Tim gestern abend gemacht?

VATER: Tim war gestern wie immer. Mir ist überhaupt nichts Besonderes an ihm aufgefallen. Er hat sich abends am Süßigkeitenschrank bedient, wie er es oft macht. Als ich nach Hause kam, war er oben in seinem Zimmer. Ich nehme an, dass er dort am PC saß.

SPUR NR. 244

QUELLENLAGEN. Vom Stuttgarter Hauptbahnhof durch die Stadt Richtung Norden, auf der B14 am mittleren und unteren Schlossgarten vorbei. Unter der Parkanlage das komplett verrohrte Flüsschen Nesenbach, an seinem natürlichen Ende der Neckar. Die Strecke ist seit langem heiß umstritten, bekannt unter der Wutmarke S 21. Die einen verstehen Bahnhof, die anderen meinen das hochsymbolische Urstromtal von Württemberg, die Quellen, sein Mineralwassernetz. Wer will schon, dass einem unentwegt jemand durch den inneren Gral gelatscht kommt? Warum nicht erhalten, was zumindest noch da ist? Die Bahnhofsgeschichte handelt demnach von vielem, vor allem aber vom Zugang zu den Quellen. Dabei ist am sensiblen Mineralwasserreich des Landes unentwegt herumgestochert worden, mindestens seit 200 Jahren. Andauernd wurde um- und umgebaggert; Quellen wurden zubetoniert, aufgerissen, angezapft oder umgeleitet.

Industrialisierung, Bahnprojekte, Straßenbau, Tunnelbauten lauteten die großen Zauberworte. Ins weitläufige Muschelkalk-Quellland wurde gedotzt, was man je nach Stimmungslage unter zeitgemäß verstand. Von den sprudelnden Urgründen ist aus diesem Grund nicht mehr viel zu sehen, auch nicht von der idyllischen Landschaft, die Schiller, Hölderlin, Schubart so inspiriert hatte. Vielleicht war das die Hauptsache für den beharrlichen Einspruch so vieler Stuttgarter gegen das nach langem Streit nun doch abgenickte Bahnprojekt. Es lebt sich halt nicht so gut, wenn die inneren Brunnen spärlicher werden und der Takt der Maschinen tiefer geht, als der Rhythmus der Quellen schwingen kann. Da scheint sich was überreizt zu haben.

Cannstatt ist erreicht, der älteste Stadtbezirk Stuttgarts oder auch die Sauerwasserstadt. Mit 44 Millionen Litern pro Tag hat sie nach Budapest die zweitgrößte Mineralwasserausschüttung Europas. Wie in der ungarischen Hauptstadt versteht sich man sich hier aufs Heilen. Das warm aus dem Boden quellende, hochmineralisierte Wasser verspricht Labsal und Wonne. Schon Gottlieb Daimler wusste das eisenhaltige Gesprudel zu schätzen und siedelte sich genau deshalb hier an. Im Feierabendverkehr eines Freitagnachmittags ist auf der B14 vom landeseigenen Quellreichtum jedoch kaum was zu sehen, geschweige denn zu spüren. Es stockt, genauer gesagt: Nichts geht mehr. Der SWR gibt seine Staumeldungen durch. Meine Güte! Am Berger Tunnel, der auf die A10 führt, hat sich auf dem Seitenstreifen eine Eskorte Polizeiautos mit Blaulicht positioniert. Amerika-Gefühle kommen auf. Von einem Crash keine Spur. Der Verkehr als solcher ist der Unfall. Die Autokarawane kämpft um jeden Zentimeter, schiebt und drängelt, zieht in Zeitlupe am »Cannstatter Wasen« vorbei, dem größten offenen Festgelände Stuttgarts. Für die Stadt war das Terrain eine Art industrielles Quellland. Denn auf dem »Wasen« hatte der Württembergische König 1818 das »Cannstatter Volksfest« ausgerufen. Durch Preise für landwirtschaftliche Produkten sollten die Situation der Bauern aus dem Umland verbessert und ihre extremen Notlagen begrenzt werden. Eine von Erfolg gekrönte erste Wirtschaftsförderung, die Maßgebliches nach sich zog: 1845 die erste württembergische Eisenbahn, 1862 die Terrot-Textilmaschinen, 1863 die Bettfedernfabrik Straus, 1882 die weltweit führende Korsettfabrik Sigmund Lindauer, 1885 Gottlieb Daimlers erstes Motorrad der Welt, 1886 das erste Automobil, 1887 die erste Straßenbahn, 1888 das erste motorisierte Luftschiff. Die mineralreichen Wärmequellen Baden-Württembergs waren Gold wert, der immense Maschinenschub war es auch. Binnen kurzem wurde der »Mittlere Neckar« zu einer der energischsten Wirtschaftsregionen Deutschlands. Eine gut betuchte Gegend, mit besten Löhnen, kaum Arbeitslosigkeit und Dauerzuzug. Das ist sie noch heute.

Wo man die Quellen ansticht und ansonsten richtig malocht wird, brauchen Körper und Sinne Beistand. Der ESV Eisenbahner-Sportverein, der VFB, Verein für Bewegungsspiele Stuttgart, sie wurden zu Legenden und zum kollektiven Auffangbecken der unterschiedlichsten politischen wie mentalen Interessen. Im heutigen Neckarpark stehen die Symbole der Leibes-Dynamiken dicht an dicht und nennen sich Mercedes-Benz-Arena, Hanns-Martin-Schleyer-Halle, Porsche-Arena. Kein Zufall sicher, dass sich auch die Mercedes-Benz-Niederlassung, das nagelneue Daimler-Benz-Museum oder die Daimler-Versuchsstrecke als Wirtschafts- und Geldkondensate in unmittelbarer Reichweite angesiedelt haben. Futuristische Supernovae oder die in Stein betonierte Bundesrepublik? Denn was nutzt das coolste Design, wenn partout kein Durchkommen mehr ist? »Das Beste oder nichts« – »Sinnlichkeit und Sinn« – »Immer eine Klasse voraus« – »Interieur zum Wohlfühlen«, garantiert die neueste Mercedes-Werbung.

Zum Wohlfühlen ist hier gar nichts. Das stockende Dilemma hält an, auch nach dem Abzweig der B14 über den Neckar in Richtung Kappelberg-Tunnel. Polizeiwagen reiht sich an Polizeiwagen. Man fühlt sich versiegelt wie die Landschaft da draußen. Dabei heißt es, dass der Kappelberg schöne Rebhänge hätte und man auf ihm einmal wunderbar Schlitten fahren konnte. Wer wollte das bezweifeln? Aber draußen ist nicht drinnen. Man hockt in seiner Kiste und starrt ins Dunkle. Mit dem iPhone spielen, das Navi auf Türkisch reden lassen, am Radio drehen. Was ist ein Tunnel? Der SWR scheint die Stau-Trübnis der württembergischen Freitagnachmittage zu kennen und bringt ein längeres Interview mit Tom Waits: »Wenn du jung bist, bist du tollkühn. Da denkst du, du bist aus Stahl gemacht.« – »Die Menschen mögen Schauspieler, weil sie selbst gern einer wären.« – »Liebe? Was ist das? Mich muss der Mensch interessieren, oder soll alles voller Symbole oder Sehnsucht bleiben?« Irgendwann soll er was zu den Medien sagen. Der Sänger versucht es mit seiner speziellen Art Pause. Der Interviewer will mehr. Tom Waits hustet, was nicht wirklich gut klingt. Dann kommt: »Jeder braucht eine Toilette mit einer Tür, die man abschließen kann.«

Auf der B14 geht es über Fellbach nach Waiblingen. Rechter Hand Streuobst- und Rebhänge, auf der linken Seite hager wirkende Zweckbauten. Vor kurzem noch stand dieser Landstrich voll mit Wiesen und Ostbäumen. Das »Schmidener Feld« etwa, hochwertige Flächen für Getreide und Gärtnereien, ist mittlerweile ein vollständig zersiedeltes Industriegebiet. Echte Dorfmitten? Was ist das denn? Das Remstal, die Gemeinde Korb. Ab jetzt wird es hügelig. Gebüsche, Waldstücke, viel kleinere Landwirtschaft, die »Berglen«, mit ihren versteckten Weilern, den uralten Köhlerwelten und Gehöften. Die Gegend vom Armen Konrad, das Land seiner Quellen. Der Deutsche Bauernkrieg ging mal vom Remstal aus.

Vom Stuttgarter Hauptbahnhof bis Winnenden braucht man bei normalem Verkehr eine gute halbe Stunde, Freitagnachmittag werden es zweieinhalb. Die Waiblinger Straße führt ins Zentrum, an Tankstellen, Supermärkten, gesichtslosen Betonbauten vorbei. Die einschlägigen Hotels im Ort sind ausgebucht. Übrig bleibt das Hotel »Le Village«. Der Prospekt gibt an, dass es »zu den größten Mittelklassehotels der Region Stuttgart/Rems-Murr« gehört und ein »Höchstmaß an Komfort« bietet. Eine Bleibe am Ortseingang, direkt an einer Shell-Tankstelle, ein Funktionsbau in giftigem Türkisgrün, der bis in die letzte Pore nach kalten Fritten stinkt. Das hat unwiderstehliche Vorteile: In diesem Zustand ist kein Umweg mehr drin. Man rollt sich ein, geht innerlich auf Habacht, friert, obwohl das Zimmer extrem überheizt ist und sieht aus dem Fenster, auf die leicht erhöht liegende Stadt. Es ist, als ob man sich in diesem Fritten-Zustand durch alle Zeiten bewegen könnte.

KARTONAGEN UND LEUCHTMITTEL. 26.7.1991. Kreiskrankenhaus Waiblingen. Ute und Jörg Kretschmer bekommen ihr erstes Kind. Sie nennen es Tim. Die Geburt verläuft nicht komplikationslos. Doch endlich ist er da, der Glücksjunge. Die beiden kennen sich seit sechs Jahren, erst vor einem hatten sie geheiratet. Er war zu ihr, in ihren Heimatort Weiler zum Stein, gezogen. Beide wollten sich etwas aufbauen. Ute Kretschmer hat »ein Stückle in Breuningsweiler und eine Wiese in Weiler am Stein«. Die beiden »Stückles« und ein Haus, unmittelbar neben ihren Eltern, das ist immerhin ein Anfang. Sie, gelernte Betriebswirtin, ist 29. Er, Geschäftsmann und Unternehmer, 31. Mit der Geburt des Sohnes, an jenem Sommertag, sind sie auf einen Schlag eine richtige Familie. Nach dem Mutterschutz fängt Ute Kretschmer wieder an zu arbeiten: zwei Tage Buchführung in einer Firma, ansonsten ist sie die Sekretärin ihres Mannes. Er ist einer, der sich sicher fühlt, wenn er viel unterwegs sein kann, um spät am Abend nach Hause zu kommen und sein

Heim zu schützen. Ein eher kleiner, stämmiger, dynamischer Mann. Auf los geht's los. Kaum ein Jahr nach Tims Geburt kauft Jörg Kretschmer in Backnang eine Beretta 92 FS. Es ist die spätere Mordwaffe des Sohnes.

Ute und Jörg Kretschmer. Jahrgang 1961 und 1959. Groß geworden im Rückspiegel der 68er oder auch deren Zaungäste. Man nennt sie die Babyboomer, die Brückengeneration zwischen Nachkrieg und geeintem Deutschland, die erste Generation ohne Aufbauerfahrung, die behüteten Kinder der Bonner Republik. Die mit Kanzler Schmidt und dem Großereignis Franz Josef Strauß groß wurden, mit der RAF und den 72-er Olympischen Spielen in München, der Schleyer-Entführung und den Dauerkandidaturen von Helmut Kohl. Die Sandwich-Generation mit den Schlaghosen, mit Ikea, Bravo und den legendär blödsinnigen Frisuren, die nicht mehr gefärbt, sondern nur noch getönt wurden. Es sind die, die nicht mehr ausziehen von zu Hause, weil ihr Pragmatismus ihnen sagt, dass das eh nichts bringen würde. Man sagt, sie seien die Dauerjovialen, Netten, Durchgespülten, sagenhaft Ehrgeizigen. Die richtig Erfolg haben und gleichzeitig unentwegt Fehler einräumen, weil sie es nicht ertragen könnten, auch nur eine Sekunde nicht gemocht zu werden. Irgendwas ist mit denen. Man weiß nicht recht, was.

Als ABBA 1976 mit dem Hit »Money, money, money« die Charts erobert, ist Jörg Kretschmer 17. In Bad Cannstatt geboren, lebt er, bis er 25 ist, im Haus seiner Eltern in Winnenden-Birkmannsweiler. Seine jüngere Schwester stirbt mit neun Jahren bei einer Blinddarm-Operation. Jörg Kretschmer geht in Birkmannsweiler zur Grundschule und in Höfen auf die Hauptschule. 1974 macht er seinen Abschluss und beginnt eine dreijährige Ausbildung als Schaufenstergestalter in Stuttgart. In der Zeit tritt er in den Schützenverein Öderhardt ein. Nach 15 Monaten Wehrdienst lässt er sich in Stuttgart zum Grafiker ausbilden. Er malt viel. Die Signatur auf seinen Bildern ist deutlich erkennbar und lautet JK. Ja, wieso auch nicht? Er heißt nun mal so. Dennoch schimmert durch das Kürzel auch ein bisschen der strahlende »Jack« durch, das globale Leuchtmittel der Nachkriegszeit, die ideale Imaginationsbox. John F. Kennedy: jung, relaxt, gutaussehend, mit einer schönen, reichen Frau und hübschen Kindern am Strand spielend, später im Boot weit hinaus in die Zukunft segelnd. Ideale Hoffungs- und Sehnsuchtsfigur in einem. In Nachhinein sollte sich herausstellen, dass beinah alles an der smarten Ikone ein Fake war: John F. Kennedy musste Tag für Tag ein Korsett tragen, weil ihn sein Rückgrat nicht hielt, er stand pausenlos unter Schmerzmitteln, war ein machtbewusster Schwerenöter und zugleich Hochdepressiver, bei dem sich bei ausgeschalteter Kamera die Charme-Offensive deutlich in Grenzen hielt.

Aber es geht nicht um JFK, sondern um JWK. Jörg Wilhelm Kretschmer beginnt mit Siebdruckerei, mit Aufklebern und Spezialdrucken. 1982 – er ist erst 23 – macht er sich zusammen mit zwei Kollegen selbständig. Die drei eröffnen in Waiblingen die Schwaben-Team GmbH. Der Laden läuft. Doch je mehr Erfolg Jörg Kretschmer hat, umso größer wird sein Bedürfnis nach Sicherheit. Laufen Zuschnitt der Firma und seine Ängste parallel? Darf er was nicht? Nicht zu groß werden, sich entwickeln etwa? In der Firma baut er sich eine Nische zum ausziehbaren Schrank um: das Depot für zwei Schusswaffen. 1991, im Jahr, in dem sein Sohn geboren wird, ist er bereits Inhaber und alleiniger Geschäftsführer des Schwaben-Teams. Innerhalb von knapp zehn Jahren wird aus dem kreativen Jungunternehmer ein Lohnverpacker, der vor allem Porsche und Stihl beliefert. Quellen oder Maschinen? Also bitte, was soll der Kalauer? Das Profil der Firma zielt auf Packaging, Kartonierung, Konfektionierung. Die Dienstleistungen umfassen: »Abzählen, Abwiegen, Eintüten, Komplettieren, Etikettieren, Falten und Befüllen von Faltschachteln und Kartons.« Man glaubt, den Takt der Kartoniermaschinen zu hören. Wie ist das, wenn man als Teenager in der Welt der Farben zu Hause war und nun Knöpfe und Schalter walten? Wie heißt die Maschine, die die eigenen Träume verpackt?

Sohn Tim geht mittlerweile in den Kindergarten. Im Mai 1994 wird seine Schwester geboren. Das Familienprojekt samt Geschäft läuft auf Hochtoren. Das Haus in Weiler zum Stein wird sukzessive umgebaut. Die Welt der Stückles. Blockierende Ängste, Wachstumsrisse, verschachtelte Sehnsüchte, Unsicherheiten, mitunter gar das Gefühl, von etwas bedroht zu werden? Jeder hat hier seine Geschichte, aber nicht jeder spricht darüber, sagen die Leute in den Ortskneipen. »1998 war ich gesundheitlich sehr angeschlagen«, meint Jörg Kretschmer in der Vernehmung. Er muss operiert werden, ist lange krank. Die Warnzeichen sind offenkundig. Welche Warnzeichen? Er vergrößert, verlegt den Sitz seines Unternehmens nach Affalterbach. Das Firmengelände hat jetzt mehr als 2000 Quadratmeter. Der Laden läuft nicht, er brummt. Beim Kartonieren wird richtig Kohle gemacht.

STÜCKLES. Als Tim Kretschmer sieben Jahre alt ist, kommt er in die Grundschule Weiler zum Stein. Lehrer erinnern sich an ihn als einen richtigen Springinsfeld, als lustigen, agilen Jungen. Er spielt gern »Mensch ärgere dich nicht«, sitzt stolz auf seinem Traktor und ist mit seiner drei Jahre jüngeren Schwester oft bei den Großeltern, entweder gleich nebenan oder in Birkmannsweiler. Im Keller des Eigenheims der Kretschmers steht eine große Modelleisenbahn, die in die Kindheit des Vaters gehört. Tim und seine Freunde sind ganz heiß auf die wirklichkeitstreu verspielte Modell-Welt mit all dem Gips für die Berge, dem Rauchöl für den Dampflokqualm, mit einer Tüte Grasstreu für die Wiesen. Ganze Nachmittage verbringen sie damit. Und da ist noch etwas: Auf dem Hof der Grundschule steht eine große Tischtennisplatte aus Beton. »Dort hat er mit Mitschülern gespielt. Es hat ihm Spaß gemacht«, sagt der Vater. Tim Kretschmer hat gute Reflexe, ist schnell und spielt wie besessen. Nicht lange, und er tritt in den TSV Leutenbach ein, um auch an den Nachmittagen trainieren zu können. Es ist mehr als ein Hobby, er hat Talent.

Bald trainiert er regelmäßig, irgendwann 15 Stunden die Woche. Er wechselt zum TSV Erdmannhausen, fährt auf Turniere und gewinnt. Der Vater engagiert sich, gibt Geld für den Verein, sitzt im Vorstand, organisiert das Turniergeschäft, kutschiert den Sohn von Wettkampf zu Wettkampf. Schnell ist es kein Spiel mehr, sondern Ernst. Im Grunde ein Vater-Projekt, die Zweitauflage eines verlustig gegangenen Traumes. Tischtennis als Kreativität pur, als eine Kunst. Topspin, tischnah und auf Halbdistanz. Sich mit dem großen Ping-Pong in die Leichtigkeit des Seins hineinspielen, zum Herr der Bälle werden, den schnöden Alltag hinter sich lassen, mit weltweit 500 Millionen Fans, der Weltrangliste und Celebrity-Gefühlen. Für diesen Traum ist Jörg Kretschmer voll und ganz zu haben. Nichts an Förderung darf dem Sohn fehlen. Was der Vater macht, macht er ganz.

Als Tim Kretschmer elf Jahre alt ist, erkrankt die Mutter schwer. Drei Krebs-Operationen, Behandlungen, eine Kur. »Ich war teilweise in der Firma und dann wieder zu Hause bei den Kindern. Es war für mich doch sehr belastend«, sagt der Vater in seiner Vernehmung. Ein Jahr später stirbt der Großvater mütterlicherseits. Für den Enkel war er ein wichtiger emotionaler Halt. Den Verlust wandelt der Zwölfjährige in kategorische Spielbesessenheit um. Schon mit 14 spielt er bei den Senioren in der Bezirksliga, wird Sechster bei der Süddeutschen Meisterschaft. In Weiler zum Stein ehrt man ihn als »herausragenden Sportler«. Das Vater-Projekt sieht danach aus, zu einem des Sohnes zu werden. Gelingt es ihm, sich ein Stück weit abzunabeln, sein eigenes Ding zu machen? Das Herausragende, die Spitze, das Besondere, bald schon der große Star? Traum ist Traum. Der Vater bleibt dran. Es ist sein Einsatz. Für jeden Einzelsieg bekommt die Hoffnung 20 Euro zugesteckt, die Tochter kriegt Geld für gute Schulnoten. Anerkennung, Nichtanerkennung, Schule, Nichtschule, Jungen, Mädchen. Die Stückles. Ist es allein eine Frage der Tradition, dass das Ganze so sorgsam parzelliert bleibt?

Dem Vater gelingt es, für den Sohn ein Spiel mit Timo Boll zu organisieren. Es ist der deutsche Superstar der Kelle, für einige Zeit auf der Weltrangliste Rang 1. JWK nimmt das Match per Video auf. Es ist nicht eine von vielen Erinnerungen, sondern die Inszenierung eines Mega-Events. Hier spielen zwei Stars. Der eine ist eine Projektion. Aber das ist völlig egal, denn das Match läuft unter dem Label »Projekt gelungen!« Was immer der Sohn tut: Die Vorhut verstaut es als eigene Suggestionswelt im Wohnzimmerschrank. Aber ist an dem Spiel des Youngsters denn nun eigentlich was dran? Tim Kretschmer ist gut am Ball, spielt schnell, weiß zu parieren. Aber ein Spiel-Eröffner ist er nicht. Er tackert, als säße er am Fließband. Womöglich spürt er es: In ihm hockt die Maschine. Aus dem quicklebendigen Jungen wird ein Gehetzter, der um keinen Preis versagen darf. Irgendwas ist da noch. Man weiß nicht recht, was.

2005 kündigt Jörg Kretschmer dem TSV Erdmannhausen Freundschaft und Geld. Es wird bitterlich gestritten. Der Oberliga-Verein ist in Finanznot, aber auch die Karriere des Sohnes lässt in den Augen des Vaters den klaren Weg nach oben vermissen. Trotz familiärer Rundumversorgung will der Sprung, der das feingliedrige Spiel zur Kunst macht, nicht gelingen. Der Trainer will, dass sich Tim Kretschmers Talent zusammen mit den Gleichaltrigen formt. Er plädiert für mehr Zeit. Ahnt er, was das Problem sein könnte? Der Vater sieht es anders. Er ist der, der zahlt. Geld ist Geld, Zeit ist Zeit, Erfolg ist Erfolg. Wer nicht wirtschaften kann, geht den Bach runter. Das ist nun mal so. Der Sohn steht bei den Streitigkeiten daneben, hört sich an, wie Angelegenheiten dieser Art bereinigt werden. Es geht um den Verein, in dem er großgeworden ist, in dem er seine Kindheit verbracht hat. Es ist sein emotionales Zuhause. Wie fühlt sich das an für einen Jungen wie ihn? Jörg Kretschmer sagt: »Es war so, dass Tim sich in Erdmannhausen sehr wohl gefühlt hat und gut eingebunden war.« Danach ist er es nie mehr.

Nach dem heftigen Krach wird der 14-Jährige vom TSV Waiblingen-Hegnach geholt. Das heißt, die Sport-Karriere ist erst einmal gerettet. Sein Vertrag sieht vor, dass er in der Herrenmannschaft auf Rang 6 spielt. Mit 14 bei den Senioren? Na, wenn das nichts ist. Doch keine drei Monate später hat sich die Situation gedreht, wird der Neue in die Juniorenmannschaft zurückgestuft. Für das Herren-Team sei die notwendige Leistung nicht gegeben, sagt man ihm. Ein Moment der Realitätssicherung, der bitter ausfällt. Eine Degradierung, zurück in die Niederungen, in die zweite Mannschaft? Wieso das denn? Im Nachhinein schildert der Vater den Sportknick des Sohnes als eigentlichen Auslöser für die sich anbahnende Katastrophe. Obwohl Tim Kretschmer weiter mittwochs zum Training geht und auch wie gewohnt zu den Turnieren fährt, wird das Spielgeschäft zur Routine. Der Drive ist raus, das Selbstbild angeknackst, ein Riss, der – wie so oft – im Nonverbalen verbleibt. In einem späteren Satzergänzungs-Test, den er bei Psychologen absolviert, antwortet Tim Kretschmer auf die Frage: »Wenn alle Leute ein Schild umhängen hätten, auf dem steht, was für Menschen sie sind, dann würde auf meinem Schild stehen...« – »Einer, der zu den Besten gehört.« Beim Tischtennis steht auf dem Schild jetzt was anderes. Der Traum ist ausgeträumt. Er gehört nicht zu den Besten, der neue Verein wird nicht sein Ding, die Star-Karriere wirkt verbaut, der für ihn eigenständigste Raum scheint wie abgeschnitten. Er spürt die Resignation der Eltern über seinen ausbleibenden Glanz und spielt entsprechend lustlos. Der Vater raunzt ihn an. Statt der Beste ein Loser, die elterlichen Wunschleihgaben an das Erbe verpufft? Immerhin gibt es anderes. Gut, dass die Grenzen fließend sind. Ein passabler Tischtennisspieler hat auch das Zeug zum beharrlichen Ego-Shooter. Pingpong, Wendigkeit, Reflexe, Rhythmus – alles ist da.

Im September 2005 bekommt Tim Kretschmer den ersten Computer in sein Kinderzimmer gestellt. Die Mutter besorgt die Installation und managt das Prozedere. Der PC soll von vornherein mit einer TV-Karte ausgestattet sein, damit der Sohn in seinem Zimmer separat fernsehen kann. Das ist Ute Kretschmer wichtig. Nach der schweren Krankheit braucht sie Distanz und fühlt sich gleichzeitig schuldig dafür. Das Verhältnis zum Sohn fällt in ein Loch. Wirkliche Gespräche, Nähe, echte Reibung, Beziehung? Beide haben gelernt, das zu umgehen. Die Mütter der Todesläufer: alle markante Lebensgeschichten in sich tragend, alle lebenshungrig und stark, schwach und zerstört zugleich. Begrenzerinnen, Gewährende, Komplizinnen in einem. Ein Jahr später kauft Ute Kretschmer ihrem Sohn den Ego-Shooter

»Counter-Strike«. Der Vater lockt, die Mutter buhlt. Als Kompensation für die Sport-Enttäuschung, als Ersatzhandlung für das eigene Schuldgefühl, als Wiedergutmachung für die Strenge des Vaters oder einfach, weil das Spiel nun eben mal in ist und es alle gekauft bekommen? Ein Freund sagt: »Tim war regelrecht süchtig nach ›Counter-Strike‹.« Bei dem Spiel und auch bei Softair hat er immer den Terroristen gespielt, nie die Polizei. Ihm war es wichtig, seine Gegner mit Kopfschüssen zu töten. Er wollte in der Statistik gut sein. Wenn er das war, ging er richtig auf.« Das ausgebootete Tischtennis-Talent ist, was harte Spiele betrifft, im Handumdrehen total drauf. Seine Schulkarriere entwickelt sich dagegen immer deutlicher in die andere Richtung. »Mathe kapiert er nicht. Da hat er Probleme«, sagt der Vater.

Doch nicht nur das. Ab der sechsten Klasse nimmt Tim Kretschmer kontinuierlichen Nachhilfeunterricht, ab der siebten Klasse ist er permanent versetzungsgefährdet. Nach dem Ende der Zeit im TSV Erdmannhausen und aufgrund der Teilung seines Schuljahrgangs mit Beginn der achten Klasse wird das Schulproblem akut. Die Mutter sagt: »Damals war es so, dass die Klasse zu groß geworden war und getrennt werden musste. Einige Eltern erwirkten, dass ihre Kinder in der alten Klasse bleiben durften. Ich habe Tim gefragt, ob er auch lieber in der alten Klasse bleiben möchte, aber er sagte, es sei ihm egal.« Es ist nicht egal. Er kommt in die 8d und verliert seine Freunde. Dazu kein Wort von ihm. Die Not bleibt im Ungefähren, der Zorn ungerichtet, die Angst unerzählt. Die Schwester sagt: »Er hatte so viel im Kopf, das nicht rauskam.«

Mitschüler berichten: »Er gehörte zu einer Gruppe von drei bis vier Schülern, die nicht so beliebt waren. Tim hat sich einmal geprügelt. Da war mein Eindruck, dass er nicht aufhören konnte.« – »Ich hatte das Gefühl, dass er sich seit der fünften Klasse verändert hat. Damals hat er sich noch am Unterricht beteiligt, in der zehnten Klasse war ihm das egal.« – »Wir haben uns immer auch Horrorfilme angeguckt, z. B. zu seinem 13. Geburtstag ›Predator‹. Ab der siebten oder auch achten Klasse haben wir dann Ballerspiele gespielt. Einmal in der achten Klasse gab es bei ihm im Keller eine Softair-Schlacht.«

5441 PATRONEN. Die Geschichte mit den Waffen, für die sich der Vater insbesondere zuständig fühlt. Seit er 16 ist, ist er Mitglied in einem Schützenverein. Er braucht es, das Verlängerungsamt des Schießeisens. Wie heißt sie eigentlich, diese Angst? 2005 versucht er nach einer Pause, seine Leidenschaft erneut hochkarätig zu machen. Zum einen, indem er selbst regelmäßig trainiert und noch im selben Jahr an den Deutschen Meisterschaften der Sportschützen teilnimmt. Zum anderen, indem er den Sohn – gleich einem Initiationsritual – ins Land der Geschosse einführt. »Ich habe ihm ein paar von diesen Softair-Waffen gekauft, die er bei sich in seinem Zimmer aufhängte.« Elf Stück immerhin. Die Pistolen oder Sturmgewehre ähneln den Waffen, wie sie in der Bundeswehr oder der US-Army zum Einsatz kommen. 2004 – da ist er 13 – erhält Tim Kretschmer eine Softair-Beretta. Die Mutter unterschreibt bei Frankonia in Stuttgart den entsprechenden Kaufbeleg. Der Teenager schießt mit Freunden in einem Steinbruch. Wenn sie Lust haben, feuern sie die Kunststoffkugeln vom Balkon des mittlerweile dreieinhalbstöckigen Einfamilienhauses in Weiler zum Stein. Im Keller verteilt Tim Kretschmer vor der »Softair-Schlacht« Schutzbrillen und Westen. Er erklärt den Freunden, wie das mit der Sicherung der Waffen geht, mit dem Magazin und der Scheibe. Man muss trainieren, weiß er, ansonsten gibt es ein unruhiges Trefferfeld.

Das vorsichtige Projekt des Sohnes, über seine Tisch-tennis-Leidenschaft Eigenland zu gewinnen, wird vom väterlichen Waffenarsenal rigoros geschluckt. Über das Kinderzimmer von Tim Kretschmer hält die spätere Er-mittlungsakte fest: »Im Zimmer sind an der nordöstlichen Wand oberhalb des Schreibtisches 1 Schnellfeuergewehr, 2 Maschinenpistolen, sowie 2 Pistolen aufgehängt. Die Hal-terung für eine weitere Pistole ist leer. Die zugehörige Waffe liegt augenscheinlich auf der Schreibtischplatte. Ein weite-res Schnellfeuergewehr hängt an der südwestlichen Wand oberhalb des Treppenaufgangs zur Galerie. Im Bereich des Schreibtisches ist ein PC, in der vom Zimmer aus zugäng-lichen Galerie ein Fernsehgerät, an dem ein Videorecorder sowie eine Playstation 2 angeschlossen sind. Zugehörige Datenträger… sind im Rolltisch des PCs als auch in einem in der Galerie aufgestellten Schrank. Im Kleiderschrank be-findet sich ein Tresorwürfel mit elektronischem Zahlen-schloss.«

Das Haus der Kretschmers ist über die Jahre hin aufwen-dig vermint worden. Im Grunde gleicht es einer Festung, als befände sich jemand dauerhaft im Krieg. Ein Mitschüler sagt: »Tim musste uns zeigen, was er hatte. Er selbst war eigentlich nicht so schlimm. Es waren seine Eltern, sein Vater. Der Vater hat Tims Schießleidenschaft unter-stützt. Wir haben mal einen Spaß gemacht, der sich auf die vielen Waffen bei ihm zu Hause bezog. Da sagte er: Dann mach ich eben einen Amoklauf.« Die späteren Ermittlun-gen ergaben, dass das Gebäude mit elektronischem Zu-gangscode, Bewegungsmeldern und Alarmanlage gesichert wurde. Waffen und Schmuck lagen großteils in Panzer-schränken. Auch Sohn und Tochter hatten in ihren Zim-mern Tresore.

In der Ermittlungsakte heißt es zu den im Haus befindlichen Waffen und der Munition: »Jörg Kretschmer war im Besitz von neun Waffenbesitzkarten, auf denen vier Revolver, eine Pistole, neun Gewehre und ein Gewehrlauf eingetragen waren. Ferner war er im Besitz von neun erlaubnisfreien Kurzwaffen und einer erlaubnisfreien Langwaffe. Bei den Durchsuchungen wurden insgesamt 5441 Patronen verschiedener Kaliber vorgefunden und sichergestellt. Darunter befanden sich 83 Patronen, für die Jörg Kretschmer keine Erwerbsberechtigung besaß. Ferner wurde eine verbotene Patrone im Kaliber 7,62 x 51 aufgefunden, deren Geschoss einen Leuchtspursatz enthält. Folgende Munition befand sich außerhalb der vorgeschriebenen Sicherheitsbehältnisse: 40 Patronen im Kaliber 9 mm Luger (Marke ›Sellier & Bellot‹), in einem unverschlossenen Hängeschrank im Schlafzimmer, 2 Patronen im Kaliber 9 mm Luger, 4 Patronen im Kaliber .357 Magnum und 1 Patrone im Kaliber .44 Magnum in der Schublade eines Schreibtisches im Werkstattraum, 177 Patronen im Kaliber .22 lr und 15 Patronen im Kaliber .357 Magnum in einer Sportpistolentasche im Werkstattraum und 50 Schrotpatronen im Kaliber 12 in einer Schachtel (Telefonverpackung ›Gigaset‹) auf dem Waffentresor.«

»2006«, sagt Jörg Kretschmer in der Vernehmung, »hat Tim dann zum ersten Mal gefragt, ob er mit mir zum Schießen gehen darf. Ich selbst bin Sportschütze beim SSV Leutenbach. Ich habe ihn dann auch einmal mitgenommen. Das ist zulässig. Er durfte unter Aufsicht eines Schießleiters bei uns am Schießstand üben. Ich habe damals drei Waffen mitgenommen, die ich ihm zur Auswahl vorlegte. Am ehesten sagte ihm die Pistole zu. Mit der hat er damals vielleicht 50 Schuss abgegeben. Bei den beiden Revolvern war ihm der Rückschlag zu stark. Er sagte, dass ihm die Beretta einfach am besten in der Hand liegt. Erwähnen möchte ich noch, dass ich immer dienstags zum Schießen gehe. Ich selbst habe mit der Pistole nicht so gern geschossen, ich schoss lieber mit Revolvern.« Neun Waffenbesitzkarten? 5441 Patronen? Tresore? Panzerschränke? Wie ergeht es der Psyche eines Minderjährigen in einem auf diese Weise scharf gemachten Minenfeld? Das Sicherheitsnetz des elterlichen Hauses wird einmal mehr zur Falle. Der Vater verteidigt seine rotierenden Ängste, den wachsenden Reichtum und das familiäre Alarm-Gehäuse wie einen Hochsicherheitstrakt. Eine Festung, die die Mauern hochzieht und dabei ist, die Kindheit des Sohnes stehenden Schrittes in den Krieg zu führen.

Kommt Tim Kretschmer aus der Schule, zieht er sich in sein mediales Imperium zurück. Die Videos und Spiele, die er schaut: »The Hills Have Eyes« oder auch: »Die Hügel der blutigen Augen«. In der Inhaltsangabe heißt es: »Es beginnt eine Höllenfahrt in die Tiefen perverser Mordlust. Denn eine Rotte von Mutanten geht auf jede vorstellbare und unvorstellbare Art daran, den Gestrandeten die dünne Haut der Zivilisation vom Leib zu ziehen.« Oder: »100 Tears. Er will doch nur spielen!« – »Seit über 20 Jahren treibt der brutale Serienkiller ›Gurdy, der Clown‹ sein Unwesen in Florida. Dieser Mörder versteht es eindrucksvoll, seine Opfer mit einem gigantischen Fleischerbeil in Stücke zu hauen.« Oder: »The Hitcher. Du kannst ihm nicht entkommen« – »Das College-Paar Grace und Jim begegnet dem mysteriösen Anhalter John Ryder, der sich als wahnsinniger Serienkiller entpuppt. Grace und Jim gelingt zunächst die Flucht, aber der Hitcher heftet sich hartnäckig an ihre Fersen und zieht eine blutige Spur hinter sich her.«

ZEBRAS UND BLUFFS. Action-, Gewalt-, Horrorfilme en masse. Tim Kretschmers Konsum der Höllentrips steigt ins

Unermessliche. Weihnachten 2008 kauft ihm die Mutter das Computerspiel »Far Cry 2«, »einen Action-Titel der Extraklasse«, wie der Anbieter verspricht. Söldner, Kriege, korrupte Warlords, Afrika, Zebras, Diamantenkoffer, Malaria. Das Spiel ist schnell ausgereizt. »Optisch top, spieltechnisch ein Flop«, lautet die User-Meinung unisono. Der Spiele-Freak Tim Kretschmer will mehr, vor allem Besseres. Was er will, kriegt er auch: »Aquanox«, »Day of Defeat«, »Half-Life 2«, »Tactical Ops«, dazu neben »Counter-Strike« natürlich auch »Counter-Strike Source« und »Counter-Strike: Condition Zero«. Die Gewalt, die Tag für Tag in ihn einrückt, ist nah, exzessiv, rasend, gnadenlos, verstörend. Ihre Botschaft scheint eindeutig: Wenn du bei Gurdy, John Ryder und all den anderen Monstern irgendwie durchkommen willst, gibt es nur eins: Härte, Strategie und einen Body, der in diesem Endloskrieg dagegenhalten kann. Tim Kretschmer nimmt die virtuelle Kampfansage an. Das ist eine Welt, die ihn echt fordert. Und wo holt man sich so einen stählernen Körper?

Im Fernsehen sieht er – zu dem Zeitpunkt ist er noch 15 – einer Runde Männern beim Pokern zu. Wie gebannt starrt er auf die Tisch-Szene: die Blicke, die Karten, das Wortkarge, die Spannung, die Buttons, die Chips, die Straßen. Aber das ist sie doch, seine Strategie-Schule. Erhöhen, mitgehen, aussteigen, schieben, setzen, bluffen. Pot Limit, No Limit, Fixed Limit, Spread Limit. Eight or better? Was ist das nochmal? Im Mai 2007 hockt er vor seinem Computer und ruft das Dokument »Poker Test 1« auf. Wenn Tim Kretschmer etwas wissen will, kriegt er es raus. Destruktionsenergien wissen sich durchzusetzen, kennen keine Grenzen, sind auf Radikalisierung aus. Im April 2008 meldet er sich in einem Online-Casino an. Sein Alter Ego im Internet nennt sich »JawsPredator1«. Eine Kombination aus »Jaws«, dem Originaltitel von Steven Spielbergs Film »Der weiße Hai«, und »Predator«, einem Action-Film mit Arnold Schwarzenegger. Die Botschaft: Wer gegen ihn antritt, muss sich darüber klar sein, mit wem er es zu tun bekommt. Mit dem Unschlagbaren, dem Aggressiven, dem unentwegten Taxierer. Mit einem, der es drauf hat. Seine Selbststilisierung nimmt Formen an.

Die Mutter gibt dem Sohn 100, vielleicht 200 Euro, damit er im Online-Casino als »Jaws Predator1« auf seine Kosten kommen kann. Er gewinnt, verdreifacht den Einsatz. Er spielt und spielt, bis das Mutter-Geld futsch ist. Das sei kein Drama, tröstet der Vater, ebenfalls ein engagierter Poker-Spieler. Man muss auch verlieren können. Er rät dem Sohn trotzdem, das mit dem Online-Casino zu lassen. Für eine Strategie-Schule brauche man reale Gegner. Was Mimik bedeute, Tempo ausmache, Glück heiße und Blufferei sei, könne man nur in echt lernen. Der Sohn staunt, der Vater organisiert. Im Herbst 2008 findet eine Pokerrunde in der Firma, beim Schwaben-Team, statt: Vater und Sohn, zwei Angestellte, ein Mitschüler. Manchmal kommen auch mehr. Ab da finden die einsilbigen Spiele regelmäßig statt, vier bis fünf Stunden jeweils, in der Küche, in einem Büroraum, im Keller des Eigenheimes. Konzertante Männerabende, mit Pizza, Bier und Bergen von Plastik-Chips. Pot Odds? Was war das noch mal? Tim Kretschmer spielt mit Sonnenbrille. Ein echtes Pokerface eben. Er gewinnt viel.

Im Januar 2008 schreibt Tim Kretschmer eine E-Mail an die Deutsche Armwrestling-Organisation. 1987 war der Film »Over the top« mit Sylvester Stallone gelaufen. An einem echten Filmfan geht dieser Streifen über kurz oder lang nicht vorbei und vermochte offensichtlich etwas auszulösen. In »Over the top« entdeckt Lincoln Hawk, ein Trucker mit dicker Steroid-Brust, mitten in seinem zerfransten Leben, dass er nicht viel, aber immerhin einen 12-jährigen

Sohn hat. Da die Mutter krebskrank ist und im Sterben liegt, soll sich der Vater des Jungen annehmen. Es beginnt ein rührseliges Märchen zweier verlorener Seelen, eine Vater-Sohn-Story, bei der sich die Liebe der beiden einzig und allein über beinharte Muskelwelten definiert. Nach zähem Ringen auf allen Ebenen wird der Vater Weltmeister im Armwrestling und hat endlich genug Geld, um den Sohn zu versorgen. Die Identität mit dem Vater wiederum ermöglicht dem Sohn, seine Ängste loszuwerden und den eigenen Weg zu finden. Ein Happy-End, bei dem die Mutter tot ist, die Männer sich aber in ihrem gemeinsamen Glück finden.

So viel Hollywood auch im Spiel ist, die Geschichte trifft offenkundig den Sehnsuchtsnerv des Jungen in Weiler zum Stein, seinen Wunsch, sich neben dem Vater entwickeln zu dürfen. Jörg Kretschmer wiederum erklärt in der späteren Vernehmung, dass er sich für die Spiele und Filme des Sohnes nie interessiert habe. Das Schreiben an die deutschen Armwrestler fällt denn auch denkbar knapp aus: »Hallo, ich interessiere mich schon längere Zeit fürs Armwrestling. Und würde gern mal bei Euch ins Training kommen. Gruß, Tim.« Schon einen Tag später gibt es Antwort, vom Präsidenten der Armwrestler aus Pforzheim. Das Training fände immer montags um 19.00 Uhr statt, heißt es in seiner E-Mail. Er solle doch einfach mal vorbeischauen. »Wo kommst Du eigentlich genau her? Wirst Du es finden können oder soll ich Dich irgendwo abholen?« Das ist nicht nötig. Wie beim Tischtennis fährt ihn der Vater. Ein eingespieltes Duo: der Trucker und sein Sohn. Zwei, die offensichtlich händeringend nach sich selbst suchen. Die beiden fahren nun alle zwei Wochen mit firmeneigenem Mercedes oder Porsche, je nachdem, 80 Kilometer hin, 80 Kilometer zurück.

Der Muskelfreak startet auch diesmal mit allem Elan: wieder Training, wieder Wettkämpfe am Wochenende, wieder Methodik, wieder im Handumdrehen Erfolg. 2005 hatte Tim Kretschmer bereits für sich mit Krafttraining begonnen. Aber das war alles Pillepalle. Ein Krieger-Körper, das ist noch einmal ein ganz anderes Kaliber. Er besorgt sich neue Hanteln. Mehr Kilos bedeuten neue Effekte durch täglich zwei Stunden Muskelarbeit im eigenen Zimmer. Im Nu ist er »Over the top«. Die Schwester, die neben ihm wohnt, hört unentwegt die dumpfen Schläge, wenn die Gewichte auf dem Boden landen. Auch eine Art Bruder-Schwester-Gespräch. Der Vater sagt in der Vernehmung: »Er hat ein paarmal gesagt, er wäre der Stärkste an der Schule, er müsse vor niemandem Angst haben. Damit meinte er seine körperliche Stärke. Er hat seit drei Jahren zu Hause Krafttraining gemacht. Er hat mit Hanteln trainiert. Er hat sich einen richtigen muskulösen Oberkörper und muskulöse Arme antrainiert.« Tim Kretschmer braucht nicht lange, dann darf er zu den Deutschen Meisterschaften. Er wird Vierter und ist enttäuscht. Trotz all der Anstrengung wieder keine Medaille, wieder kein Star, wieder nicht der Beste? Der Vater steht mit der Kamera außerhalb des Kampftisches und sammelt Bilder für den Wohnzimmerschrank.

Körper-, Strategie-, Schieß-, Computertraining. Die Trophäenbänder zu Hause nach all den geschlagenen Schlachten stapeln sich. Nutzen sie was? Mitschüler berichten: »Besonders auffällig an Tim war seine Ängstlichkeit gegenüber Mädchen. Es gab zwischen ihm und den Mädchen in unserer Klasse oder auch anderen Mädchen an der Schule kaum Unterhaltungen. Wenn er doch einmal von einem Mädchen angesprochen wurde, brachte er kein Wort heraus. Er konnte uns einfach nicht in die Augen sehen.« – »Er war immer ein bisschen komisch, aber nie so richtig auffällig.« – »Tim war ein guter Schauspieler.« – »Tim selbst meinte, dass er in der Schule Angst habe, etwas zu sagen, dass er zittern müsse, wenn er angesprochen werde und sich äußern solle.«

Der verbunkerte Junge in seinem Kampf-Korsett und das große Zittern. Apathie, Unruhe, Anspannung. Aus dem einst quirligen Jungen wird ein Abgewiesener, ein in jeder Beziehung Ungehaltener. Die Freunde bleiben aus. Es wird auffallend einsam um ihn. An jeder Sekunde verzweifeln, an jeder Geste, jedem Satz. Rausfallen aus allem und immer noch glauben, einmalig zu sein? Wie findet man aus so einem Psycho-Strudel wieder raus? Tim Kretschmer ist Stratege, glaubt er. Er sucht sich ein Gerüst, eine Kartonagenwelt, ein striktes Reglement, um sich zu organisieren und durchhalten zu können: Schule, Hanteln, Computer, Training, Wettkämpfe. Kommt etwas dazwischen, kann der ewig Gleichmütige auch schnell mal aggressiv werden. Jeden Sonntag wird pünktlich um 14.00 Uhr der Hamsterkäfig saubergemacht. Auch die Katze wird regelmäßig versorgt. Das Besteck, das er sich kauft, ist für seinen alleinigen Gebrauch bestimmt. Sie lauern doch überall, die gefährlichen, todbringenden Keime, mit denen man sich anstecken kann, weiß er. Die familiäre Festung als äußeres Gehäuse, dazu jede Menge Zurichtungen von außen, die inneren vollgepumpt durch die medialen Fluten wirrer Monsterwelten. Wem würde das nicht Angst machen? Da ist doch wer, seit einer Weile schon, spürt er ihn. Eine Art innerer Verfolger. Der treibt ihn an.

Im Januar 2007 geht Tim Kretschmer zusammen mit seinem Vater in die schulpsychologische Beratungsstelle in Waiblingen. Seine Noten in der Schule sind seit zwei Jahren kontinuierlich abgerutscht. Es geht darum zu klären, ob die Realschule für ihn überhaupt noch zu schaffen ist. Der 15-Jährige erzählt dem Psychologen, dass er völlig unmotiviert sei, nicht wisse, was er werden wolle und null Bock auf die blöden Lehrer habe. Eine hätte ihm kürzlich gedroht, dass er bei der Müllabfuhr enden werde, wenn er so weitermache. Darf die denn das? Tims IQ-Test ergibt die Zahl 96. Der Psychologe beruhigt: In dem Alter müsse man nicht alles wissen, schon gar nicht, was man im Leben werden wolle. Bei Tim Kretschmer sei alles im Rahmen und noch immer alles drin, sogar das Gymnasium, wenn er wolle. Sicherlich wäre ein zweiter Termin ganz sinnvoll, motiviert der Psychologe, das Ganze sei etwas diffus. Jörg Kretschmer lehnt dankend ab.

ANGST VOR DEM MEER. Der Termin in Waiblingen bringt keine Entlastung. Im Gegenteil: Die Symptome verstärken sich. Einerseits ist da das Gedimmte, Mechanische, Monotone, Freudlose, zum anderen Tims kaum noch beherrschbarer Hass. Als säße er auf dem heißen Stuhl. Wo soll er hin damit, mit all den »Fuzzies«, »Idioten«, »Pennern«, »Zicken«, die ihn pausenlos dissen? »Kotelettenaffe«, »Riesenbaby«, »Mini-Timmi«, »Bubi« hänseln sie ihn. Ein Mitschüler sagt: »Wir machten uns den Spaß, dass wir ihn in unserer Übungsfirma an der Schule als Mitarbeiter des Monats kürten. Dafür druckten wir sein Bild und hängten es in der Klasse aus.« Einer macht eine Handzeichnung von Tim, mit bauchfreiem Oberteil und Bauchnabelpiercing. Das Bild wandert von Handy zu Handy. Die Botschaft: Eine Flasche, die totale Memme. Die Klasse feixt. Muss er sich das bieten lassen? Muss er nicht, aber wie kann er sich wehren? Er lässt es durchgehen, ist unentwegt am Grinsen, lacht alles weg. Und seine Nächsten? Wissen sie davon? Großvater Wilhelm, Vater Jörg, Mutter Ute? Alle drei richten sich in der Scheinbehauptung ein, er sei der unentwegt Ruhige, Freundliche, Korrekte, Bedachte, der »Grüß-Gott«-Junge. Der Großvater betont, das Verhältnis zwischen Vater und Sohn sei »einwandfrei«. Der Vater sagt: »Ich habe schon überlegt, ob er nicht mal Kindergärtner werden sollte.«

Grüß Gott! Einwandfrei. Der Kindergärtner mit seiner Mordswut. Nein, er wird kein Star, er ist nichts Besonderes, er fühlt sich schon längst wie ein Nichts, ein Niemand. Aber was, wenn wirklich was mit ihm nicht stimmte? Vielleicht ist er krank? Das brächte Erleichterung. Der Versetzungsdruck an der Schule wäre ausgebremst. Zumindest wäre erstmal Ruhe. Schluss, aus, Sense. Später könnte man ja immer noch sehen. Wäre das die Lösung? Tim setzt sich an den Computer und recherchiert. Ute Kretschmer sagt in ihrer Vernehmung: »Es war so, dass ich an einem Tag mit Tim Streit wegen seiner schlechten schulischen Leistungen hatte. Tim sagte zu mir: ›Mama, ich weiß jetzt, woran es liegt, dass ich so schlecht in der Schule bin.‹ Er ging in sein Zimmer und kam mit einem Ausdruck von Wikipedia an, der sich mit dem Thema bipolare Störungen auseinandersetzte. Dieser Ausdruck war mir bis dato nicht bekannt. Als ich den Bericht darüber gelesen und erkannt habe, dass es um manisch-depressive Störungen geht, habe ich ihm gesagt, dass ich ihn darin nicht wiedererkenne. Für mich war Tim immer eher ausgeglichen. Ich habe dennoch meinen Mann angerufen und ihm gesagt, dass Tim glaubt, unter dieser Krankheit zu leiden.« Die Eltern beratschlagen.

Am 9.4.2008 fahren Ute und Jörg Kretschmer nach Weinsberg, ins Klinikum »Am Weissenhof«, Zentrum für Psychiatrie, Neurologie, Psychosomatische Medizin, Kinder- und Jugendpsychiatrie, 40 Kilometer von Weiler am Stein entfernt. Station 25, die Institutsambulanz. Ute Kretschmer füllt Fragebögen aus. Welche Sorgen hat der Sohn? Sie schreibt: »Schulprobleme, massiv seit der siebten Klasse, keine Kontakte zu anderen, immer daheim, außer ein- bis zweimal wöchentlich beim Sport, spricht kaum was, erzählt nur wenig, nur nach Aufforderung, nicht flexibel, hat Probleme, wenn etwas anders läuft als gewohnt, sehr schlecht lesbare Schrift, chaotisch in seinem Zimmer und allen Schulunterlagen.« Die Erstvorstellung mit ihm in Weinsberg wird für den 23. 4. 2008 anberaumt.

Tim Kretschmer schildert in diesem Gespräch, dass er seit Beginn der zehnten Klasse an »starken Stimmungsschwankungen« leide, die zum Teil stündlich wechseln würden. Wenn es ihm nicht gut ginge, sähe er schlechter und müsse im Haus umherlaufen. Er erschrecke vor seinen eigenen Gedanken und lenke sich deshalb mit PC-Spielen ab. Die Therapeutin formuliert in ihrem Bericht etwas von einem »atypischen Autismus« und einer »Sozialphobie«. Im zweiten Gespräch am 27. 5. 2008 wird der Patient offensichtlich konkreter. Die Therapeutin hält daraufhin fest: »Tim beschreibt Gedankenkreisen, beispielsweise: Die ganze Welt sei schlecht. Häufig habe er auch Gedanken, andere umzubringen. (Z. B., alle Menschen zu erschießen, da er so eine Wut, so einen Hass auf die Menschheit habe.) Er gibt an, keine Selbstmordgedanken zu haben, jedoch sich aufdrängende Gedanken, andere Menschen umzubringen.« Es kommt noch zu drei weiteren Gesprächsterminen in Weinsberg, am 2. 6., 28. 8. und 25. 9. 2008. Beim Juni-Termin soll Tim Fragebögen ausfüllen. 138 Fragen mit »Stimmt« oder »Stimmt nicht«. Es ist Mechanik, Vorgestanztes. Module. Genau das, was er loswerden wollte. Auch hier wird er nicht landen, spürt er. Fühlt er sich ausgebremst, erneut nicht gesehen? Zumindest reagiert er sichtlich genervt. Beim August-Termin soll er die Filme aufschreiben, die er in der letzten Woche gesehen hat. Auf dem Blatt steht: »Tremors« 1–3, »Scream« 1–3, »Batman« 1–4, »Smoking Aces«, »Der weiße Hai«, »The Dark Knight«, »King of Queens«, »Eine schrecklich nette Familie«. Die PC-Spiele der Woche sind:

»Rollercoaster«, »Snowboarding«, »Counter-Strike« und »Poker«. Und seine Träume? Er sagt, dass er immer vor Dinos wegrennen müsse und Angst vorm Meer habe.

Die anfängliche Offenheit über sein Hass-Dilemma zieht Tim Kretschmer im Stillen strategisch zurück. Am Ende ist es kein Thema mehr. Clever wie er ist, hat er kapiert, dass er vom Schuldruck nicht entlassen wird. Die Symptome überzeugen nicht. Eine echte Krankheit? Nicht mal dazu reicht es bei ihm. Denkt er das? In jedem Fall bleibt sein Notkessel unter Druck. »Uns wurde empfohlen, dass Tim mehr unter die Leute soll. Außerdem ging es um eine weitergehende Behandlung mit dem Ziel, sein Auftreten gegenüber Fremden sicherer zu machen«, erinnert sich der Vater. Psychologische Hilfe? Am Ende noch eine Therapie? Arbeiten an sich selbst? Das fällt aus. Null Bock, muffelt Tim Kretschmer. Die große Hoffnung Weinsberg löst sich innerhalb von fünf Treffen in Luft auf. Die Akte zum Fall Nummer 20 804 057 endet mit einem dünnen Text. So unklar die Befunde, so unleserlich die weit ausladende Schrift des Arztes. Ein wirklicher Abschlussbericht kommt nicht zustande. Am 17.12.2008 ruft Ute Kretschmer in der Klinik an und bittet darum, den Bericht an den Hausarzt und an sie zu schicken. Sie brauche die Unterlagen wegen der Musterung des Sohnes für die Armee. Ihre Idee: Mit dem Depressions-Trick könnte man den Sohn von der Armee entlasten.

Mehr »unter die Leute kommen«? Ein bisschen Abwechslung, Geselligkeit, Spaß? Daran muss es nicht fehlen. Da gibt's doch Möglichkeiten, sind sich die Eltern einig. Richtig ist, dass der Junge raus muss. Völlig isoliert ist er schon. Zeitgleich zu den Gesprächen in der Weinsberger Klinik fahren Vater und Sohn deshalb in den Schützenverein Leutenbach. Seit 1991 ist das Familienoberhaupt dort aktives

Mitglied. Tochter und Sohn werden seit 2000 als passive Mitglieder geführt, wegen des Familienmitgliedsbeitrags. »Samstags«, sagt der Vater, sei er »immer zum Schießstand gegangen«. Nach Aussagen von Vereinsmitgliedern war Tim Kretschmer am 6.5.2008, 27.10.2008, 20.1.2009 und Dienstag, den 24.2.2009, das heißt, zwei Wochen vor seinem Amoklauf, auf dem Schießstand. Er schießt fast ausschließlich mit derselben Waffe, einer Beretta 92 FS.

Neben Therapiegesprächen, Schießstand und Hanteltraining meldet sich Tim Kretschmer zu dieser Zeit auf der Chat-Plattform Kwick.de an. Er hat immensen Gesprächsbedarf. Meist schreibt er unter »JawsPredator1«. Die Themen sind bunt. Im August 2008 weiß er allerlei über einen Flugzeugabsturz mit über 150 Toten zu berichten. Auch eine Diskussion über Körperfitness scheint von Interesse. Als es um die Frage geht: »Noch eine Woche leben – was ist wichtig?«, schreibt er: »Ich würde da garantiert an Scheiße bauen denken. Alle umbringen.« Im Hinblick auf Amokläufer schreibt »Jaws Predator1«: »Man wird noch berühmt und bleibt anderen Menschen im Gedächtnis. Das würde bestimmt voll Spaß machen.«

Im Sommer 2008 hat Tim Kretschmer seinen Realschulabschluss an der Albertville-Schule Winnenden in der Tasche. Das Zeugnis ist nicht berauschend. Im Grunde geht gar nichts damit. Er weiß es. Aber irgendwas wird ja immer. Ab September 2008 beginnt er ein zweijähriges Berufskolleg auf der Privatschule Donner & Partner in Waiblingen, am Wasserturm. Es ist eine Vorbereitungsschule für kaufmännische Berufswege. Er hat nicht wirklich Lust dazu. Aber was bleibt, bei so einem Durchschnitt? »Der Unterricht«, sagt der Vater, »beginnt dort morgens um 8.00 Uhr und geht in der Regel bis 15.30 Uhr. Der Freitagnachmittag ist frei. Normalerweise verlässt Tim das Haus gegen 7.30 Uhr. Er fährt dann mit dem Bus nach Winnenden zum Bahnhof und von dort mit der S-Bahn nach Waiblingen.«

In der Mittagspause dürfen die Berufsschüler mit Einverständnis der Schulleitung Poker spielen. Tim Kretschmer punktet. Ansonsten scheint sich alles zu wiederholen: Ängste, Druck, Mobbing, kein Mädchen, das Leben als Nullrundenspiel. Es ist die Schwester, mittlerweile Schülerin am Georg-Büchner-Gymnasium, die im Haus neben ihm lebt und den Schläfer-Zustand des Bruders bemerkt. Im September 2008 wendet sie sich an einen Chatpartner im Internet. Sie spüre, dass ihr Bruder gebrochen sei, schreibt sie. Vor ein paar Jahren schon habe er angefangen, sich zu verändern. Warum, wisse sie nicht. Er würde kaum reden. Für ihn gäbe es nur noch sein Zimmer, die Gewichte, den Computer. Sie mache sich große Sorgen. Irgendwas sei doch da. Ohne Frage, etwas ist. Im Internet trifft er hin und wieder eine Frau, die sich Penny Flame nennt. Eine SM-Geschichte. Peitschen, knebeln, fesseln. Auf den Internetseiten von Frau Flame sind 57 000 Fotos sowie 11 000 Minuten Videoclips abrufbar. Für einen kaum 17-Jährigen eine Menge Stoff.

Auf den Seiten von Kwick.de liest Tim Kretschmer Anfang März 2009 verschiedene Beiträge über Mobbing. Das mit dem unentwegten Weglächeln der Attacken scheint nicht die richtige Strategie zu sein. Ein 14-jähriges Mädchen sagt: »Krank werden, psychisch, physisch. Angst davor, in die Schule zu gehen oder zur Arbeit.« Ein 14-jähriger Junge: »So lange mobben, bis derjenige mal Amok läuft«. Tim Kretschmer schreibt in seiner krakeligen Kinderschrift auf einen Zettel: »Es gibt Behauptungen, warum es solche Menschen gibt. 1. Man wird so geboren. 2. Man wird dazu gemacht. Die Wahrheit ist, man hat es schon in sich, aber es kommt nur heraus, wenn das Gemachte dazukommt.« Sein geistiger Nachlass. Konkreter wird er nicht. Er legt das einzelne Blatt in den Tresor in seinem Zimmer. Ein Dokument, dass »es« rauskommen soll, das Maximum seiner Schuldzuweisung, hochsymbolisch in dieser Mischung aus Kindergeburtstag und Detektionssystem, ein Schatz, der dazu da ist, um später einmal gefunden zu werden. Während der polizeilichen Ermittlungen wird das Papier die Spur mit der Nummer 244.

»Was mir an Tim aufgefallen ist, dass er die letzten zwei Wochen irgendwie gelöster war. Er hat viel mehr mit uns gesprochen als früher«, sagt eine Mitschülerin aus dem Waiblinger Berufskolleg über die Tage vor dem 11.3.2009. Auch äußerlich ist er dabei, sich zu verändern: die Koteletten werden abgenommen, der Pony ist weg, die Haare sind so kurz, dass man die Kopfhaut durchschimmern sehen kann. Ein Gestaltwandel zum Krieger. Am 8.3.2009 surft Tim Kretschmer am Abend im Internet nach dem Namen Robert Steinhäuser und Erfurt im April 2002. Bei Wikipedia findet er Artikel über die Terroranschläge auf das World Trade Center am 11.9.2001 in New York. Er beschäftigt sich mit den Selbstmordattentätern der letzten Zeit, mit Abdul al Omari, Mohammed Atta, Hani Handschur. Er liest ihre Internet-Biographien, schaut sich deren Konterfeis an. Findet sich bei ihnen ein überzeugendes Argument, um nicht zu töten? Tim Kretschmer surft weiter im Internet. Zum wievielten Mal schon stößt er auf Columbine? Es ist zehn Jahre her. Eric Harris und Dylan Klebold an ihrer Highschool in Littleton. Die Texte von ihnen sind abrufbar: »Stell dir vor, du bist in einem rechtwinkligen Raum, ungefähr 3 Meter mal 1,20. Er erinnert dich an das Innere eines Schiffsrumpfes. Da sind alte Computerbildschirme um dich herum an den Wänden. Nur eins ist anders: Sie sehen futuristisch aus, sind aber schon Hunderte Jahre alt. Sie sind bedeckt mit Staub und Schimmel und Weinreben.« Und weiter im Traum: »Du kannst durch die Fenster nach draußen auf das unendliche Meer sehen. Riesige Wasserberge. Man hört nur den Wind und die Bewegung des Wassers. Ich würde definitiv gern etwas hinterlassen. Ich wünsch mir, ich könnte es tatsächlich TUN, statt nur von all dem zu TRÄUMEN. Wir machen nur Sachen, die hübsch aussehen.«

Am 10.3.2009 hat Tim Kretschmer sieben Stunden Unterricht. Im Fach Gesamtwirtschaft wird eine Arbeit geschrieben. Er bekommt eine 4,1. Die letzte Stunde endet um 14.45 Uhr. Er nimmt die S-Bahn Richtung Backnang und steigt in Winnenden aus. Es ist kurz nach 15.00 Uhr, 15.14 Uhr kommt der Bus 334. Minuten später schon ist er zu Hause, legt sich schlafen, wie er das jeden Tag tut. Kurz nach 17.00 Uhr setzt er sich an den Computer. Es ist Porno-Zeit. Über Google geht er auf »Men in Pain Penny Flame«. Nach einer Stunde hat er genug davon und Hunger. Der Vater sagt in seiner Vernehmung vom 11.3.2009: »Ich sah Tim gestern nur zweimal. Das war etwa gegen 18.00 Uhr, als er sich Süßigkeiten holte. Das andere Mal etwa gegen 23.00 Uhr. Da kam er noch mal runter ins Wohnzimmer, bzw. er ging ins Esszimmer und hat sich dort was zu essen gemacht. Es könnte sein, dass es ein überbackener Camembert war, bin mir aber nicht ganz sicher. Gegen 23.15 Uhr ging er dann auf sein Zimmer. Er machte das wie immer, stillschweigend. Meine Frau und ich waren noch bis gegen Mitternacht im Wohnzimmer und gingen dann schlafen.« Tim Kretschmers Abendprogramm am Computer: »Freudbox.com«, »Roller-Coaster Tycoon 2«, Poker-Spiele. Gegen 0.30 Uhr schaltet er sein Gerät aus.

WEITERER FLUCHTWEG UNBEKANNT. »Heute, am 11.3.2009, gegen 9.30 Uhr«, berichtet Tim Kretschmers Schwester, in ihrer Zeugenvernehmung, »ich hatte gerade Italienischunterricht, sahen wir plötzlich Krankenwagen zur Albertville-Realschule fahren. Wir sahen auch einen Hubschrauber über Winnenden. Es kam eine Lehrerin zu uns ins Klassenzimmer und sagte, dass an der Schule drüben ein Amoklauf ist, dass unsere Schule abgeschlossen wird und wir nicht rausdürfen. Wir standen am Fenster und beobachteten das alles. Viele weinten. Es kam auch immer wieder ein Lehrer und informierte uns. So wussten wir, dass mehrere Schüler getötet worden waren. Erst habe ich die anderen getröstet und mit ihnen gesprochen. Viele von uns haben ja Freunde in der Albertville-Schule. Dann haben wir irgendwann mal angefangen zu überlegen, wer das gewesen sein könnte. Mir ging durch den Kopf, was ist, wenn es Tim, mein Bruder, war? Ich verwarf den Gedanken aber gleich wieder. Ich kam darauf, weil immer wieder Informationen bekannt wurden, in denen es hieß, dass ein 17-jähriger ehemaliger Schüler der Schule der Täter sein soll. Das traf alles auf Tim zu. Aber ich traute es ihm nicht zu. Es wurde unheimlich viel telefoniert. Ich erhielt einen Anruf von einer Freundin, die sagte: ›Bevor du es von anderen erfährst, es geht das Gerücht rum, dass dein Bruder es war.‹ Wenig später wurde ich dann von einer Schülerin der zehnten Klasse zu einem Schüler der elften gebracht. Die sagten mir auch, dass mein Bruder es war. Ich glaube, dass es viele wussten. Jedenfalls wurde ich so angeschaut.«

Vom Georg-Büchner-Gymnasium in der Paulinenstraße bis zur Albertville-Realschule in der Albertviller Straße sind es reichlich 200 Meter. Beide Straßen gehen direkt ineinander über. Das Büchner-Gymnasium liegt links, die Realschule rechts. Tim Kretschmer ist demnach zu Beginn seines Todeslaufs an seiner 14-jährigen Schwester vorbeigehastet. Hat er an sie gedacht? Um 10.24 Uhr ruft sie ihre

Mutter an. Überall sei nur Chaos, sagt sie und reagiert kurz darauf trotzdem erstaunlich realitätssicher. Sie bittet eine Freundin per SMS, ihr Profil von einem Internetportal zu löschen. Alle Fotos und Einträge von ihr verschwinden damit in der medialen Versenkung. Sie weiß sich zu schützen. Vielleicht ist sie darauf trainiert. Tim Kretschmer hat eine Schwester: Sie bleibt mit aller Berechtigung ohne Gesicht. Als das Gymnasium wieder offen ist und das Mädchen endlich nach Hause kann, steht die Kleiststraße in Weiler zum Stein voll mit Polizei. Wie hat die Schwester diesen Tag erlebt, wie überlebt, wie weitergelebt? Der Vater sagt in seiner Vernehmung: »Tim hat mir gestern gesagt, dass er zwei Stunden länger schlafen kann. Als ich heute morgen ging, war er noch in seinem Zimmer. Ich nahm an, dass er noch schläft. Heute vormittag im Geschäft bekam ich dann mit, dass etwas passiert sein musste. Auf der Straße fuhr mehrfach die Polizei mit Signal vorbei. Eine Mitarbeiterin von mir erhielt einen Anruf von ihrer Tochter. Die hat geheult und ihre Mutter aufgefordert, sofort nach Hause zu kommen. Es gab dann auch ein Telefonat zwischen meiner Frau und mir. Sie hat mich gebeten, dass ich Tim heute an der Schule in Waiblingen abholen soll. Im Radio war zu hören, dass der Täter von Winnenden noch auf der Flucht sei. Wir machten uns Sorgen um Tim. Meine Frau rief dann bei Donner & Partner an und erfuhr, dass Tim heute gar nicht in die Schule gekommen war. Bei mir hat es dann Klick gemacht. Ich dachte mir, da stimmt irgendwas nicht. Ich fuhr nach Hause. Dort stand bereits das ganze Polizeiaufgebot.«

Mittwoch, der 11.3.2009. Ein kalter Tag. Um die zehn Grad. Regen. Tim Kretschmer verlässt kurz vor 9.00 Uhr das Haus. In seinem schwarzen Rucksack, Marke 4You, befinden sich an dem Tag keine Schulutensilien, sondern jede

Menge Munition, ein Messer und die Beretta 92 FS, die er sich am Morgen aus dem Wäscheschrank des Vaters holt. Er kommt von der Kleiststraße, überquert die Stuttgarter und ist keine Minute später am Wartehäuschen. Der Amokschütze kommt heute nicht in einem gelben Volvo, nicht zu Fuß, nicht im schwarzen Opel Astra, sondern mit dem Bus. Die Linie 334 ist pünktlich um 8.59 Uhr in Weiler zum Stein und fährt nach Winnenden. Zehn Minuten später steigt der 17-Jährige an der Ringstraße bereits aus. Von dort ist es ein Katzensprung zur Paulinenstraße. Es geht nur einmal um die Ecke. Das Panorama, das sich von dort eröffnet, macht einen stiller, als man ohnehin schon ist: ein Brunnen-Maschinen-Kondensat, ein Insulations-Raum, eine stark zerdehnte Vergesellschaftungs-Kuhle. Sie liegt im Süden hinter der Stadt mit ihren 28 000 Einwohnern.

Der Blick geht vom Anfang der Paulinenstraße leicht erhöht in die weiträumige Senke: Rechter Hand liegt das Schloss, die einstige Niederlassung des Deutschen Ordens, später Sitz der Linie Winnental des Hauses Württemberg. Zwischen 1813 und 1816 wurde das Schloss umfunktioniert zur Kaserne mit diversen Kavallerie-Regimentern. Ab 1834 wurde es zur Heil- und Pflegeanstalt Winnenthal. Für die Württemberger war und ist dieser Ort einfach nur die »Klapse«, mit einer denkbar belasteten Geschichte. Sein bekanntester Insasse dürfte der 1873 geborene Serienmörder Ernst Wagner sein. Im September 1913 tötete er – Lehrer, Dramenschreiber, Sodomist mit Rindern, Paranoiker und in seinen Augen der »erste Nationalsozialist von Winnenden« – seine Frau und seine vier Kinder. Danach erschoss er in Mühlhausen mit zwei Mauserpistolen 14 vor allem junge Männer. Für unzurechnungsfähig erklärt, wurde Ernst Wagner im Februar 1914 in die Heilanstalt Winnenthal verlegt, in der er 1938 starb. Wagners Schriften sind so obskur wie im selben Atemzug ein umfassendes Euthanasie-Kompendium: »Man redet so viel von Rassen-Hygiene, ich habe gehandelt und praktische Rassen-Hygiene betrieben. Von allen Erzeugnissen ist ausgerechnet der Mensch das schlechteste«, schreibt er. Zwei Jahre später wurde das Rassenhygiene-Konzept der Nationalsozialisten in Winnenthal in die Tat umgesetzt. Von den 10 654 Menschen, denen allein 1940 innerhalb der »Aktion T4« auf Schloss Grafeneck auf der Schwäbischen Alb »der Gnadentod gewährt« wurde – das heißt, die vergast wurden –, kamen knapp 400 Patienten aus der Winnender Anstalt. Tim Kretschmer war fasziniert von Ernst Wagners Biographie, von seiner konsequenten Konspiration vor dem Tattag, der akribischen Planung und Durchführung seines Amoklaufs. Auch die Klimax der Wagnerschen Vielfachmorde schien ihn zu beeindrucken, denn der Mann wollte in seinem letzten Akt das herzogliche Schloss in Ludwigsburg niederbrennen und sich im Bett der Herzogin selbst töten.

Hinter dem heutigen »Zentrum für Psychiatrie« liegen beidseitig der Straße zwei große Bildungszentren, in denen mehr als 3000 Schüler aus der umliegenden Gegend von der Grundschule bis zum Gymnasium alle Schulformen durchlaufen können. Darüber hinaus befinden sich auf dem Terrain mehrere Berufsbildungswerke. Links, leicht am Hang, steht eine sterile Fünfziger-Jahre-Reihenhaussiedlung, mit Hölderlinstraße und Schubartweg. Auf der rechten Seite der Senke erstreckt sich das große Sportzentrum: das Herbert-Winter-Stadion, der SV Winnenden e. V., die Fußballplätze, Gymnastikhallen und Kleinspielfelder. Am Ausgang der Mulde liegt das weithin beliebte Wunnebad, ein Schwimm-, Sauna- und Wellnesstempel. Links am Ende der Straße, gegenüber vom Tennisclub, hat sich die Firma »Bestattungen Schott« angesiedelt. Dazu Fahrradwege, grüne Laternen, ein paar kleinere Firmen, eine Reihe unehrgeiziger Birken. Links oben auf der Höhe der Weinberg. Das Ensemble wirkt wie ineinander geschoben, kompakt. Alles ist dicht hier. Als sei das Ganze dazu da, einmal die große Runde zu machen, im Schnelldurchgang durch alle Sozialisations-Vollzüge zu marschieren. Dazwischen Stille, als säße man in einem Vakuum. Die Albertville-Realschule liegt in der Kernsohle der Senke, in der Mitte.

Vom Beginn der Paulinenstraße bis ins Zentrum der großen Mulde sind es etwa 500 Meter. Wenn man zügig läuft, braucht man anderthalb Minuten. Tim Kretschmer betritt die Albertville-Realschule durch eine Nebentür und geht zur Jungentoilette. Dort baut er sich zum Krieger um. Er verlässt seine Festung, um zu verwüsten. Die Tötungs-Szene läuft. Eine Schülerin sagt: »Er war ganz in schwarz gekleidet, hatte eine Schutzbrille auf und Ohrschützer. Ich bin mir sicher, dass er ein schwarzes Oberteil, eine schwarze Hose und schwarze Schuhe anhatte.« Die Beretta im Hosenbund, öffnet er kurz darauf die Tür der Toilette, dreht nach links und läuft über die Haupttreppe ins Obergeschoss. Er will in den Raum 305, sein ehemaliges Klassenzimmer. Es ist der erste Raum rechts, im zweiten Obergeschoss. In ihm hat die 9c Deutschunterricht. Die Lehrerin sagt: »In der Stunde zuvor hatten wir einen Text zum Thema Gewalt im Fernsehen und bei Computerspielen durchgenommen und waren nun in dieser Stunde gerade dabei, über die Hausaufgabe und den Text insgesamt zu sprechen. Plötzlich geht die Tür auf.« Ein Junge in schwarz steht da. »Er hat nur mit starrem Blick und ohne etwas zu sagen in die Klasse geschaut und dann gleich fünfmal Richtung Tafel geschossen. Er hat ruhig, aber schnell geschossen«, berichtet eine Schülerin. Ein Mitschüler schickt per Handy sofort einen Notruf an die Polizei ab. Es ist 9.33 Uhr. »Es war eine flüssige

Bewegung: reinkommen, schießen, umkehren, rausgehen und die Tür schließen«, sagt die Lehrerin. Der Schütze gibt in Raum 305 zehn Schüsse ab, trifft dabei zwei Schülerinnen, die direkt am Eingang sitzen. Sie sind beide sofort tot. Eine dritte Schülerin wird schwer am Kopf verletzt. Sie erliegt ihren Verletzungen im Krankenhaus. Etliche aus der Klasse werden durch Steck- oder Streifschüsse verletzt.

Der Schütze macht kehrt, steht wieder auf dem Gang. Im Raum 311 sitzt die 7b in einer Biologie-Stunde. Die Lehrerin ist vom Krach draußen derart genervt, dass sie auf den Flur tritt. »Ich wollte einfach raus und für Ruhe sorgen. Keiner hat die Schläge als Schüsse erkannt. Da stand der da schon und hat eine Pistole auf mich gerichtet. Der kam mit einem Seitschritt um die Ecke. Der stand so da, wie es Polizisten am Schießstand machen, mit beiden Armen ausgestreckt mittig am Körper. Er war ganz ruhig, eiskalt, cool, irgendwie so konzentriert und hatte keinen Ausdruck im Gesicht«, sagt sie. Die Lehrerin reagiert absolut geistesgegenwärtig und kann sich in den Klassenraum retten. »Ich bin sehr sportlich. Es war, als ob man einem Ball ausweicht. Dann habe ich einen Schmerz am Rücken gespürt. Ich habe geschaut, ob es blutet, aber da war nichts.« Um sie herum splittert die Welt. Die 37-Jährige bleibt wenigstens äußerlich unverletzt.

Um 9.34 Uhr wird die Rektorin der Schule durch einen Anruf der Deutschlehrerin aus Raum 305 alarmiert. Die Sekretärin setzt einen weiteren Notruf an die Polizei ab. Im Raum 301 hat die 10d Mathematik. »Wir haben eigentlich gedacht, dass das irgendwelche Hammerschläge sind von Reparaturen. Ich kann mich noch erinnern, dass jemand einen Spaß machte und sagte, dass das ein Amoklauf wäre. Da haben die meisten Schüler gelacht«, berichtet ein 16-Jähriger. In dem Moment geht die Tür auf. »Ich hatte den Eindruck, dass er immer auf Kopfhöhe schoss und auch immer im gleichen Rhythmus«, erinnert er sich. Tim Kretschmer tötet drei Schülerinnen und einen Schüler. Es sind öffentliche Hinrichtungen. Kaltblütig, ohne jedes Erbarmen. Ein viertes Opfer, eine 16-jährige Schülerin, erliegt auf dem Weg ins Krankenhaus ihren schweren Verletzungen. Ein weiterer Schüler bekommt einen Streifschuss ab. Der Junge in schwarz dreht sich nach seinen Schüssen im Raum 301 um, verlässt ihn und schließt hinter sich die Tür. Das Magazin der Beretta ist leer. Er wechselt es auf dem Gang und öffnet ein zweites Mal den Raum 301. Wieder hält er die Beretta vor seinen Körper, wieder schießt er. Dabei trifft er ein fünftes Opfer, wieder eine 16-jährige Schülerin. Sie sackt zusammen und stirbt.

Unten im Erdgeschoss stehen eine Lehrerin und drei Referendarinnen im Kopierraum und bereiten Unterrichtsmaterialien vor. Sie hören lautes Poltern. Eine wilde Toberei in einem Klassenzimmer? Was geht da vor sich? Eine Vierte kommt dazu. Seltsam, das Ganze. Das muss sich doch klären lassen. Eine Lehrerin und zwei der jungen Kolleginnen entscheiden, ins Obergeschoss zu laufen. Warum nicht nachschauen? Kann man helfen? Sie nehmen die Treppe. Die Lehrerin und eine Referendarin stehen vor Raum 305. Kommen die Geräusche von da? Sie drücken die Klinke. Der Raum ist abgeschlossen. Drinnen ist alles still. Die Dritte, eine 28-jährige Referendarin, ist ein Stück hinter den anderen geblieben. Sie sieht auf dem Flur einen Mann in schwarz auf sie zukommen. Er wirkt, als wüsste er nicht, wohin mit sich. Er streunt, schlendert. Irgendwie scheint er ziellos, die Hände tief in den Jackentaschen vergraben. Plötzlich zieht er die Arme nach vorn. Etwas hat er in der Hand. Sie kann es nicht erkennen. Es knallt. Die Geräusche ähneln denen, die die Frauen vor Minuten im Kopierraum vernommen haben. Die 28-Jährige sieht Rauch. Instinktiv stürzt sie die Treppe hinunter. Zehn Schüsse. In ihrem Rücken werden soeben zwei Frauen auf dem nackten, kahlen Flur wie Zielscheiben durchschossen. Beide haben keine Chance. Sie sterben nebeneinander auf dem Gang ihrer Schule.

Auch in der 317, wo die 9b Chemieunterricht hat, sind die dauernden Geräusche zu hören. Eine Referendarin ist dabei, einen Säure-Versuch vorzubereiten. Ansonsten geht es in der Stunde ruhig zu. Der Lehrer will die Hausaufgaben sehen. Aber dieser verdammte Krach! Was soll das denn? Der Lehrer ist irritiert, will nach dem Rechten sehen und tritt auf den Gang. Dort sieht er einen Jungen in schwarz. Der zielt sofort, dreimal. Der Lehrer macht kehrt, rennt zurück in die Klasse. Die Schüler sollen in einen Nebenraum und die Referendarin das Zimmer von innen verschließen. Es ist Gefahr im Verzug. Doch der Schütze steht schon vor dem Klassenzimmer. Er schießt zweimal durch die geschlossene Tür des Chemieraums. Man hört Holz bersten. Eine Patrone verletzt eine Schülerin an der Hüfte, die andere trifft die 24-jährige Referendarin. Sie stirbt kurz darauf.

Innerhalb von sieben Minuten, zwischen 9.33 Uhr und 9.40 Uhr, tötet Tim Kretschmer an seiner ehemaligen Schule acht Schülerinnen, einen Schüler, zwei Referendarinnen und eine Lehrerin. Sechs Schülerinnen, sechs Schüler und zwei Lehrer werden zum Teil schwer verletzt. Aber er ist mit seinem Anschlag nicht am Ende. In der späteren Ermittlungsakte heißt es zum weiteren Todeslauf: »Nach der Tat an der Albertville-Realschule flüchtete Tim Kretschmer auf das angrenzende Parkgelände des Zentrums für Psychiatrie. Dort tötete er einen Bediensteten durch mehrere Schüsse. Auf seiner weiteren Flucht nahm Tim Kretschmer unmittelbar vor dem Haupteingang des Zentrums für Psychiatrie einen Fahrer als Geisel und zwang ihn unter

Waffengewalt zur Fahrt in den Raum Stuttgart, Böblingen, Tübingen, Reutlingen, Esslingen. Im Bereich einer Autobahnauffahrt bei Wendlingen gelang es der Geisel, aus dem noch rollenden Fahrzeug zu flüchten und sich bei einer in der Nähe stehenden Polizeistreife in Sicherheit zu begeben. Im Rahmen der Fahndung sah eine Polizeistreife Tim Kretschmer im Industriegebiet Wendlingen-Wert. Nach einem Schusswechsel, bei dem es bei ihm zu zwei Verletzungen an den Beinen kam, flüchtete er in ein Autohaus. Dort forderte er von einem Angestellten die Herausgabe eines Fahrzeugschlüssels. Dies misslang ihm aber. Im Autohaus tötete Tim Kretschmer einen Kunden und einen Angestellten, bevor er seine Flucht zu Fuß fortsetzte. Kurz nach Verlassen des Autohauses begab er sich auf ein benachbartes Firmengelände. Von dort gab er weitere Schüsse auf ein Zivilfahrzeug der Polizei ab und verletzte zwei Polizeibeamte dabei schwer. Unmittelbar darauf erschoss sich Tim Kretschmer mittels eines aufgesetzten Kopfschusses.« 113 leere Patronenhülsen bleiben an diesem Tag zurück. Im Inneren des schwarzen Rucksacks, Marke 4You, befand sich deutlich mehr Munition.

SIRENEN, BLAULICHT. Bereits um 10.07 Uhr gibt die Polizei den Namen des Amokschützen durch: »Zu den Personalien vom Täter ist bekannt: Es handelt sich wahrscheinlich um einen Herrn Tim Kretschmer, wohnhaft in Weiler zum Stein.« Viele Schüler der Albertville-Realschule glauben, den Jungen in schwarz erkannt zu haben. Noch ist die Polizei vorsichtig. Manche berichten auch von einem Mann mit schwarzem Vollbart. Um 11.26 Uhr ist sich das Einsatzteam sicher. »Ich habe eine ganz kurze Durchsage«, heißt es per Funkspruch, »der Täter Tim Kretschmer ist 1.80 Meter groß und hat braune Augen. Er ist 1991 geboren. So, wie es aussieht, ist er Brillenträger und hat eine dunkle Haarfarbe. Der Täter ist nicht in der Wohnung und immer noch auf der Flucht.« Gegen 11.30 Uhr wird das Haus der Kretschmers in Weiler zum Stein von SEK-Beamten gestürmt. Jörg Kretschmer zeigt sein Waffenarsenal. Im Keller ist alles vorhanden. Nur oben im Schlafzimmer fehlt die Beretta. Ute und Jörg Kretschmer werden in die Polizeidirektion Waiblingen gefahren und dort vernommen. Im Verlauf des Gesprächs werden sie über den Tod ihres Sohnes informiert. Wo ist die Schwester?

Die verwüstete Talsenke im Süden der Stadt wird kurz nach 9.30 Uhr zum Großdrama. Schüler flüchten über Feuerleitern aus der Schule oder springen aus den Fenstern. Viele verbarrikadieren sich in den Schulzimmern. Angst, Schreie, Entsetzen, Ungläubigkeit. Die anderen Schulen der beiden Bildungszentren werden verschlossen. Tausende Schüler bangen. In den Häusern der Gegend, an Arbeitsstellen, werden in diesen Minuten viele Eltern per Handy informiert. Unerträgliche Momente, für manche werden es Stunden. Zwei Hubschrauber ziehen im Tiefflug über das Tal. Polizeiautos hupen. Sirenen, Blaulicht. Vermummte SEK-Beamte stürmen aus ihren Einsatzwagen, umstellen die Schule und beginnen das Gebäude zu fluten. Scharfschützen liegen auf den umliegenden Dächern. Um 9.40 Uhr ist der erste Notarztwagen am Ort, um 9.44 Uhr fährt der zweite vor. Funkgeräte, Sanitäter, Ärzte im leuchtenden Rot ihrer Einsatzjacken. Die Straße zur Schule, eine 30-er-Zone, ist im Handumdrehen blockiert. 17 Notärzte, über 100 Rettungskräfte, fast 60 Notfallseelsorger werden an dem Tag eingesetzt. Es kommt zum Chaos im Funkverkehr. Der Digitalfunk fällt aus.

Bernhard Fritz, Oberbürgermeister der Stadt Winnenden, sagt später: »Ganz schlimme Eindrücke waren, als ich gesehen habe, wie Helfer, Notärzte – aber nur für Sekunden, nur, um durchzuschnaufen – kurz rauskamen aus dem Gebäude und sofort wieder reingegangen sind. Und ich als ehemaliger Leiter eines Krankenhauses habe sofort geahnt und gesehen, was da drin passiert sein muss.« Erwin Hetger, seit 19 Jahren Landespolizeipräsident von Baden-Württemberg, leitet den Einsatz vor Ort. Man kennt ihn als einen Mann, den man nicht so schnell erschüttern kann. Dafür hat er zu viel gesehen. Was Extremsituationen sind, muss man ihm nicht erklären. Als er nach dem ersten Gang durch die Schule wieder ins Freie tritt, sieht man ein Gesicht, das man von ihm nicht kennt. Der Anblick der toten Mädchen. Manche hatten noch ihre Stifte in der Hand.

Die geretteten Schüler werden zum Wunnebad gebracht. In der Sporthalle, die direkt neben der Schule liegt, wird ein Pressezentrum eingerichtet. Eine erfahrene Deutschlandfunk-Journalistin und langjährige Landesfunk-Korrespondentin sagt über die Situation: Dieser Tag sei auch eine journalistische Katastrophe gewesen. Die Entscheidung, das Pressezentrum unmittelbar neben der Schule aufzubauen, war völlig deplatziert, da die Journalisten damit zu Teilnehmern des laufenden Geschehens wurden. Am Anfang, so gegen 10.00 Uhr, sagt sie, hätte es zunächst nur sechs Journalisten am Ort gegeben. Dann seien die Großlastwagen gekommen. ZDF, N24, RTL: Mittlerweile sei da kein Unterschied mehr. Alle hielten nur drauf. Bilder, Bilder, Bilder. Da es regnete, wurden neben den Übertragungswagen Zelte aufgebaut. Es sei wie auf dem Campingplatz gewesen. Keinerlei Betroffenheit, eher umgekehrt: gelöste Stimmung. Man war dabei, sich einzurichten. 40 Teams, riesige Satellitenschüsseln, alles ohne sanitäre Einrichtungen. Das sei nichts anderes als medialer Katastrophentourismus gewesen, sagt die Journalistin. Es müsse klar definierte Richtlinien für Medien geben, einen Leitfaden für diese Art Berichterstattung, einen journalistischen Codex fordert sie. Jeder wisse, dass solche Schauplätze weltweit zunähmen.

Am nächsten Tag ist die Titelseite der »Winnender Zeitung« komplett in Schwarz. In der Mitte prangt ein großes »Warum?« Das Blatt bringt acht Sonderseiten. Die knapp 10 000 Exemplare der Zeitung sind früh um acht Uhr ausverkauft. Die Stadt ist am Morgen gelähmt, still, verheult, am Mittag geht nichts mehr. Die Polizei lässt Straßen absperren. Alles ist dicht: voller Kameras, Mikrofone, abgestellter Autos, Menschen. Neben aller Hektik spürt man in jeder Sekunde den Riss, das in Schichten aufgerissene Loch, das Tim Kretschmer geschossen hat. Eine Trümmerlandschaft. Es ist Tag Eins in Sachen Aufarbeitung des Falls Winnenden. Es gibt viele Fragen, insbesondere von seiten der Angehörigen.

TROSTPFLÄSTERCHEN. Zwölf Tage nach dem Amoklauf gründen Eltern der getöteten Schüler das »Aktionsbündnis Amoklauf Winnenden«. Sie schicken offene Briefe an die Bundeskanzlerin und den Bundespräsidenten. »Unsere Kinder dürfen nicht umsonst gestorben sein«, sagen sie. Die Reaktionen sind ermutigend, aber nicht konkret. Hardy Schober, der in der Schule seine Tochter Jana verloren hat, geht im Schweizer Fernsehen schon Tage nach der Tat als Erster an die Öffentlichkeit. »Ich wollte wissen, ob ich das durchstehe«, sagt er. Gisela Mayer, deren Tochter Nina an der Albertville-Realschule Referendarin war und mit 24 Jahren sterben musste, wird zur Sprecherin des Bündnisses. Eins ist von vornherein klar: Diese Eltern werden sich nicht mit Trostpflästerchen abspeisen lassen. Sie fordern Konsequenzen, werden aktiv, suchen bewusst die Offensive. Gisela Mayer fragt: »Was brauchen unsere Kinder, damit sie Gewalt nicht brauchen?« Sie stellt diese Frage einmal, zweimal, dreimal. Sie wird nicht mehr aufhören damit.

»Ich bin in Stuttgart geboren«, erzählt sie. »Bis zum 11. 3. 2009 hatte ich überhaupt keine Verbindung zu dem Ort Winnenden. Er hat mich nicht fasziniert. Mit diesem Datum aber ist er der Dreh- und Angelpunkt meines Lebens geworden.« Gisela Mayer erzählt von sich, ihrer Familie, deren fein verästelten Linien bis hinein in die k. u. k.-Monarchie, von ihrem Studium in München, den Freunden, ihrer Arbeit als Ethiklehrerin, dem Wunsch, im Süden Wurzeln zu schlagen. »Dann ist mein Vater krank geworden, und ich bin zurück.« Die Frau, beinah derselbe Jahrgang wie Jörg Kretschmer, ist eine, die diskret erzählt, und bei der dennoch klar ist, dass solche Situationen zum Selbsttext gehören. Auch ihre Familie: der Mann, die beiden Töchter Nina und Ibi, der Hund Pico, die Katzen Samurai und Shiwa, das Haus am Berghang, die Wiesen, der Wald. »Dieser Mittwoch im März 2009«, sagt sie, »war das brutale Öffnen eines Vorhangs, hinter dem man sich gern versteckt hat. Mein Leben war glücklich, im Grunde wie in Watte gepackt. Aber der Tod ist ein Faktum.«

Von sich aus kommt sie auf den 11. 3. 2009 zu sprechen, der ihr Leben komplett verändert hat. Dass sie ihre Tochter nicht mehr in den Arm nehmen durfte, lässt sie dabei nicht los. Gisela Mayer war an dem Tag mit ihrer Jüngsten gegen Mittag nach Winnenden zum Informationszentrum gefahren, einer Mehrzweckhalle neben der Albertville-Realschule, die als Anlaufpunkt für Schüler, Betroffene und Medien eingerichtet worden war. Sie wandte sich dort an zwei Männer vom Roten Kreuz: »Wo kann ich meine Tochter Nina Mayer finden? Sie ist Lehrerin an der Schule.« Die beiden wiegelten ab. Man solle ein wenig Geduld haben. Irgendwann standen drei vor ihr. Einer sagte: »Es sieht schlecht aus. Sogar sehr schlecht« – »Wo ist meine Tochter? Ich will zu ihr.« – »Das geht leider nicht. Ihre Tochter ist tot.« – »Ich will zu ihr.« – »Das geht nicht.« – »Weshalb nicht?« – »Das darf ich nicht entscheiden.« – »Dann bringen Sie den Einsatzleiter.« Sie warteten. Eine unendlich lange Stunde. Dann hieß es, alle Opfer seien bereits in die Klinik nach Tübingen transportiert worden, zur Obduktion. »Es war eine Lüge«, sagt Gisela Mayer. »Sie lag nur ein paar Meter weiter, in der Schule. Tot, allein. Man habe uns nur schonen wollen, hieß es später. Im Namen der Fürsorge wurde gegen die Bedürfnisse der Betroffenen entschieden, durch Lüge und Entmündigung. Es war nicht nur die Tatsache an sich, Ninas Tod, sondern die Gleichgültigkeit, das Restriktive in uns, was an mir nagte. Ich wollte begreifen, was passiert, was los ist mit uns.«

Am 21. 3. 2009 findet in der St. Karl Borromäus Kirche die offizielle Trauerfeier statt. Die gesamte Politriege ist anwesend. Betroffenheit, Erschütterung, hilflose Gesten. »Ich sah, dass man es mit der Anteilnahme ehrlich meinte«, sagt Gisela Mayer, »aber ich wollte, dass man endlich den Mut hat, zu sagen, dass in unserer Gesellschaft vieles schiefläuft und dass der Tod meiner Tochter letzten Endes eine Konsequenz davon ist.« Das Prononcierte des Aktionsbündnisses bringt Aufregung, schmerzt wohl auch manchen, doch es erzwingt vor allem öffentliche Wahrnehmung und einen Paradigmenwechsel in der Aufarbeitung des Amok-Komplexes im Land.

AUTOBLECH UND TÜRFÜLLUNGEN. Bereits am 22. 4. 2009 setzt der Baden-Württembergische Landtag den Sonderausschuss »Konsequenzen aus dem Amoklauf in Winnenden und

Wendlingen: Jugendgefährdung und Jugendgewalt« ein. Von der Landesregierung wird zum selben Thema der »Expertenkreis Amok« einberufen. Alles soll auf den Tisch: Fachwissen, Fakten, die Stimmen der Betroffenen. Es geht um Analysen, größtmögliche Transparenz, vor allem aber um Perspektiven und Handlungsempfehlungen. Winnenden darf sich nicht wiederholen, ist man sich einig. Im Bericht des Sonderausschusses, der knapp 900 Seiten Text umfasst und dem Landtag als Drucksache 14/6000 im Jahr 2010 vorgelegt wird, geht es letzten Endes um sechs Fragenkomplexe: Gewaltprävention bei Jugendlichen, Zugang zu Waffen, Gewaltdarstellung in den Medien und bei Computerspielen, Sicherheitsmaßnahmen an Schulen, Stärkung des Erziehungsauftrags der Eltern, Handlungsfelder.

Neben den Megathemen werden insbesondere Detailfragen relevant. Man will es konkret, nimmt das Thema ernst, lädt die bundesweiten Experten ein. Was sie sagen, dokumentiert den Stand der Diskussion. Britta Bannenberg, Professorin für Kriminologie, Jugendstrafrecht und Strafvollzug in Gießen und ausgewiesen in Sachen Amok, sucht den Ausschuss von vornherein auf ein paar internationale Standards zu verpflichten. Sie spricht über ICD-10. Bitte was? Eine Art Übererzählung? Nein, die »International Statistical Classification of Diseases and Related Health Problems« als globale Übereinkunft über Krankheiten und Persönlichkeitsstörungen. Und was bedeutet das hier? »Die ICD-10 hält die narzisstische Persönlichkeitsstörung als psychiatrisches Störungsbild fest«, erläutert die Kriminologin. »Es zeichnet sich dadurch aus, dass jemand ein unglaublich ausgeprägtes Bewusstsein von sich selbst hat, also einen extrem übersteigerten Egoismus, der mit einer gewissen Antisozialität verbunden ist. Die narzisstische Persönlichkeitsstörung ist dadurch gekennzeichnet, dass es auf der einen Seite ambivalent depressive Phasen gibt, in denen extreme Selbstzweifel beim Betroffenen vorliegen, die in Richtung Suizidgedanken gehen, und sich auf der anderen Seite eine erhebliche Fremdaggression entwickelt.« Britta Bannenberg, die in all ihren Themen auch kategorische Perspektivistin ist, verweist auf das »Olweus-Programm«. Dan Olweus, im norwegischen Bergen arbeitend, hatte Mitte der 80er-Jahre ein Präventionskonzept entwickelt, das heute weltweit evaluiert ist und zu einem Rückgang von Aggression und Gewalt an Schulen um 50 Prozent geführt hat. »Richtig wäre die Umsetzung eines Modells«, sagt sie, »bei dem die Lehrer an der Erziehung der Schüler grundsätzlich viel mehr beteiligt sind als bisher und dazu ein kumulativer Einsatz von Sozialarbeitern für spezielle Problemlagen erfolgt.«

Kirsten Bruhns vom Deutschen Jugendinstitut in München ist beauftragt, über gewaltauffällige weibliche Jugendliche zu sprechen. Die Gewalt wird immer jünger, bleibt aber männlich. Stimmt das noch? »Aus der Polizeilichen Kriminalstatistik geht hervor«, sagt sie, »dass es zwischen 1996 und 2008 im Deliktfeld Körperverletzungen bei den 8- bis unter 21-jährigen weiblichen Tatverdächtigen in Deutschland einen Anstieg von 133 Prozent gab. Ein Faktor ist ein hohes Konfliktniveau in den Familien. Bei Mädchen spielt eine sehr große Rolle, dass sie sich von ihren Eltern stärker kontrolliert fühlen als Jungs, was sie in ihrer Bewegungsfreiheit einschränkt. Erweiterte Handlungsoptionen ergeben sich für Mädchen auch dadurch, dass sich die weiblichen und männlichen Lebenswelten und Lebensführungsmuster angeglichen haben. Mädchen zeigen mittels Gewalt, dass sie durchsetzungsfähig und stark sind und sich gegenüber Zumutungen von Weiblichkeitszuschreibungen durchsetzen. In devianten gewaltbereiten Jugendgruppen ernten Mädchen mit ihrer Gewaltbereitschaft Anerkennung in der Clique.«

Bernd Carstensen vom Bund Deutscher Kriminalbeamter wird in den Ausschuss berufen, um sich zum Problem der großkalibrigen Waffen zu äußern. Er beginnt mit einem Zitat aus der Waffenzeitschrift »Visier«, in dem es über die Durchschlagskraft des Kalibers 9 mm Parabellum heißt: »Ein solches 9 x 19 mm Vollmantelgeschoss durchschlägt auf 10 Meter Entfernung 15–18 Zentimeter dickes Tannenholz oder mehrere Millimeter Stahlblech. Selbst eine 11 Zentimeter dicke Backsteinmauer stellt kein unüberwindliches Hindernis dar. Und zu allem Unglück fliegt das 8 Gramm schwere Vollmantelprojektil bei günstigem Abgangswinkel fast 2 Kilometer weit. Dabei durchschlägt es menschliche Körper ebenso mühelos wie Autoblech, Türfüllungen und Zimmerwände.« – »Die großkalibrige Faustfeuerwaffe – Pistole oder Revolver«, sagt Bernd Carstensen, »ist nicht für das sportliche private Schießen entwickelt worden, sondern für den Einsatz im polizeilichen und militärischen Bereich. Erforderlich sind das Verbot großkalibriger Waffen für die private Nutzung und die getrennte Aufbewahrung solcher Waffen und der dazugehörigen Munition an zwei unterschiedlichen Orten. Es besteht ein Defizit bei der Kontrolle der Aufbewahrungsvorschriften für Waffen und Munition. Paintball ähnelt der gespielten Tötung eines Menschen und ist im privaten Bereich abzulehnen.«

Uschi Strautmann und Axel Graser vom SWR beurteilen die Berichterstattung über den Anschlag in Winnenden. Dabei heißt es auszugsweise: »Der Amoklauf vom 11. 3. 2009 hat die Reporter und Redakteure vom SWR wie ein Tsunami überrascht. Die tiefe Betroffenheit der Menschen in Winnenden und Leutenbach war unmittelbar nach dem Amoklauf ein zentrales Thema der Berichterstattung. Manche

Berichterstattung hat der SWR von vornherein ausgeschlossen, z. B. die über die Beerdigung der Opfer. An der Pressekonferenz der Geisel, mit der der Täter von Winnenden nach Wendlingen geflohen war, hat der SWR – im Gegensatz zu privaten Sendern – nicht teilgenommen. Denn das konnte man nur gegen Geld. Gerade bei den privaten elektronischen Medien arbeiten sehr viele freie Journalisten, die auf den Verkauf von Texten und Bildern angewiesen sind. Als Defizit hat der SWR festgestellt, dass der Umgang mit traumatisierten Menschen in der Journalistenausbildung nicht gelernt wird. Es ist dem SWR bewusst, dass der Medienwettbewerb auch in Zukunft Grenzverletzungen nach sich ziehen könnte. Der Sender versucht, diese zu vermeiden.« Im Zusammenhang mit dem Mediendesaster in Winnenden gehen beim Presserat 47 Beschwerden ein. In 13 Fällen wird eine Rüge erfolgen.

Der SWR führt später in Aufarbeitung der Leerstellen das Seminar »Trauma und Journalismus« durch und nimmt die Thematik auch in seine Volontärsausbildung auf. In der »Handlungsanleitung für Krisensituationen«, die das Seminar entwickelt, heißt es: »1. Ich darf keine traumatisierten Menschen befragen, vor allem am Ort des Geschehens nicht. 2. ›Wie fühlst Du Dich?‹ Fragen dieser Art sind verboten. Sie grenzen an Körperverletzung und sind auch dann verwerflich, wenn Eltern ihre Einverständniserklärung gegeben haben. Reporter dürfen nichts tun, was ihnen selbst respektlos und unangebracht erscheint. 3. Wir arbeiten anders als die Privaten. Unsere Reporter werden immer darin unterstützt, wenn sie die Privatsphäre von Opfern und Betroffenen schützen, auch, wenn es ein Bild oder einen O-Ton weniger gibt. 4. Berichtet wird, ohne das Geschehen zu dramatisieren. Die Reporter orientieren sich an den klassischen fünf Ws: Wer? Wo? Wann? Wie? Was?«

Achim Traichel vom LKA in Stuttgart berichtet vor dem Ausschuss über den Arbeitsbereich Internetrecherche: »Neben der Bekämpfung von Kinderpornographie erfolgen Schwerpunktaktionen auch im Bereich Amok und Suizidandrohung im Internet. Über diese Delikte wird eine Zunahme von gewalthaltiger Pornographie in den gängigen Videoportalen festgestellt, deren Inhalte oft für Jugendliche frei zugänglich sind, da Altersbeschränkungen problemlos umgangen werden können. Außerdem entwickeln sich Videoportale mit Videos von Vergewaltigungsszenen, Unfallschwerstverletzten, Hinrichtungs- und Kannibalismusszenen sowie mit sadistisch-masochistisch sexuellem Inhalt. Ingesamt nimmt Gewalt im Internet zu. Die Beachtung der Angebote steigt, wenn deren Inhalt extreme sexuelle Handlungen aufweist. Rechtshilfeersuchen sind nur dann sinnvoll, wenn der Internetinhalt in der zu ersuchenden Nation ebenfalls strafbar ist.« Wurden 2005 in Deutschland 284 Ermittlungsverfahren gegen Internet-Straftaten eröffnet, waren es im Jahr 2008 bereits 1504, heißt es in einer Statistik. »Es gibt technische Möglichkeiten«, sagt Achim Traichel, »die bei den großen Netzübergängen der Provider installiert werden könnten und geeignet sind, illegale Internetinhalte in ihrem Zugriff und ihrer Verbreitung zu unterbinden.« Er benennt ein Dilemma: »In Baden-Württemberg sind beim LKA derzeit fünf Beamte im Bereich ›Internetstreife‹ tätig. Das ist nicht mehr ausreichend.«

Horst Niesyto, Professor an der Pädagogischen Hochschule Ludwigsburg, bewertet den Stand der Medienpädagogik im Land: »Um die Medienkompetenz von Schülern zu verbessern, sind Lehrkräfte notwendig, die selbst über Medienkompetenzen und eine medienpädagogische Grundbildung verfügen und bereit sind, sich auf die Medienwelt der Kinder und Jugendlichen einzulassen.« Ein deutliches

Statement, auch deshalb, weil sich mehr als die Hälfte der Eltern erwiesenermaßen nicht darum kümmern, was ihre Kinder mit Medien machen. »Ein wichtiges Ziel der Medienpädagogik ist die Frage: Wie können wir Menschen darin unterstützen, aus dem riesigen Medienangebot gezielter auszuwählen? Dazu bedarf es Reflexionen, die auch werteorientiert sind. Bei der Medienpädagogik geht es in erster Linie nicht um Technikkompetenzen. Entscheidend sind der sozial verantwortliche, kritische und reflexive Umgang, außerdem Datenschutz, Datensicherheit und der Umgang mit den persönlichen Daten im Netz. Dazu gehört auch die Frage nach erzieherischer Grenzsetzung beim Verhältnis von medialen und nicht medialen Freizeitaktivitäten. Eine erfolgreiche Zusammenarbeit mit den Eltern hängt davon ab, ob Eltern die notwendige Grundorientierung unterstützen: weg von einer auf Noten fixierten ›Paukschule‹ hin zu einer Schule, die in einer Balance von Fachwissen und Orientierungswissen dem Anspruch stärker gerecht wird, ›für das Leben zu lernen‹.«

Thomas Rauschenbach, Professor am Deutschen Jugendinstitut in München, berichtet über jugendliche Effizienzgesellschaften: »Aus Untersuchungen mit Grundschülerinnen und Grundschülern wissen wir, dass schon Kinder zum Teil massiv unter Leistungsdruck leiden. Gerade Jungen im Grundschulalter sind überdurchschnittlich häufig betroffen. Zu Hause, im Kindergarten und in der Grundschule besteht nicht nur eine Frauendominanz, sondern fast ausschließlich eine Frauenwelt. Das muss man ernst nehmen. Wichtig sei, dass Kinder von klein auf spielerisch lernen zu versprachlichen, was sie fühlen, was in ihnen vorgeht. Wenn man eine solche Kultur des Sprechens nicht habe, dann erzeuge das ein Problem der Sprachlosigkeit.« Weiter führt er aus: »Aus den Ergebnissen des Kinder- und

Jugendgesundheitssurvey (KiGGS) ist bekannt, dass es in Deutschland eine immer größere Gruppe von Kindern und Jugendlichen gibt, die über geringe individuelle, familiäre und soziale Ressourcen verfügen und so gegenüber Stressoren und inneren Anspannungen anfälliger sind. Die plakative These, dass junge Menschen immer problematischer werden, ist unzutreffend und irreführend, auch wenn sie eine lange Geschichte hat. Das ist die Folge der Überhöhung durch die Medien. Nicht von der Hand zu weisen ist jedoch, dass wir kleine Gruppen von Jugendlichen haben, die verschiedene Problemlagen auf sich vereinen. Schule muss zu einem neuen sozialen Ort eigener Art werden. Es geht um ein Konzept, das praktische, kulturelle, soziale und personale Bildung umfasst.«

SCHNELLSTE SCHUSSFOLGEN. Jedem neuen Amoklauf folgt absehbar eine Debatte zwischen Waffenfetischisten, Sportschützen, Waffenlobby und Waffenkritikern. Nach Winnenden verläuft sie hochaffektiv. Die Tatsache, dass ein 17-Jähriger an einem x-beliebigen Morgen ins Schlafzimmer seiner Eltern rüber lief, um in deren Wäscheschrank wie selbstverständlich nach seiner Waffe zu fingern, lässt das Land den Kopf schütteln. Für das Aktionsbündnis Amoklauf Winnenden – für Hardy Schober, Petra Schill, Juri Minasenko, Barbara Nalepa, Gisela Mayer und viele andere – ist ein Kopfschütteln nicht genug. Was da privat an Pulverfässern eingelagert ist, bildet ein in ihren Augen nicht hinnehmbares Risiko. »Sportwaffen oder Mordwaffen?«, bringen sie das Geschehen auf den Punkt. Deutsche Schützen haben gut trainierte Reflexe. In Momenten wie diesen bestehen sie beharrlich darauf, dass ihre Waffen nichts anderes als Sportgeräte sind, so etwas wie Fußball oder Joggingschuhe. Die 15 000 Schützenvereine in Deutschland seien heimatverbunden, friedlich und eine Talentschmiede fürs olympische Sportschießen, betonen sie. Ihre Kritiker sprechen von Aufrüstung, vom lebensgefährlichen Unsinn der Hobbys, von einem enormem Bedrohungspotential, von Macht- und Potenzgehabe. Waffe ja, Waffe nein scheint längst zum Lackmustest geworden. Die Waffe als deutsches Streitfeld. Aber was wird dabei eigentlich verhandelt? Alte Schlachtbilder, eingekochte Erinnerungen, überbordende Ängste, neue Unsicherheiten? Deutschland – eine Schützengesellschaft?

Eine Studie des Genfer Hochschulinstituts für Internationale Studien zur Kleinwaffenproduktion hatte 2002 Deutliches dazu parat: »Die Deutschen rüsten rasant auf. Sie kaufen jährlich so viele Schusswaffen wie die US-Amerikaner, etwa eine Million. Sie haben eine lange Tradition von privatem Waffenbesitz und nur begrenzte Vorschriften.« Es existieren 7,4 Millionen registrierte Waffen, im Ganzen aber 20 Millionen Schusswaffen in Privatbesitz. »Wahrscheinlich mehr und kontinuierlich zunehmend«, heißt es im Wortlaut. »In Deutschland werden Waffen erst seit 1972 registriert. Noch immer gibt es keinerlei zentralen Datenaustausch«, sagt der Bericht.

2002, das war Erfurt. Und was ist 2009 nach Winnenden? Auf Erfurt folgte eine Novellierung des Deutschen Waffenrechts, man könnte sagen eine Art Dauersimulation. Jahr für Jahr wurde gebosselt und geschraubt. Das Gordische des deutschen Waffen-Prinzips bekam die Politik jedoch nicht zu fassen. Warum eigentlich nicht? Drei Tage nach Winnenden schreibt Joachim Käppner in der »Süddeutschen Zeitung«: »Weniger Waffen, mehr Sicherheit. Der Politik fehlt angesichts des Wählerpotentials der Schützen der Mut, wirklich durchzugreifen. Dann müsste sie das Schießen mit scharfen Waffen im Verein schlicht untersagen.

Für sportliche Zwecke würden genug Luftpistolen, Wettbewerbsgewehre und ähnlich harmlose Schießwerkzeuge übrig bleiben.« Christian Geyer formuliert es am 23. 3. 2009 in seinem Leitartikel in der FAZ so: »Verhindern lässt sich gar nichts. Aber erschweren lässt sich sehr viel. Und darum, ums Erschweren, nicht ums Ausschalten von Unerwünschtem, kann es bei Fragen der angemessenen Prävention nur gehen. Der Hinweis aufs Nichtverhinderbare ist das bequeme konservative Argument aller Besitzstandswahrer. Die Waffenlobby führt es im Augenblick besonders frech im Munde. Wenn ihr vorgehalten wird, das derzeit gültige Waffengesetz sei ein Witz, weil im Grunde jeder, der das Bedürfnis dazu hat, an eine großkalibrige Waffe komme – dann hört man das ›Argument‹: Ich bitte Sie, verhindern lässt sich doch sowieso kein Verbrechen.«

Der Druck im Land nach Winnenden ist da. Nirgends plausible Argumente, warum in einer zunehmend fragmentierten, sich frappant radikalisierenden Gesellschaft der Zugang zur tödlichen Waffe nicht deutlich erschwert oder verboten werden kann. Am 18. 5. 2009 heißt es in »Der Spiegel«: »Nach Winnenden schien ein schärferes Waffenrecht machbar. Nun wird es ein Reförmchen – die Waffenlobby ist zu stark. Vorausgegangen war das, was immer geschieht, wenn Politiker sich hierzulande mit dem Waffenrecht befassen – sie geraten unter Dauerbeschuss von Schützenvereinen, Jagdverbänden, Industrie und Waffennarren. An die Kernfrage, ob der Besitz von scharfen Waffen in Deutschland wie ein Grundrecht zu behandeln ist und in Schießsportverbänden mit Großkalibern geschossen werden muss, wagte sich die Bundesregierung wieder nicht heran.«

Eine Woche später, am 24. 5. 2009, schreibt Mick North, der Vater eines Mädchens, das 1996 in Dunblane erschossen wurde, in der »Süddeutschen Zeitung«: »Ich kann das Entsetzen kaum in Worte fassen, das ich empfand, als ich vom Amoklauf in Winnenden und Wendlingen hörte. Der Amoklauf ereignete sich zwei Tage vor dem dreizehnten Jahrestag des Massakers an der Grundschule im schottischen Dunblane. Meine fünfjährige Tochter Sophie war eins der 16 Kinder, die an jenem Tag getötet wurden ... Seit jenem Tag muss ich mit den Folgen eines Amoklaufes leben ... Meiner Erfahrung nach reagiert die Waffenlobby immer auf die gleiche Art auf Amokläufe, ganz gleich, in welchem Land sie passieren. Die Argumente sind: Der Amoklauf war ein einmaliges Ereignis, und man kann das Verhalten von Verrückten nicht kontrollieren. Kurzschlussreaktionen sind sinnlos – Gesetzesänderungen dürfen nicht auf Emotionen beruhen. Die meisten Schützen sind gesetzestreue Bürger, und würden durch schärfere Waffengesetze stigmatisiert. Nicht der Waffenbesitz ist das Problem, schuld sind andere Dinge ... Traurigerweise handeln Regierungen erst, wenn etwas Schreckliches geschehen ist. Häufig genug bedarf es mehr als eines solchen Ereignisses. Deutschland hat schon zu viele Amokläufe erleiden müssen. Es ist an der Zeit für Ihre Regierung zu handeln und aufzuhören, so zu tun, als ob die Waffenbesitzer in der Lage wären, sich gut genug zu kontrollieren, als könnte so etwas nicht wieder passieren. Gehen Sie sicher, dass Ihre Regierung sich mit dem wahren Problem auseinandersetzt, mit den Waffen, die töten. Der Waffenbesitz muss so kontrolliert werden, dass es den Bedürfnissen aller Rechnung trägt.«

Am 17. 7. 2009 kommt es, das neue Gesetz. Am 25. 7. 2009 tritt es in Kraft. Durch die Novellierung soll »insbesondere sichergestellt werden, dass die Wegnahme oder unberechtigte Nutzung von Schusswaffen und Munition durch verbesserte technische Sicherungssysteme möglichst verhindert wird und den Waffenbehörden erweiterte Befugnisse bei der Überprüfung der sicheren Aufbewahrung von Waffen und Munition eingeräumt werden. Jugendliche unter 18 Jahren dürfen nicht mehr mit großkalibrigen Waffen schießen.« Das übliche Aufjaulen bei den Waffenbefürwortern. Rasch verstummt es. Das Gesetz ist das eine, die Realität das andere. Im Bericht des Stuttgarter Sonderausschusses bleiben sich die Zahlen seit 2002 – trotz vielfach angeordneter Waffenamnestien im Land – seltsam treu: »In Deutschland gibt es ca. 7 Millionen registrierte Waffen, ca. 20 Millionen illegale Waffen und steigende Zahlen im Waffenerwerb. Jährlich werden 6000 Schusswaffen als gestohlen oder abhandengekommen gemeldet, 80 Prozent davon aus dem privaten Bereich.« Weiter heißt es: »Bei der Waffenrechtsnovelle 2009 wurde – wie schon bei den vorangegangenen Novellen – auf wirksame Instrumente verzichtet, um die Zahl der Waffen in Privatbesitz zu reduzieren. Es wurden damit keine Möglichkeiten geschaffen, um Beschränkungen bei Kaliber, Feuer- und Durchschlagskraft, Gefährlichkeit und Nachladegeschwindigkeit von großkalibrigen Waffen, insbesondere Faustfeuerwaffen zu verlangen und durchzusetzen. Die Initiative des Bundesrats vom Juli 2009, das Waffenrecht in mehreren weiteren Punkten zu überprüfen und zu verschärfen, wurde Ende Januar 2010 von der Bundesregierung abgelehnt. Waffen und Munition verbleiben weiterhin ohne jede Begrenzung nach Gefährlichkeit und Stückzahlen in privaten Wohnungen.« Waffenkontrollen? Dafür ist nicht ausreichend Personal vorhanden, heißt es allerorten. Die Berliner Behörden beispielsweise haben innerhalb von drei Jahren 200 Kontrollen durchgeführt. Bei 55 000 Waffen allein in den Händen der rund 11 000 legalen Privatbesitzer eine nicht sonderlich beruhigende Zahl.

Und erneut ist es das Aktionsbündnis Amoklauf Win-

nenden, das bei dieser Frage in die Offensive geht. Am
21.7.2010 legt es beim Bundesverfassungsgericht in Karls-
ruhe Verfassungsbeschwerde gegen das Waffengesetz ein.
Die Initiative hält das Gesetz für verfassungswidrig, da es
die Interessen von Sportschützen über das Grundrecht auf
Leben und körperliche Unversehrtheit stellt. Die Klage ist
noch ohne Antwort, stattdessen wird weiter geschossen.
Weit mehr als 100 Menschen wurden in den letzten zehn
Jahren in Deutschland durch Sportwaffen getötet. Hans-
Peter Friedrich, seit März 2011 Bundesinnenminister, gra-
tuliert am 11.7.2011 dem Deutschen Schützenbund auf
einem Festakt in Gotha, an seiner Gründungsstätte, zu seiner 150-jährigen Geschichte: »Im Schützenverein gibt es
flächendeckend vielseitige Angebote für alle Generationen
und Leistungsstufen. Der Deutsche Schützenbund steht für
mehr als sportliche Belange. Er macht mit seinem gesellschaftlichen Engagement Heimat sichtbar und erlebbar«,
meint er.

TRANSFORMATIONEN. Am 13.3.2009 wird Jörg Kretschmer
durch die Polizei informiert, dass er ab sofort nicht mehr
Zeuge, sondern Beschuldigter ist. Die Staatsanwaltschaft
Stuttgart ermittelt gegen ihn wegen des Verdachts der fahr-
lässigen Tötung. Knapp eine Woche nach dem Anschlag des
Sohnes schreiben Ute und Jörg Kretschmer einen Offenen
Brief an die Angehörigen: »Immer und immer wieder fragen
wir uns, wieso das geschehen konnte. Warum wir seine Verzweiflung und seinen Hass nicht bemerkt haben. Bis zu dem
furchtbaren Geschehen waren wir eine ganz normale Familie.« Am 23.3.2009 hat der Vater seine Waffenbesitzkarten
abzugeben. Im Juli 2009 erreicht die Familien der Angehörigen ein Schreiben. Absender sind Tim Kretschmers Eltern.
In ihm heißt es unter anderem: »Wir, seine Eltern, würden

Ihnen gerne Antworten geben. Erklärungen, die Ihnen vielleicht helfen würden, das auch für uns so Unfassbare, Entsetzliche zu begreifen. Wir stellen uns immer und wieder die gleichen Fragen, ohne schlüssige Antworten zu finden. Es zerreißt uns, dass Tim sich uns nicht mitgeteilt hat, dass wir ihm nicht helfen konnten.« Warum nicht helfen konnten? Das Computer-Schreiben ist ohne Unterschrift, nicht alle Betroffenen erhalten es, etliche Namen werden verwechselt. Kein Ton von Verantwortung. Der Brief macht die Angehörigen ratlos und zornig.

Die Schüler und Lehrer der Albertville-Realschule werden nach dem 11. 3. 2009 auf verschiedene Schulen verteilt. Nach zwei Monaten lernen sie wieder zusammen, in 165 Containern auf dem Hartplatz des Sportzentrums, direkt neben der alten Schule. Wenn die knapp 600 Schüler aus ihren Kartons schauen, können sie dem malträtierten Gebäude dabei zusehen, wie es eine neue Haut bekommt, eine helle Holzverschalung. Die Schule wird komplett saniert. Hinterbliebene gründen im Herbst 2009 die »Stiftung gegen Gewalt an Schulen«. In Stuttgart, bei der Staatsanwaltschaft, gibt es ein langes Gezerre: Wird gegen Jörg Kretschmer ein Prozess eröffnet oder erhält er lediglich einen Strafbefehl? Generalstaatsanwalt Klaus Pflieger ordnet in seinem Haus »eine intensive Prüfung und eigene Bewertung« an. Die Angehörigen reagieren konsterniert. Die Generalstaatsanwaltschaft drängt auf juristische Klärung und Stuttgart hält dagegen? Was soll das bedeuten? Der Generalstaatsanwalt weist die Stuttgarter Staatsanwaltschaft an, Klage zu erheben. Und er begründet: »Ich wollte die Schuldfrage ordentlich geklärt haben. Die Problematik war zu unklar.« Am 24. 11. 2009 wird gegen Jörg Kretschmer Anklage wegen fahrlässiger Tötung in 15 Fällen, fahrlässiger Körperverletzung in 13 Fällen sowie einen Verstoß gegen das Waffengesetz erhoben. Vermeidbarkeit und Vorhersehbarkeit der Tat werden in der Strafbemessung zur Schlüsselfrage. Der Prozess gilt als Novum in der deutschen Rechtsgeschichte.

Ende September 2010 sitzen 43 Mütter, Väter, Geschwister – die Angehörigen der Getöteten und zugleich Nebenkläger – im Saal 1 des Landgerichts Stuttgart. Er ist der größte des Hauses, und doch ist er zu klein. Der Prozess dauert über ein Jahr. Im Februar 2011 wird das Urteil gesprochen: ein Jahr und neun Monate auf Bewährung für Jörg Kretschmer. Am 12.2.2011 kommentiert Gabriele Renz im »Südkurier«: »Zwei Jahre ist der Amoklauf her. Die vom Bundespräsidenten, von Landes- und Bundespolitikern versprochene Verschärfung des Waffenrechts war eine reine Farce.«

»Ein parlamentarischer Sonderausschuss, ein Prozess, eine Expertenkommission. Doch: Baden Württemberg hat Flagge gezeigt«, sagt Gisela Mayer. »Ein neues Präventionskonzept, Handlungsempfehlungen. Es ist unendlich diskutiert worden. Alles gut und richtig. Aber ist dadurch im Kern etwas anders geworden? Was ist mit unseren Kindern? Was brauchen sie? Haben wir das, was am 11.3.2009 geschehen ist, wirklich in uns aufgenommen? Haben wir bewältigt oder wiederholen wir nur im eloquenteren Design?« Gisela Mayer fragt immer in dieselbe Richtung. »Nach dem Tod von Nan war ich zunächst wie erstarrt. Die Trennung, der Abgrund, der unglaubliche Verlust. Ich konnte es nicht aushalten. Heute ist mein Leben wacher, inhaltsreicher als vor dem 11.3.2009. Ich bin deutlicher, kompromissloser geworden.« Wie selbstverständlich kommt sie auf ihre Tochter zurück. »Nan, das ist für mich der lebendige Mensch. Ihre Kraft, ihre Direktheit, ihr Wunsch, eine Familie zu haben. Sie hat 24 Jahre gelebt und wurde für eine Zehntelsekunde zum Opfer. Völlig willkürlich, brutal, auf einem eisigen Flur. Was Tod heißt, interpretieren wir.«

Was Gisela Mayer mit Bewegung, ihrem Weg, mit Transformation meint, schreibt sie am Ende ihres 2010 im Ullstein Verlag erschienenen Buches *Die Kälte darf nicht siegen*: »Das Leben meiner Tochter hatte einen Sinn. Es war kurz und stand noch an seinem Anfang. Als sie gehen musste, ist die Welt für uns, für ihre Freunde und für ihre Kollegen ärmer und kälter geworden. An ihrer Beerdigung sagte jemand zu mir: ›Mein Gott, ich hätte nie gedacht, dass sie in ihren jungen Jahren schon so viel getan hat.‹ Wir haben Nan als jemanden erlebt, der immer für alle und alles Zeit hatte. Obwohl ihr Tag auch nicht länger war als der anderer Menschen. Manchmal scheint es, als habe sie gewusst, dass Zeit nicht etwas ist, das ihr allein gehört. Vielleicht hat sie deshalb bereitwillig jenen etwas davon abgegeben, die es nötig hatten.

Natürlich ist sie nicht immer schon so gewesen, wie sie war, als sie sterben musste. Nan musste sich viel erarbeiten. Sie kam nicht als der selbstsichere, liebevolle und lebensfrohe Mensch auf die Welt, den so viele schätzten. Im Gegenteil, sie war gerade in ihren Jugendjahren von Selbstzweifeln und Unsicherheit geplagt wie so viele in ihrem Alter. Aber sie hat im Umgang mit ihrer Familie und ihren Freunden Strukturen erfahren, die ihr Halt gegeben haben. Sie hat erfahren, dass ihr Umfeld jenes Sicherheitsnetz bietet, das man braucht, um auf dem Hochseil des Lebens balancieren zu können. Ein paar Monate vor ihrem Tod hat sie mir eine Karte geschrieben, auf der stand: ›Wohin ich auch gehe, ich werde niemals vergessen, wer mir half, dorthin zu kommen.‹

Es war ein gemeinsamer Weg, den wir beschritten haben und bei dem wir sicher nicht immer das gleiche Tempo vorgelegt haben. Aber wir waren bereit, auf den anderen zu warten; und wenn ich doch einmal ein Stück weiter vorangegangen war, dann habe ich versucht, ihr einen Pfad zu bereiten, auf dem sie mir so lange folgen konnte, bis sie selbst sicher genug war, sich für die eine oder andere Richtung zu entscheiden. Unser gemeinsamer Weg war auch ein gemeinsames Gespräch durch all die Jahre. Es gab kein Problem, das wir nicht miteinander besprochen hätten, und keine Freude, die wir nicht miteinander geteilt hätten. Dabei waren wir keineswegs immer einer Meinung, aber auch das konnten wir dem anderen sagen. Weil wir wussten, dass wir einander immer vertrauen konnten und dass nichts dieses Vertrauen jemals würde zerstören können. Dieses Gespräch haben wir in unseren gemeinsamen Jahren niemals beendet. Nun sind wir gezwungen, unser Gespräch auf andere Weise fortzusetzen.«

EPILOG

INSEL UTØYA, 22. JULI 2011

AUF AUTOPILOT

LAND AUS WOLLE. Man schaut in ihr Gesicht wie in das politische Buch des modernen Norwegens: Gro Harlem Brundtland, geboren 1939. Als resolute, kreative Alpha-Politikerin und »Mutter der Nation« steht und fällt gerade mit ihr das Selbstverständnis des langgestreckten Landes im Norden. 1981, mit 42 Jahren, wurde sie – zunächst nur für ein halbes Jahr – zur jüngsten Premierministerin Norwegens gewählt. Ab da schien sie berufen für die großen Reformprojekte, die ihre Landsleute nicht nur stolz, sondern auch reich gemacht haben. Von 1986 bis 1989 und noch einmal von 1990 bis 1996 war sie erneut Ministerpräsidentin. Bildung, Umwelt, Integration, Geschlechterpolitik: Als Ärztin und Mutter von vier Kindern lagen die Themen für sie auf der Hand. Es ging nicht um Wunschdenken, sondern um Potentiale, Begabungsreserven, neue Gesetze, echte Strukturänderungen. Ein ursozialdemokratischer Ansatz, der gleichwohl auf fragilem Boden agierte.

Denn obwohl die Nord-Länder in Sachen »soziale Supermächte« zur globalen Messlatte wurden und die Zahlen – Wirtschaftswachstum, Gesellschaftskapital, Urbanisierung, integrierte Migrationspolitik – in den vergangenen 40 Jahren beinah unbeirrt in die Höhe schnellten –, etwas Unerlöstes blieb dem Fundament des großen Umbruchs inhärent. Ging es um Wachstumsrisse, historische blinde Flecken, um die Ausprägung eines gesinnungsmäßigen Hinterwäldlertums? Ins Auge fällt, dass sich in Norwegen pünktlich mit dem Start der großen Reformen Anfang der siebziger Jahre die rechtspopulistische »Fremskrittspartiet«, als Fortschrittspartei FrP, gründete. Ihr Ziel unter anderem: die Privatisierung staatlicher Unternehmen und des Bildungssektors, die Reduzierung staatlicher Sozialprogramme, Steuersenkungen und das Bekenntnis zur abendländisch-christlichen Tradition. Parallel zur sozialdemokratischen Reformpolitik verstetigte sich auch der Erfolg der Rechtspopulisten. So hätte sich fast ein Viertel der norwegischen Bevölkerung im Frühsommer 2011 bei Wahlen für das rechte Lager entschieden. Die damit zweitstärkste Partei rekrutierte ihre Wählerschaft aber längst nicht mehr wie am Anfang aus der männlichen Yuppie-Klientel Oslos, sondern konnte bei ihrem wachsenden Zuspruch – vor allem durch ihre Dauerpolemik gegen Migranten – auf eine weitaus breitere Basis setzen. Mehr äußere Krise, mehr Fremdes im Land, mehr innerer Hass?

Es war insbesondere die Schwedin Alva Myrdal, Philosophin und Nobelpreisträgerin, die in ihrem Report von 1969, *Über Ungleichheit im Wohlfahrtstaat,* die gedankliche Urszene und damit den entscheidenden Impuls für das später weithin bestaunte skandinavische Modell lieferte. In ihren Beobachtungen hielt sie fest, dass Familien oft zu klein seien, um Kindern die notwendigen emotionalen und intellektuellen Entwicklungsmöglichkeiten zu bieten. Der grundsätzliche Gedanke ihres Textes war, dass nicht der hohe Lebensstandard das Maß aller Dinge für eine Gesellschaft sein dürfe, sondern das, was sich als das Beste für Heranwachsende, für Frauen genauso wie für Männer herausstellt.

Der politische Ball wurde aufgenommen, und er rollte. Im Fünf-Millionen-Staat Norwegen brauchte man jede Arbeitskraft. So hoch der Anspruch, so endlos waren die Debatten. Am Ende des Diskurstunnels stand eine gesellschaftliche Neuarchitektur und damit ein großzügiger

Wohlfahrtsstaat, beste Bildung, hohe Löhne, aber auch hohe Steuern zum Zwecke der Gemeinstaatlichkeit. Norwegen – ein Land aus Wolle, sagt so mancher, in dem man im Konsens arbeitet und mit extrem flachen Hierarchien auskommt. Wenn man sich heute darüber einig ist, dass eine norwegische Frau, die nach der Geburt ihres Kindes länger als zehn Monate zu Hause bleiben will, dem Sprössling dadurch wichtige Entwicklungschancen nimmt, oder wenn junge Väter öffentlich die »Usurpierung der Erziehung durch Mütter« in Frage stellen, ist das ein Ergebnis des ehrgeizigen Transformationsprojekts.

Mit Gro Harlem Brundtland zog ein weiblicher Grundton in die norwegische Gesellschaft ein. Als sie 1986 das zweite Mal als Premierministerin antrat, war eine ihrer ersten Amtshandlungen, das neue Kabinett mit 40 Prozent Frauen aufzustellen. Ein Fanal! Darüber hinaus erklärte sie sich zur prononcierten Europäerin. Der Beitritt Norwegens in die Europäische Gemeinschaft stand im Raum. Was das bedeuten würde und welche Probleme das mit sich brachte, wusste die Landeschefin. In ihrer Dankesrede zum Aachener Karlspreis 1994, kurz vor dem zweiten »Nein« der Norweger zu Europa, sagte sie: »In den arktischen Regionen hatten Väter und Großväter in ihren kleinen Ruderbooten der Natur mit Fischfang einen eher bescheidenen Lebensunterhalt abgerungen. Ganze Familien hingen total vom Fischfang ab – was diese Regionen heute übrigens immer noch tun. Damals, bei der Erstabstimmung 1972, hatten sie Angst, dass ausländische Fischdampfer daherkommen und ihnen ihre traditionellen Fischgründe leer fischen würden. Die Europäische Gemeinschaft hatte ihnen nicht zugesichert, dass das nicht passieren würde. Dies war auch die Zeit, als die Ära des Erdöls noch in den Kinderschuhen steckte, und viele Norweger meinten, dass diese Ressourcen dem Lande am ehesten zugute kämen, wenn sie außerhalb der Gemeinschaft blieben.«

Gro Harlem Brundtland warb in Europa für Verständnis hinsichtlich der Bedürfnisse und des Zögerns der Norweger, zu Hause trat sie als vehementeste Fürsprecherin in Sachen Europa auf. »Es ist meine Überzeugung, dass die Mitgliedschaft uns mehr echten Spielraum für Demokratie und größere Kontrolle über jene Kräfte geben wird, die von Nationalen Versammlungen und Regierungen allein nicht mehr gesteuert werden können«, sagte sie 1994. »Es gibt nur wenige norwegische Wörter im gemeinsamen europäischen Vokabular. Eins davon ist ombudsman. Ich meine, das nächste dieser von Europa zu übernehmenden Wörter sollte ›trygghet‹ sein. Trygghet oder Zuversichtlichkeit.« Ein Kriegskind, bei dem es nicht seltsam klang, wenn es von Geborgenheit, Sicherheit und Zutrauen sprach. Eine Politikerin, der die Okkupation Norwegens durch Hitler am 9. 4. 1940 im Unternehmen Weserübung tief eingeschrieben war. Ein Ereignis, das viel Leid brachte und das nationale Gedächtnis nach 1945 so maßgeblich wie einseitig bestimmte.

Den Status als »Opferland« beendete öffentlich erst der jetzige Ministerpräsident Jens Stoltenberg. Am 27. 1. 2012 – am offiziellen Holocaust-Gedenktag – sagte er in einer besonderen Rede über die Beteiligung seines Landes an der Deportation und Ermordung von Juden während der Nazi-Besatzung: »Norweger nahmen die Verhaftungen vor, Norweger fuhren die Lastwagen, und es geschah in Norwegen. Heute ist es nach meiner Ansicht angemessen, unsere aufrichtige Entschuldigung dafür auszusprechen, dass dies auf norwegischem Boden geschehen konnte.« Ein Akt, der die politische Architektonik des Landes verschieben dürfte. Denn neben viel Schmerz hatte Norwegen mit der nationalsozialistischen Besatzung auch das Quislinger-Problem, das dem Land bei Lichte besehen eine über 70 Jahre bestehende innerpsychische Spaltung einbrachte: 1942 ordnete der damalige norwegische Ministerpräsident Vidkun Quisling die Registrierung von 2100 Juden an. Mehr als ein Drittel von ihnen wurden in die Todeslager deportiert. Viele konnten nach Schweden fliehen. »Die Menschen wurden zwar von den Nazis ermordet«, sagte Stoltenberg, »sind aber von Norwegern ausgeliefert worden.« Die deutsche Geschichte muss fraglos mit einer anderen Gewalt-Dimension klarkommen. Doch das jahrzehntelange Leugnen der eigenen Komplizenschaft hatte für Norwegen fatale gesellschaftliche Folgen, denn es ermöglichte erst das Erstarken rechter Resonanzräume. »Die Ideen, die zum Holocaust geführt haben«, führte Stoltenberg demzufolge aus, »sind auch 70 Jahre danach immer noch lebendig.« 1998 hatte Norwegen die eigene Rolle beim Holocaust zwar anerkannt und 60 Millionen Dollar Entschädigung an die Opfer gezahlt. Die ausstehende Entschuldigung und souveräne politische Geste erfolgte erst 14 Jahre später.

PARKERING FORBUDT. Oslo 1993. Ein 14-jähriger Junge, der ins Gymnasium Ris Ungdomsskole geht. Wenn er aus der Schule kommt und den Fernseher anmacht, sieht er eine kräftige Frau mit kurzem Haarschnitt. Sie schaut ihn aus dem Gerät heraus mit souveränem Lächeln an. Er hört sie sprechen: »Die Union ist keine Vereinigung von Händlern und Maklern, sondern von Menschen, die darum kämpfen, ihr Leben zu bestreiten, ihre Hypotheken zu bezahlen, ihre Kinder zu versorgen. Die sich engagieren für ihren Arbeitsplatz, ihre Ausbildung, ihre Renten. Die sich Sorgen machen um Kriminalität und Gewalt, um die Bedrohung unserer Umwelt und um die schrillen Stimmen der Intoleranz und des Hasses. Die Union stellt sich jetzt entschlossener denn je dem Erzfeind Nummer Eins, der Arbeitslosigkeit. Europa braucht mehr Recht und Demokratie. Nur innerhalb dieses Rahmens werden die Starken gerecht und die Schwachen sicher sein.« Wenn der Junge am nächsten Tag wieder in der Riser Ungdomsskole ist, kümmert er sich um die Schwachen, heißt es später in einem Gutachten. Er ist ein intelligenter Schüler und gern gerecht. Wenn er gerecht ist, ist er stark.

Tage später spricht die Frau mit dem Bubikopf und dem legendären Lächeln erneut im Fernsehen. Und man hört ihre Stimme im Radio. Die ersten Seiten der norwegischen Zeitungen drucken ihr Konterfei unentwegt. Sie ist omnipräsent, mit ihrem sonor politischen Sirenenton: »Verantwortung des Wachstums« – »Nachhaltig handeln« – »Künftige Generationen« – »Glückliche Kinder« – »Starke gerecht« – »Schwache sicher«. Während Brundtlands zweiter Amtszeit wird 1990 der Statens Pensjonsfond Utland gegründet, der die Ölrente des Königreichs verwaltet. Auf den Staatsfonds, der über ein Vermögen von reichlich 400 Milliarden Euro verfügt, entfällt rund ein Prozent des weltweiten Aktienhandels. Laut »El pais« dient er Norwegen als »gigantische Versicherungskasse« und ist der zweitgrößte Staatsfonds der Welt mit einem voraussichtlichen Vermögen von 549 Milliarden Euro im Jahr 2015. In entsicherten Zeiten eine sichere Anlage. Das Gefühl der Norweger, ein »annerledeslandet« ein anderes Land zu sein, hat sicherlich viele Ursachen. Die dreimalige Ministerpräsidentin gab mit ihrer offensiven Identitäts-Politik dafür den nötigen inneren Halt. Eine Souveränin, in mehrerer Hinsicht.

Gro Harlem Brundtland ist dann auch die dominierende Frau in der Kindheit des Jungen aus Frogner, einer Kindheit, für die die propagierte Sicherheit und das staatlich ausgerufene Glück der Schutzbefohlenen keine Geltung haben werden: Anders Breivik wird am 13.2.1979 als Sohn der Hilfskrankenschwester Wenche Breivik und des studierten Betriebsökonomen und Diplomaten Jens Breivik in Oslo geboren. In einem »Stern«-Interview sagt der Vater: »Seine Mutter und ich waren schon getrennt, bevor Anders auf die Welt kam. Es war nur eine sehr kurze Ehe. Ich wurde noch im gleichen Jahr als stellvertretender Botschafter nach London versetzt.« Er startet – nach Jahren im Außenministerium – in ein neues Leben, wohnt von da an in England, mit einer neuen Frau. Anders Breivik wird, kaum geboren, zum Vater nach London geholt. Kurz darauf soll er nach Oslo zur Mutter zurück. Jens Breivik erklärt: »Anders lebte mit seiner Mutter und deren Tochter aus erster Ehe in meiner Wohnung. Nach der Scheidung zahlte ich meiner Exfrau 100 000 Kronen, damit sie ausziehen.« Das klingt frostig, unwirsch, als wolle man sich so schnell wie möglich eines Problems entledigen. Aus den diversen Ehen der Eltern sind, laut Gutachten, vier Kinder hervorgegangen: Die sechs Jahre ältere Tochter der Mutter, die beiden 8- und 12 Jahre älteren Kinder des Vaters und der Jüngste Anders Breivik, als einziger gemeinsamer Sohn. Es ist ein Junge zwischen London und Oslo, emotional eine Waise, ortlos. Erst im Januar 1983 wird die Ehe der Eltern formal geschieden.

1982 nimmt Wenche Breivik Kontakt zum örtlichen Jugendschutz auf. Der Jüngste ist drängend, massiv, schlichtweg anstrengend. Sie weiß nicht mit ihm umzugehen und beantragt bei den Behörden, er solle zu Pflegeeltern oder zumindest an den Wochenenden in ein Heim. Sie fühlt sich ihm nicht gewachsen. Dem Wunsch wird nicht stattgegeben. Ein Jahr später bittet die Mutter erneut um Hilfe und wendet sich diesmal an das Amt für Familienschutz. Dort überweist man sie zusammen mit ihrem Sohn ins staatliche Zentrum für Kinder- und Jugendpsychiatrie. Anders Breivik wird dort für einen Monat stationär aufgenommen.

In der Zeit wird ein psychologisches Gutachten erstellt. Der norwegische Fernsehsender NRK berichtet Ende 2011, dass in diesem Rapport vermerkt ist, Anders Breivik sei als Kleinkind sexuell missbraucht worden. Mehrere Personen, berichtet NRK, bestätigten das. »Ich fürchte, dass Breivik Dinge erleben musste, mit denen er nicht hätte leben sollen«, erklärt ein Bekannter der Familie.

Noch 1982 zieht die Mutter mit Tochter und Sohn nach Skøyen, keine zwei Kilometer von Frogner entfernt, in eine Fünf-Zimmer-Wohnung. Im Grunde ist es ein kurzer Weg von da nach dort, doch dazwischen liegen Welten. In Frogner sieht man hohe weiße Zäune, viel »Parkering Forbudt«, auf den stillen Straßen massive Poller, um die Villen ausladende Grünflächen, kaum Menschen. Eine Insel der Reichen. Skøyen steht zwar mit dem Herznerv der Stadt auch nicht gerade in unmittelbarer Verbindung, aber die Gegend wirkt dennoch durchbrochener. Oben auf dem Hügel, Richtung Frogner Park, stehen noch surreal wirkende, protzige Anwesen. Die Straßen heißen Jonsrudveien, Gustav Vigelands Vei, Ottar Birtings Gate, Halvdan Svartes Gate. Zwischen die dezent ausgeleuchteten Villen hat man Ende der siebziger Jahre sehr nordisch wirkende Mehrfamilienhäuser in rotem Klinker gestellt. Kompakt, kommunal, sozial, für die Upper class aus dem Westend Frogner undenkbar.

1983 beantragt Jens Breivik gemeinsam mit seiner neuen Frau das Sorgerecht für den Sohn. Im Interview sagt er: »Dann gab es dieses psychiatrische Gutachten, wonach Anders Schaden nehmen würde, wenn er länger bei der Mutter bliebe. Um ehrlich zu sein, war das weniger eine Herzensangelegenheit als eine Frage von Verantwortung.« Der Streit wird gerichtlich verhandelt. Der Sohn bleibt bei der Mutter. Das Ganze endet in einem Vergleich. »Damals ließen die norwegischen Gesetze einem Vater keine Chance. Nicht mal, wenn die Mutter nachgewiesenermaßen überfordert war«, erklärt der Diplomat. Ein fremder, ferner Vater, eine überlastete Mutter, ein allseits abgelehntes Kind.

Als Anders Breivik vier Jahre alt ist, kommt er in den Vigeland Skulpturenpark Kindergarten in Frogner, eine Idylle direkt am Park. Das psychiatrische Gutachten vom November 2011 hält über diese Zeit fest: »Er passt sich gut an und hat Freunde. Es gibt keinerlei Berichte über Störungen oder Auffälligkeiten.« Man weiß nicht recht, was man davon halten soll. In jedem Fall wechselt der Störungsfreie mit sechs Jahren in die Smestad-Skole, nur 600 Meter von zu Hause entfernt. Der Übergang gelingt mühelos. Die ersten sechs Schuljahre bleiben »ohne jede Auffälligkeit«. Ein blonder Junge, vielleicht ein bisschen zu passiv, ein bisschen schüchtern, aber ansonsten? Auch über die Schulzeit an der Ris Ungdomsskole, auf die er von der siebten bis zur neunten Klasse geht, sagt das Gutachten: »Keine Berichte, keinerlei Auffälligkeiten.« Ein Freund aus der Kindheit erzählt, Anders Breivik sei ein ziemlich helles Köpfchen gewesen, kein Anführer, aber auch kein Außenseiter. Auf einem Foto steht der Unauffällige lächelnd in der Schule. Hinter seinem Rücken an der Wand unübersehbar und irritierend ein dickes Hakenkreuz.

Der Vater wechselt von der Botschaft in London nach Paris. Ab 1990 lebt er wieder in Oslo und sieht den Sohn nun öfter. Über die gemeinsame Beziehung sagt er im Interview: »Wir hatten keinerlei gemeinsame Themen oder Interessen. Er war hauptsächlich daran interessiert, bei uns ein gutes Essen zu bekommen. Am liebsten mochte er Steaks.« Die Mutter lernt in der Zwischenzeit einen Major der norwegischen Armee kennen. Sie heiraten. Anders Breivik wird den Stiefvater Tore später als »moderaten Rechten« und »primitive, sexuelle Bestie« bezeichnen, die die meiste Zeit mit Prostituierten in Thailand verbringe. Dennoch sei er ein »sehr liebenswerter und guter Kerl«.

JUNGSDINGE. Als der Gymnasiast 15 Jahre alt ist, zieht die neue Familie in eine kleinere Wohnung in Skøyen. Die Entfernung zum städtischen Anziehungspunkt Frogner Park mit seinen bombastischen, hyperrealen Skulpturen, die an die Sowjetzeit erinnern, dürfte dadurch kaum größer geworden sein. Die Prachtvillen auf den Hügeln stehen, wie sie stehen. Der weiße Plastik-Walfisch, die riesige Halle des Osloer Tennisclubs gleißen im Zentrum des Viertels gelassen vor sich hin. Man sieht adrette Jungs in Markenklamotten und mit Tennisschläger zum Training marschieren. Sie sehen aus wie aus dem Ei gepellt. Es ist Boris-Becker-Zeit. Der Junge, der jetzt im Hoffsveien 18 im roten Backstein wohnt, ist, laut Mitschülern, ganz unten in der Hierarchie angekommen. Aber er hat sowieso keinen Bock auf Tennis. Ihn zieht es raus, weg von zu Hause, auf die Straße. Mit dicken, schwarzen Filzstiften schmiert er Schriftzeichen an Mauern, Trams, Busse, Laternen und Stromkästen. Ein Tagger? Was für Zeichen, welcher Text? Die Botschaften, bald in der ganzen Stadt verteilt, bleiben unverstanden, die Codes unübersetzt. Was muss er sagen? Will er auf sich aufmerksam machen, sein Terrain abstecken und erste Spuren hinterlassen? Sollen die Aktionen sichtbar werden und trotzdem verschlüsselt bleiben?

Die Jungs aus der Clique, die er mittlerweile trifft, sind in jedem Fall deutlich anders drauf als die designten Typen aus Frogner. Es sind Hip-Hopper, die rumhängen, ihren Spaß haben wollen und die beschauliche Hauptstadt ein bisschen aufmischen. Anders Breivik schreibt später, dass er in dieser Zeit begonnen habe, seinen »Krieg« zu führen, indem er systematisch Fahrscheinautomaten öffentlicher

Verkehrsmittel beschädigte. Als es irgendwann zu einer handfesten Auseinandersetzung mit einer Pakistani-Gang kommt, ist Schluss mit lustig. Die Sache wird schnell brutal. Mit den Yuppie-Söhnchen wird nicht lange gefackelt. Die Straße ist nicht dazu da, klein beizugeben. Der 15-Jährige ist geschockt und zieht sich verstört zurück.

1994 meldet die Polizei dem Jugendamt, dass sie Anders Breivik dreimal wegen Schmierereien aufgegriffen habe. Die Behörde reagiert, setzt eine Untersuchung an, spricht mit der Familie und legt die Angelegenheit schließlich mit der Zahlung von 3000 Kronen Bußgeld ad acta. »Keinerlei Beunruhigung hinsichtlich der psychischen Funktionsfähigkeit«, gibt der damalige Bericht an. Oder auch: keinen Grund zur Besorgnis also. Eine gewisse Portion jugendlicher Renitenz muss drin sein. Wo sonst sollen die Großstadtkids denn hin? Jens Breivik sieht das anders. Das psychiatrische Gutachten von 2011 weist darauf hin, dass er den Kontakt zum Sohn wegen der Taggereien abgebrochen habe. Auch der Filius spricht davon. Der Vater entgegnet: »Das stimmt so nicht. Richtig ist, dass eines Tages die Polizei anrief, weil man Anders erwischt hatte. Ich sagte ihm, er solle damit aufhören, aber er nahm mich nicht ernst.«

Mit 16 Jahren, schreibt Anders Breivik später, habe er sich entschlossen, in der Schule intensiver einzusteigen. Die Rumhängerei mit den Hip-Hoppern hat's auch nicht gebracht. Er kommt auf die renommierte Hartvig Nissen-Schule. Seine Noten liegen über dem Durchschnitt. Das Gutachten vom November 2011 hält fest: »keinerlei Störungen oder Auffälligkeiten, keinerlei Anhaltspunkte in Bezug auf das Diagnosehandbuch ICD-10«. Im zweiten Jahr der in Norwegen üblichen weiterführenden Schule wechselt Anders Breivik aufs Oslo Handelsgymnasium, wieder in Frogner, im Parkveien 65. Er wolle etwas mit Wirtschaft machen, erklärt er, und fühle sich da besser aufgehoben. Auch an dieser traditionsreichen Stätte fallen seine Abschlüsse gut aus. Weihnachten 1997, in der Mitte des dritten Jahres, bricht er das Gymnasium – ein halbes Jahr vor Abschluss – plötzlich ab. Freunde lässt er wissen, er habe sich für die Politik entschieden. In der Tat war er im März 1997 in die FpU Oslo West, in die Jugendorganisation der Fortschrittspartei, eingetreten. Statt auf kryptische Graffiti und Straßenkeile ist er nun ganz auf Ersatzfamilie aus. Rechtfertigt das den Schulabbruch? Offensichtlich. Die FpU wird für den komplett Haltlosen ein Jahrzehnt lang zum politischen Schulungsraum und zur inneren Zuflucht. Im Februar 1998 wird Anders Breivik volljährig. Er will rasch viel Geld verdienen und auf eigenen Füßen stehen, es ist allein seine Entscheidung. Kohle? Wo ist das Problem? Die Freunde in seiner Partei legen die Messlatte vor. In jeder norwegischen Zeitung kann man nachlesen, was der Einzelne an Steuern zahlt. Schule ist out, nur was für Streber.

GEWURSCHTEL. Ab Frühjahr 1998 lässt sich Anders Breivik als selbständiger Geschäftsmann ins Handelsregister eintragen: Behring & Kerner Marketing-DA. Laut Gutachten eröffnet er eine eigene Firma, die Telefonabonnenten anwirbt. Aus der Zeit gibt es nur Fotos, auf denen man ihn in Clubs oder Bars sieht, an üppigen Busen klebend, eher wegdriftend als aufrecht stehend, meist mit einem Glas in der Hand. Volle Pulle High-Life. Die Mitschüler von der Hartvig-Nissen-Schule oder dem Handelsgymnasium sitzen in Hörsälen, machen ihre Ausbildungen. Anders Breivik gründet 2000 zusammen mit einem Freund die Werbeagentur Media Group AS. Das Büro befindet sich in der Innenstadt. Der Neustart soll nach etwas aussehen. Er ist 21.

Im Jahr 2001 zieht er zu Hause aus und geht zurück nach

Frogner, in eine WG mit Freunden, Maries Gate 12, direkt am Kino Colosseum. Im Gutachten heißt es: »Er hat Beziehungen mit gleichaltrigen Frauen, aber sie sind nicht von langer Dauer.« Im September 2003 mietet er für sich allein eine Wohnung in Frogner. Im Westend mieten und nicht kaufen? Das ist ungewöhnlich, zumal der Durchstarter vorgibt, dass die Geschäfte laufen. Was hat er vor damit? In den Unterlagen der Fortschrittspartei heißt es, dass Anders Breivik von 2002 bis 2004 eine verantwortliche Stellung in der FpU innehatte. Konkreteres ist darüber nicht zu erfahren.

Im November 2003 heiratet seine Halbschwester, mit der er aufgewachsen ist, in den USA. Sie lebt zunächst in Dallas, später in Los Angeles. Auf dem Hochzeitsfoto sieht man Mutter, Schwester, Bruder: alle drei stolz, seltsam eins und in weiß. Als würden sich Sohn und Mutter, der Schulabbrecher und die Hilfskrankenschwester, in die Schwester beziehungsweise Tochter mit hineinheiraten wollen. Eine Status-Inszenierung? Die weitläufigen Anwesen, in denen die Schwester von nun an leben wird, haben das Weiß der unerreichbaren Frogner-Villen. In den Augen des Bruders dürfte die ferne, reiche Schwester ausgesorgt haben. Später schreibt er: »Meine Schwester und meine Mutter haben nicht nur mich beschämt, sondern sich selber und unsere Familie. Eine Familie, die als Sekundäreffekt der feministischen/sexuellen Revolution ohnehin schon zerbrochen war.«

Und was macht der aktivistische Überflieger? Er ist binnen kurzem zum Geschäftehuber geworden. Behring & Kerner Marketing-DA hat schon wieder dichtgemacht, die Werbeagentur Media Group AS auch. In einem späteren Interview mit sich selbst erklärt er seinen wundersamen geschäftlichen Werdegang so: Ende 2002 habe er eine Art IT-Firma gegründet, die sich auf Outsourcing von Software-

Programmierung spezialisierte. Die folgenden drei Jahre arbeitete er in Zwölf-Stunden-Tagen für seine »E-Commerce Group AS«. Er registrierte eine Briefkastenfirma und mehrere Off-Shore-Bankkonten, um der norwegischen Steuer zu entgehen. Seine erste Million (128 700 Euro) habe er mit 24 Jahren zusammen gehabt. Vier Monate später sei er bei vier Millionen Kronen gewesen. 2005 seien die Umsätze wegen der Rezession allerdings zurückgegangen. Um die Firma zu retten, habe er Insolvenz anmelden müssen. Fiktion oder Wirklichkeit?

Im Gutachten von 2011 heißt es: »Anders Breivik selbst schildert sich als erfolgreichen Geschäftsmann mit vielen Angestellten und hohen Einkünften. Das ist weder durch Steuereinkünfte noch offiziell belegt.« Selbst wenn es stimmen sollte, dass der große Unternehmer die Steuer umgangen hat und einiges an Einnahmen reinkam, sieht sein Geschäftskonzept eher nach Gewurschtel und Gezocke denn nach etwas Solidem aus. 2004 lässt er über einen asiatischen Mittelsmann Diplome, Gutachten, Papiere fälschen. Die Aufträge werden per Internet abgewickelt. Der Handel ist kriminell, er läuft offenbar ganz passabel. Für die große, weiße Welt, die ihm vorschwebt, dürfte aber auch das nicht gereicht haben.

Mit seiner Aktiengesellschaft E-Commerce-Group macht er sich schließlich zum Alleinunternehmer. Optionen kaufen und verkaufen. Das könnte was werden. Es klappt wieder nicht. Er verliert viel Geld. Norwegische Zeitungen schreiben, es sei das Geld der Mutter, eine halbe Million Dollar immerhin. Woher die Hilfskrankenschwester Wenche Breivik einen solchen Batzen Geld hatte, muss vorerst unerzählt bleiben. Hat sie es geerbt, ist es Geld von ihren geschiedenen Männern oder der Ertrag aus den sukzessive kleiner werdenden Wohnungen? In jedem Fall scheint der Jüngste tatkräftig genug, ihr Gespartes zu vermehren. Eine Erwartung, die fehlgeht: Der Sohn hat sich die eigene Haltlosigkeit zur Karrierestrategie gemacht. Seine Firmen werden zu Fakes. Eine Geschäftskultur der Niederlage. Das Desaster ist da. Als Jens Breivik im Interview gefragt wird, wann er das letzte Mal Kontakt zu seinem Sohn hatte, antwortet er: »Das muss 2005 gewesen sein. Das Telefon klingelte, unbekannte Nummer, und Anders war dran. Er erzählte von seiner IT-Firma, wie erfolgreich er sei und dass er Angestellte habe. Wir sprachen vielleicht zehn Minuten. Er prahlte unaufhörlich.« 2006 muss die letzte seiner Firmen Konkurs anmelden, sagt das psychiatrische Gutachten von 2011. Schnell reich werden? Ist augenscheinlich schwieriger als gedacht.

PUTZEN UND KRIEGSHANDWERK. »Zwischen 2002 und 2006« sei bei Anders Breivik »eine zunehmende Isolationstendenz mit graduell nachlassendem Funktionsvermögen« zu verzeichnen. »Es gibt keinerlei Einkünfte mehr. Unterstützung durch öffentliche Instanzen nimmt er nicht in Anspruch. Aus sozialen Kontakten zieht er sich zurück«, steht im Gutachten. Sein finanzielles Knock-out zwingt ihn dazu, die eigene Wohnung in Frogner aufzugeben. Die Mutter bietet ihm an, zu ihr in den Hoffsveien 18 zu ziehen. Warum nicht? Das ist bequem. Es garantiert Rundumversorgung. Sie putzt, wäscht seine Klamotten, geht einkaufen und kocht, weiß das Gutachten. Und darüber hinaus? Die Mutter-Sohn-WG bedeutet für den 27-Jährigen die komplette Abhängigkeit. Das kategorisch abgelehnte Kind kehrt zurück in den Raum seiner seelischen Verletzung. Wie soll man sich das vorstellen? 2006, 2007, 2008, 2009, 2010, bis Mai 2011? Lange Jahre, viel Zeit. So stillgestellt Breiviks Leben äußerlich wirkt, im Inneren läuft ein wahnsinniger Wettlauf – um den Bezug zum Verbot, um die Wiederherstellung einer Instanz, um die Aneignung eines Vaterbildes. Ein Kampf um Grenzen, während der fulminant Gestartete in den Raum der Mutter regrediert, in einen Raum, der ihn nie schützen konnte. Was soll das werden?

Der Heimgekehrte sitzt in seinem Zimmer vor dem Computer. Er ist beispielsweise in »Battlefield 2« unterwegs. Sein bevorzugtes Spiel aber wird »World of Warcraft«. Wenn das Leben schon rückwärts läuft, warum nicht gleich neu starten? »Welt der Kriegskunst«, ab 12 Jahre zugelassen, ist als »Massen-Mehrspieler-Online-Rollenspiel« in Europa seit Februar 2005 auf dem Markt. Mit mehr als einer Milliarde Dollar Umsatz jährlich und eine Zeitlang 30 Millionen Abonnenten ist es weltweit eines der erfolgreichsten Onlinespiele. Ein lukrativer Spaß. »Erhebt euch, Söhne der Horde! Blut und Ruhm erwarten uns. Das Blut eures Vaters, eures Volkes schreit nach Rache. Ich werde euch zeigen, was Rache ist und was Angst wirklich heißt. Dachtet ihr, wir hätten vergessen, dachtet ihr, wir hätten vergeben? Spürt nun die schreckliche Rache der Verlassenen.«

Ein schier unendlicher Fantasy-Kosmos in 3D: Kontinente, Städte, Wälder, Meere, Inseln, Dschungel und »Dungeos«: von der Fiktionswelt abgespaltene Ein- oder Ausschlüsse. An alles ist gedacht. Eine Megaerzählung mit neuen Helden, Titanen, Vampiren, fliegenden Reittieren, Horden, Allianzen, Monstern. »Uralte Länder sind zerrissen« – »Zerstörung breitet sich aus« – »Es gibt neue Konflikte, da die Ressourcen schwinden« – »Aber es gibt Hoffnung: Ein neues Zeitalter steht bevor«. Jeder Spieler hat Aufgaben und Missionen, sammelt Erfahrungspunkte und kreiert sich seinen eigenen Charakter, eine eigene Figur. Er kann Berufe lernen, Handel treiben, Nachrichten senden, sich mit anderen in einer Gilde zusammenschließen, vor allem aber hat er den Krieg der Kriege zu führen. Dafür steht zur Verfügung, was nötig ist: Ehrensysteme, Schlacht-felder, Arenen, Instanzen. Mit schwülstig unterlegter Musik und mindestens ebenso schwülstigen Worten geht es von Level zu Level, kann der Spieler sich als Modul entfalten und auf das Schicksal anderer Einfluss nehmen. Ballern, Zocken, Terroristen bekämpfen, sich Strategien ausdenken, die eigene Rolle erfinden. Jeder neu erreichte Stand der vir-tuellen Dinge bedeutet Anerkennung für den eigenkreier-ten Charakter. Das Spiel arbeitet mit der Entgrenzungslogik gegenwärtiger Exzesskulturen. Virtuelles und Reales beat-men sich, als hätte man der Welt in der Stratosphäre über-große Lautsprecher gegenübergestellt. »World of Warcraft« ist ein hochsuggestives Potpourri aus Arche Noah, Troja, Robinson Crusoe und Fantasy-Mittelalter. Es gibt nur ein Konstruktionsprinzip: das konsequent Inhomogene. Ein Schreddersystem, das jeden und alles übergeht, ein draller Remix, bei dem auf Teufel komm raus verschaltet wird, um wenigstens ein bisschen neu auszusehen. Kann man mit so etwas Jahre verbringen? Aktuelle Studien haben den Kon-trollverlust und das enorme Suchtpotential bei Jugend-lichen festgestellt. Eine ganze Generation von 12- bis 17-Jäh-rigen ist in den neuen virtuellen Kriegen unterwegs und im realen Leben am Kippen.

Was aber macht die ausufernde »Welt des Kriegshand-werks« für einen Mann Ende 20 so ungemein anziehend? Wofür steht der Zugang zum PC im Leben von Anders Brei-vik? Es ist der imaginäre Basisraum für die Mission, in die er sich hineinarbeiten wird. 2006 war die Realität für ihn erst einmal gekappt, seine Firmen sind nur noch Konkurs-masse. Im Mutterraum im Hoffsveien 18 ist er ein lebender Toter. Kein Junge oder Sohn mehr, kein Mann oder Vater, ohne jede Position und abhängig von der Mutter. Das kann nicht so ohne gewesen sein. Doch seit 2005 gibt es eine

Weltgeschichte außerhalb des Realen, in der man über »den Pfad der Titanen in ein neues Zeitalter« gelangen kann. In ihr lernt Anders Breivik modularisieren, remixen, adaptieren, modellieren, kompilieren und eine neue Entgrenzungs-Dimension. Die virtuelle Welt wird dem kategorisch abgelehnten Kind den »Pfad« in die Realität zurückbauen: Azeroths Reich in immer neuer Gestalt. Ruhm, Blut, Rache, Schrecken. Die Verbesserung der Welt mittels des Konzepts der Ausrottung. Der Radikalumbau des Opfers zum Täter, Level für Level, durch akribische Planung. Anders Breivik ist auf seine zweite Geburt aus. Das Dilemma, die Wunde, die eigene Zerstörtheit darf nicht mehr sichtbar werden. Alles, was verletzbar sein könnte, muss ausradiert werden. Der Wahnsinn wird eine Begegnung mit Bildern. Die Mutter sagt in ihrer späteren Vernehmung, dass der Sohn ab 2006 seinen Tagesrhythmus umdrehte, viele Computerspiele spielte, meist allein in seinem Zimmer saß, weder zum Arbeitsamt ging noch sich sonst um etwas kümmerte und es Anzeichen von Selbstvernachlässigung gab.

MISSIONSRITTER UND VIREN. »2083. Eine europäische Unabhängigkeitserklärung« heißt das Elaborat, an dem Anders Breivik in den Jahren im Mutterraum herumwerkelt. Ein Manifest soll es sein. 1516 Seiten, 778242 Wörter, 4,9 Millionen Zeichen. Der reinste Gigantismus. Das Bauprinzip ist dasselbe wie in »World of Warcraft«, diesmal aber ein Remix aus rechtem Bloggerismus und europäischer Geistesgeschichte, angelegt schlauerweise als Massen-Mehrspieler-Realo-Rollenspiel. Ein Entgrenzungslogiker kennt die offenen Flanken der anderen. Es sind seine eigenen, zu denen er keinen Zugang findet. In seinem Text beschreibt sich Anders Breivik als »Meister der Psychoanalyse. Er sieht, was andere denken, und drückt die richtigen Knöpfe.« Was der »kosmische Krieger« ohne Frage besitzt, ist ein Gespür dafür, was andere nicht sehen wollen. Ein nonverbales Gespräch zwischen Wunde und Wunde, das ihm ein Maximum an Resonanz garantiert.

Der Einstieg ins Breivik-Kompendium liegt nahe der »Warcraft«-Vorlage. Ein etwa zwölfminütiges Video fasst – diesmal unterlegt mit schwülstigen Streicherklängen und dem Wehmuts-Sopran der Folkloresängerin Helene Bøksle – Breiviks Haupterzählung zusammen: Wieder ist die Zeit gekommen, wieder muss die Zukunft gerettet werden, diesmal nichts weniger als die des politischen Europa. Der Grund: Seit dem Zweiten Weltkrieg habe sich der Kontinent durch den »Aufstieg eines alles kontrollierenden Multikulturalismus« in die falsche Richtung entwickelt. »Marxisten, todessehnsüchtige Humanisten und globalistische Kapitalisten« haben eine weltumfassende Verschwörung angezettelt, die längst schon »Medien, Umwelt- und Menschenrechtsorganisationen, Arbeiter- und Frauenbewegungen und die meisten Universitäten« dirigiere. Es drohe »die Auslöschung der westeuropäischen Rasse«. Diese Not habe nunmehr eine »westeuropäische Widerstandsbewegung« in Gestalt der Kreuzritter auf den Plan gerufen, die für die »europäische Säuberung« reite. In die Video-Botschaft sind jede Menge unverdaulicher Propaganda-Bildschnipsel eingebaut: ein Henker mit BBC-Logo, der – ganz »Warcraft« – »Charaktermord an Nazi-Monstern« begeht. Ein Mann mit Waffe im Mund und dem Schriftzug »Liberalismus«, am Abzug der Zeigefinger des Islams. Ein Fettsack in Hammer- und-Sichel-Uniform mit der Bildunterschrift »Kulturelle Marxistische Vergewaltigung Europas«. Bilder, die bei fast einem Viertel Westeuropäer auf größeren Widerhall treffen. Referenzen, die durchweg anschlussfähig sind, da im europäischen Gedächtnis fest verankert.

Mit »2083« wolle Anders Breivik »das politische Projekt beschleunigen, das der Machtübernahme in Europa« dienen solle, schreibt er. Seine eigene Position wird im Messias-Mantel durch »Tradition, Gewohnheitsrecht, Souveränität, Definitionsmacht, Verantwortlichkeit und Liebe zum Volk« definiert. Er sieht sich als »einzigartiger Pionier, neuer Regent Norwegens und Nachfolger des Königs«. Das Gutachten vom Herbst 2011 nennt diese Perspektive eine »grandiose Wahnvorstellung«. An einer Stelle in seinem ausladenden Konstrukt stellt Breivik Westeuropa kurz vor dem Jüngsten Gericht rasch noch ein Ultimatum. Darin heißt es, die westeuropäischen Staaten könnten nur von einer militärischen Invasion verschont bleiben, wenn sie sich bis zum 1.1.2020 ergäben. Mit der weißen Fahne müssten alle wichtigen Stellen in den Regierungen und im Militär von »Patrioten« besetzt werden. Außerdem gehe es darum, eine »neue Geburtenpolitik« einzuführen, die »islamische Besetzung des Balkans zu beenden« und »die Medien zu reformieren«.

Das psychiatrische Gutachten hält fest, dass Anders Breivik immer wieder ungewöhnliche Begriffe wie »niedrig-intensiver Bürgerkrieg«, »militäre Ordnung«, »Militärgerichtsbarkeit«, »Hinrichtung« oder »Operation« benutze. Darüber hinaus habe er zahlreiche Neologismen wie »Nationaldarwinist«, »Suizidal-Marxist«, »Suizidal-Humanismus« eingesetzt. Seine Ritterordnung unterteile er in »Ritterjustitiarius«, »Ritterjustitiarius-Kommandeur«, »Ritterjustitiarius-Meister« oder »Ritterjustitiarius-Großmeister«. Starker Tobak, aber Breiviks Modulsprache entspricht letzten Endes nichts anderem als der Modul-Bildwelt in »World of Warcraft«. Er benutzt Sprache wie virtuelle Bilder, die ohne Ende variierbar, weil ohne Bedeutung, sind. Die Gutachter lesen seinen neuen Thesaurus als Zeichen »paranoider Wahnvorstellung«.

Den umfassendsten Stellenwert in seinem Pamphlet erhält seine Idee von Norwegen. Wer in seinem Land zu leben oder zu sterben hat, darüber habe er zu bestimmen. Eine Verantwortung, die ihn zwar belaste, aber real sei. Er glaube, dass etliche Hunderttausend seine Taten unterstützten und es zu einem Staatsstreich kommen werde. Als neuer Regent Norwegens werde er sich Sigurd der Kreuzfahrer II. nennen. Auf Seite 226 des psychiatrischen Gutachtens beschäftigen sich die beiden Experten mit Anders Breiviks »bizarrem, paranoidem Wahnvorstellungs-System«. So plante er, »den norwegisch-ethnischen Pool zu verbessern«. Dafür sah er vor, »Krankheiten auszurotten«, die »Scheidungsrate zu reduzieren«, »Reservate für Urvolk-Norweger anzulegen« und »DNA-Tests durchzuführen«. »Um einen neuen Regenten zu rekrutieren«, sollten »mit den Überresten von ›Olaf dem Heiligen‹ und ›Harald dem Harten‹ DNA-Tests durchgeführt und« im Folgenden das »gesamte norwegische Volk getestet werden«, um den als neuen Regenten einzusetzen, der die meiste genetische Übereinstimmung mit den beiden eisenharten Kriegern besitzt, die vor 1000 Jahren in Norwegen unterwegs waren.

Wie »World of Warcraft« ist auch »2083« ein entgrenzter Zitate-Mix: Abschnitte über die Frankfurter Schule, Marx und Engels, Herbert Marcuses *Eros und Kultur,* Bernd Eichingers »Baader-Meinhof-Komplex«, Texte des Bloggers Fjordmann zur »vaterlosen Zivilisation«. Geschichte, Politik, Zeitgeist werden ventiliert und ins eigene System eingespeist. Der Akt ist maßlos. Er depersonalisiert die Urheber und privatisiert jegliche Referenz. Man kann auch in der Schrift Amok laufen. Anders Breiviks Prinzip heißt Nichtreferenz. Die macht ihn zum System. Es ist eins, das in das System des anderen – auch der Gesellschaft – nicht eintreten muss, sondern Breivik erlaubt, alles zu überschreiten. Seine zweite Geburt? Wird eine aus der virtuellen Welt. Im

Text heißt es: »Terror ist Theater, und Theater wird immer vor einem Publikum aufgeführt.« – »Wenn du dich entschlossen hast zuzuschlagen, ist es besser, zu viele zu töten als nicht genug, sonst reduzierst du den gewünschten ideologischen Effekt.« – »Eine einzelne Person mit einer Überzeugung ist so mächtig wie Hunderttausende, die nur Interessen verfolgen.« – »Um für dieses Attentat einen einflussreichen Effekt zu erzielen, müssen wir auch Terroranschläge und den Einsatz von Massenvernichtungswaffen mit einbeziehen.« – »Wenn wir, die kulturellen Konservativen, in den nächsten 20 bis 70 Jahren die politische und militärische Macht in Westeuropa ergreifen, werden wir die patriarchalischen Strukturen wieder errichten.«

Das Patriarchat, der Stamm, die stählerne »Horde« wird zum Kern der Heilserzählung. »Warcraft« ruft. Kann sie die Sehnsucht nach der verlässlichen Vater-Instanz als Halt, als Schutz-Tor zur Welt, als natürliche Autorität, binden? All das, was Breivik nie kennengelernt hat? Doch ohnedies zielt sein Ermächtigungsprojekt auf mehr: Der Vieltexter weiß das Virtuelle nicht nur für seine Selbststilisierung zu nutzen. Durch »2083« will er der kampfbereiten Menschheit seine Kategorien und Missionslogiken zum Geschenk machen. Deshalb ist es auch kein Paradox, dass es ausgerechnet ein Text und nicht die immer schneller geschaltete Bildwelt ist, die sich zum Forum und Verstärker der multimedialen Resonanzen für seinen späteren Todesauftritt eignet.

Außerhalb der »Horde« oder seiner »kulturellen Konservativen« lässt der selbsternannte Missionar nicht sonderlich viel gelten. Der Auflösung des Patriarchats stehe in ganz Europa eine »Feminisierung« gegenüber, zu der auch die Zuwanderung von Muslimen gehöre. Die muss rückgängig gemacht werden. »Der Name des Teufels: kultureller Marxismus, Multikulturalismus, Globalisierung, Feminismus, Egalitarismus – ein Rezept zum Untergang«, heißt es in seinem Machwerk. »99 Prozent der Frauen sind nur kegelförmige Geburtsmaschinen«, weiß er. Je femininer die Welt, umso obsessiver die Beschäftigung mit dem Thema Sexualität. In seinem Postulat schreibt Anders Breivik über Mädchen in Oslo, die »schon mit elf, zwölf Jahren Oralsex praktizieren«. Er schimpft auf Popmusikerinnen wie Madonna und Lady Gaga und die wachsende Zahl »weiblicher Schlampen mit Geschlechtskrankheiten«. Am »Sex and the City-Lebensstil« habe er bis zu seinem Missionsbeginn selbst teilgehabt, gibt er preis, doch dafür empfinde er »nur noch Scham«. Dieselbe Scham, die ihn beschäftigt, wenn er an seine Schönheitskorrekturen von Nase, Kinn und Stirn denkt. Operationen, denen er sich als 20-Jähriger in den USA unterzogen hatte. Diese hätten ihn leider »feminisiert«, meint er.

Es konnte nicht ausbleiben, dass die Cyber-Welt auch Themen wie Krankheit, Viren und Pandemien in ihre Erzählungen einspeiste. Schon im September 2005 meldete »World of Warcraft« jede Menge »verdorbenes Blut« und eine Virus-Epidemie, die ihre Macher postwendend in die Online-Welt einfließen lassen konnten. Der Feind kam nicht mehr allein von außen, sondern auch von innen und war dabei, bis ins Subkutane, Kapillare, Neuronale vorzudringen. Die Spieler der Welt saßen vor »Phage Wars«, I, II oder III und bekamen Zustände. Auch Anders Breivik plagten mehr und mehr Ansteckungsnöte. Die Mutter schildert ihn in ihrer Vernehmung als »unangenehm, reizbar, oft wütend«. Irgendwann nahm er kein Essen mehr von ihr. Am Telefon benutzte er einen Mundschutz. Ab 2009 glaubte er auch noch, abgehört und überwacht zu werden. Je fanatischer der nun 30-Jährige Viren-Attacken abwehren musste und Abhör-Netze ausmachte, umso fanatischer geriet ihm sein Text: »Ich bin ein europäischer Held, ein Erlöser. Ich vernichte das Böse und bringe das Licht.« Am Ende seines Pamphlets wähnte er sich »im Bürgerkrieg«. Es wurde seine Legitimation zum Morden.

Von Februar 2007 an war Anders Breivik Mitglied einer Freimaurerloge des christlichen Norwegischen Freimaurerordens. Von 2005 bis 2007 und dann erneut ab Juni 2010 gehörte er zum »Oslo Pistolklubb«. Seit 2009 surfte der Missionsritter aktiv im rechtsextremen Forum »nordisk.nu«. Im islamkritischen Forum »document.no« verfasste er 75 Beiträge. Seine Spuren findet man überall. In einem Beitrag machte er klar, warum er aus der in seinen Augen laschen »Fremskrittspartiet« 2007 ausgetreten war: Sie habe den »kulturellen Forderungen und den selbstmörderischen Idealen des Humanismus« nachgegeben. Interessant, dass er die Partei zu einem Zeitpunkt verließ, als eine Frau ans politische Ruder der FrP kam.

Laut Steuererklärung wuchs Breiviks Vermögen im Jahr 2007 von 7471 Kronen auf 631 663 Kronen, etwa 80 000 Euro. Die Herkunft der Summe ist bislang so ungeklärt wie das viele Geld der Mutter. Geerbt oder geliehen? In »2083« verweist Anders Breivik darauf, dass er für die Vorbereitung seiner »Aktion« einen immensen finanziellen Einsatz aufgebracht habe. Allein das Verfassen seines Pamphlets habe ihn schon 317 000 Euro gekostet. Ein Text unterm Blasebalg. Je größer der Wind, umso stärker die spätere Plattform. Glaubt er das? Es dürfte der Grund gewesen sein, warum er die letzten Monate bis zu seinem Mordlauf in »2083« minutiös festhielt. So betonte er, dass eine plötzliche Krankheit seine »Mission« beinah noch verhindert hätte: »Am 9. 4. 2011 steckte ich mich bei meiner Mutter mit einem Virus an. Es war schon das dritte Mal in zwei Jahren, dass sie mich angesteckt hatte, und ich war wütend und frustriert. Ich dachte, die Krankheit würde innerhalb einer Woche vorübergehen, doch sie erwies sich als sehr widerstandsfähig. Mein Energielevel fiel um mehr als 50 Prozent. Am 25.4. ging es mir besser. Ich war nun praktisch immun gegen alle Bakterien und Viren, weil mein Immunsystem von dem Virus deutlich gestärkt wurde.«

Bereits im Mai 2009 hatte Anders Breivik in der Gemeinde Åmot seinen Bauernhof »Breivik Geofarm« ins Handelsregister eintragen lassen. Laut Eintrag wollte er »Gemüse, Melonen, Wurzel- und Knollengemüse« anbauen. Anfang Mai 2011 zog er bei der Mutter aus und nach Rena, etwa 170 Kilometer von Oslo entfernt. Am 4.5.2011 kaufte er für sein Unternehmen sechs Tonnen Kunstdünger. Im abgeschiedenen Rena blieb ihm Zeit genug, daraus Bomben zu bauen. Neben Plan A, Plan B und Plan C, die auf seine Mord-Agenda kamen, machte er sich auch über mehrere Stufen zur Kampfmaschine. Der Körper als Waffe. Das psychiatrische Gutachten vom November 2011 hält für den ängstlichen Ritter drei lange Phasen der Einnahme von anabolen Steroiden, das heißt männlichen Sexualhormonen, fest: von Februar 2010 bis Mai 2010 bis zu 20 Milligramm Winstrol, also Stanozolol; in einem zweiten Zyklus von Dezember 2010 bis Februar 2011 dieselbe Dosis mit demselben Stoff. Für einen dritten Zyklus vom 27.4.2011 bis zum 15.6.2011 wird die Einnahme von Dianabol sowie direkt anschließend vom 15.6. bis 22.7.2011 noch einmal der Konsum von Winstrol angegeben, mit zusätzlicher Einnahme von ECA-Stack. Eine hochpotente Stimulanz und ein ergebnissicherer Fettverbrenner. Der letzte Konsum von ECA-Stack erfolgte am 22.7.2011 um 14.30 Uhr.

In einem Forschungsartikel vom Januar 2012 äußern sich Dr. Gen McLean Kanayama vom biologisch-psychiatrischen Labor in Belmont, Massachusetts, und Prof. Pope G. Harrison von der Psychiatrischen Abteilung der Harvard Medical

School in Boston, Massachusetts, über die »psychiatrischen Effekte bei der illegalen Nutzung von Androgenen«: »Eine substantielle Anzahl von wissenschaftlichen Arbeiten hat dokumentiert, dass die Einnahme von männlichen Hormonen manische Stimmungslagen, Aggressionen oder Gewalt bei Konsumenten erzeugen können. Verschiedene epidemiologische Studien in Schweden haben eine Verbindung zwischen der Einnahme männlicher Hormone und gewalttätigem oder kriminellem Verhalten festgestellt. Eine weitere schwedische Studie konnte belegen, dass einige Nutzer von androgenen Drogen diese bewusst für einen anderen Körper bei der Planung eines Verbrechens einsetzen würden.« Auch Anders Breivik berichtete in »2083«, dass er die harten Stoffe als »systematische Vorbereitung seiner terroristischen Anschläge« eingenommen habe. »Man muss anfängliche schwierige psychologische Herausforderungen meistern und anschließend seine Psyche jeden Tag überprüfen – bis die Operation abgeschlossen ist«, notierte er. Sein »Auftrag« sei ein »Prozess, der viel Zeit und Kraft braucht und bei dem man viel nachsinnen muss«. Täglich würde er 40 Minuten spazieren gehen und während seines Mentaltrainings »motivierende und inspirierende Musik« hören. »Geh ins Solarium, um frischer auszusehen. Trainiere hart sieben Tage voraus, geh zum Friseur, lass dir ein dezentes Make-up machen und zieh die besten Kleider an.« Und: »Das tägliche mentale Übungsritual erhält meine Motivation aufrecht und lädt meine Batterien wieder auf.« Sein Text endet mit der Notiz: »Ich glaube, das hier ist mein letzter Eintrag. Es ist jetzt Freitag, der 22. Juli, 12.51 Uhr.« Daraufhin stellt er sein Video und das 1500-Seiten-Elaborat ins Netz. Noch bevor er ans Morden geht, kümmert er sich um die Rezeption.

DIE LETZTE FÄHRE. Oslo. 22.7.2011. Ein Freitagnachmittag im Regen. Die Hauptstädter sind dabei, ihre Büros und Arbeitsplätze zu verlassen. Auch am Donnerstag hatte es Bindfäden geregnet. Fürs Wochenende kündigte der Wetterbericht immerhin Besserung an. 20 Grad. Kein Sommer, aber für Norweger noch lange kein Grund, nicht rauszufahren. Sie leben draußen.

Das Freitagsgebet der muslimischen Migranten ist soeben beendet, als es – um 15.22 Uhr – zu einer schweren Explosion im Regierungsviertel kommt. Plan A läuft. Ein Gebäudetrakt ist binnen Sekunden völlig verwüstet. Acht Menschen werden getötet, zehn verletzt. Menschen schreien, Glas splittert, Gebäude brennen, Straßen werden aufgerissen. Auf der Basis von 950 Kilogramm ANFO – Ammoniumnitrat und Dieselöl – zündet ein Mann in dunkler Kampfkleidung eine Bombe in einem VW Crafter-Kleintransporter, der in der Grubbegata vor dem Öl- und Energieministerium steht. 20 Prozent der Explosionskraft geht nach unten weg. Laut Plan sollte die Detonation das 17-stöckige Regierungsgebäude zum Einsturz bringen, in dem sich die Staatskanzlei befindet und Ministerpräsident Jens Stoltenberg im 16. Stock sein Büro hat. Er ist nicht am Ort.

Anders Breivik läuft zu seinem Auto, einem silbergrauen Fiat Doblo, und fährt los. Das Radio berichtet von einem Anschlag. Er erfährt, dass das Regierungsgebäude gewackelt hat, dass die oberen Stockwerke im Öl- und Energieministerium brennen, dass es Tote und Schrecken gibt. Ihm ist klar, dass Plan A nicht aufgegangen ist. Er verlässt die Stadt Richtung Nordwesten über die E 16. Hinter Oslo zerklüftete Granitfelsen, Kiefernwälder, rote Holzhäuser, einzelne Anwesen, Verkehrszeichen mit Elchen. Gatekjøkken, Hole Kommune, Sønsterud Tunnelen, nach 35 Kilometern irgendwann das Schild Utøya. Die Insel liegt im Tyrifjord.

Das Wasser des Atlantiks ist an der Stelle fast schwarz. Von der Straße geht es nach links. Das Festland und die Insel, auf dem sich das Sommercamp der AUF, der Jugendorganisation der sozialdemokratischen Arbeiderpartiet, befindet, sind etwa 500 Meter voneinander entfernt. Utøya erzählt die Geschichte dieser Partei. Alle Ministerpräsidenten haben hier ihre politische Werkstatt durchlaufen. Ein glücklicher, sicherer Platz, ein großes Happening, nicht selten der Ort der ersten Liebe.

Und regelmäßig kommen Politiker nach Utøya. Am Donnerstag erst war der Außenminister Norwegens bei den Jugendlichen gewesen. Für Freitagnachmittag hatte sich Gro Harlem Brundtland angesagt und ihre Rede vor den Jungsozialisten gerade beendet. Eine Jugendliche gab ihr, weil es stark regnete, noch ihre Gummistiefel mit. Die »Landesmutter« setzte Minuten vor der letzten Fähre über. Wie sich später herausstellen wird, wollte Anders Breivik, der Gro Harlem Brundtland in Internetforen immer wieder zur »Landesmörderin« erklärt hatte, neben Jens Stoltenberg vor allem sie töten. Ein versuchter Symbolmord an den Eltern. Das Gummistiefel-Mädchen macht er nur Stunden später zu seinem Opfer.

Es ist nachmittags 16.45 Uhr. Die kleine Fähre MS »Thorbjørn« bringt die letzten Gäste der Insel nach drüben. Mit im Boot Monica Bøsei, 45 Jahre alt, die alle nur »Mutter Utøya« nennen. 20 Jahre lang ist sie für die Jugendlichen da gewesen. Nun will sie noch einmal etwas anderes probieren, in einem Café arbeiten. Das sollte ihre letzte Woche im Sommerlager werden. Einer der Passagiere ist ein Mann in dunkelblauer Polizeikleidung. Der Unformierte unterhält sich mit Monica Bøsei über das Bombenattentat in Oslo. Sie sieht den Stahlkoffer, das Gewehr in seiner Hand, die Pistole im Halfter. Er wolle auf der Insel nach dem Rechten schauen, sagt er. Die Überfahrt ist kurz. Um 17.57 Uhr landet Anders Breivik auf der Insel.

Monica Bøsei ist beunruhigt, alarmiert Trond Berntsen, 51 Jahre alt, Polizist und Stiefbruder der norwegischen Kronprinzessin Mette-Marit, der sich zusammen mit seinem zehnjährigen Sohn schon auf der Insel befindet. Er macht an dem Wochenende freiwilligen Wachdienst im Camp. Der eigentliche Polizist tritt dem falschen arglos entgegen. Trond Berntsen ist unbewaffnet. Als er erkennt, was vor sich geht, schiebt er seinen Sohn rasch hinter zwei Mädchen. Der Mann in Uniform hält auf Trond Berntsen und erschießt ihn. Monica Bøsei wird das zweite Opfer auf Utøya. Sie ist sofort tot. Mit den Morden an den Insel-Eltern haben die Jugendlichen jeglichen Schutz verloren. Für Anders Breivik sind sie Freiwild. Geht es jetzt um die Geschwister? Der Mann mit schusssicherer Weste ruft die Jugendlichen zusammen. Er wolle sie über den Bombenanschlag in Oslo informieren, sagt er, und eröffnet ohne Vorwarnung das Feuer. Er streunt eine Stunde lang über die Insel und tötet dabei 69 Menschen, vor allem Jugendliche, mit präparierten Dum-Dum-Patronen, die er angefeilt hatte. Sie machen keine Löcher, sondern platzen nach dem Einschlag im Körper auseinander. Seine Opfer sollen auf besonders brutale Art sterben. Wovon erzählt das?

Die Hatz, die Schreie der Jugendlichen, die Flüchtenden im eiskalten Wasser, die stundenlangen Ängste in den zahllosen Verstecken. 650 Jugendliche zählt das Camp. Etwa 150 werden mit Booten aus dem Wasser gerettet. Um 17.27 Uhr verzeichnet das Protokoll der Polizei von Nord-Buskerud den Eingang des ersten Notrufs. Auch der Mann in blauer Uniform meldet sich bei der Polizei. Er sei »Anders Breivik von der norwegischen antikommunistischen Widerstandsbewegung«. Man will seine Telefonnummer. Er legt auf und tötet weiter. Nach 20 Minuten gibt es einen zweiten Anruf: »Ich habe meine Operation vollendet. Deshalb werde ich jetzt kapitulieren.« Auch diesmal legt er auf. Seine Jagd über die Insel geht weiter. Schreiend, jubelnd. Gegen 18.30 Uhr trifft die Anti-Terror-Einheit Beredkapstroppen auf Utøya ein. Anders Breivik entgeht knapp der Erschießung. Die Spezialeinheiten nehmen an, dass er Bomben am Körper trägt. Es geht nur um Zentimeter. Er hebt die Arme, leistet keinen Widerstand, wird festgenommen. Um 20.17 Uhr gibt er gegenüber der Polizei eine Erklärung ab: »Ich bin Kommandeur. Wir sind Kreuzfahrer und Nationalisten.«

RISSE. In Oslo kommen nach dem Tag, den die Norweger »22/7« nennen werden, Tausende vor dem Dom zusammen. Rosen, Kerzen, leise Worte. Die Menschen sind zutiefst verstört und versammeln sich in den Kirchen des Landes. Im kalten Wasser um Utøya werden noch vier Vermisste gesucht. Bei jeder Beerdigung der 77 Opfer soll ein Minister anwesend sein, verständigt sich das Kabinett. Zwei Tage nach dem Anschlag findet im Dom der Hauptstadt ein großer Trauergottesdienst statt. Norwegen nimmt Abschied und versucht zu verstehen. Jens Stoltenberg sagt: »Es sind erst zwei Tage vergangen seit dem schlimmsten Angriff, den Norwegen seit dem Krieg erlebt hat, aber es fühlt sich an wie eine Ewigkeit.« Die Stimme des Premiers ist brüchig. Viele Tränen. Über der Stadt hängt noch der Rauch der Bombe. Polizisten stehen hinter Absperrungen. Straßenschilder hängen schief in der Luft. Zerborstene Fenster. Die Aushängekästen der Zeitung »Verdens Gang«, nah am Regierungsgebäude, sind nur noch ein Kaleidoskop aus tausenden Glasstücken. Ein Mahnmal, das auch ein halbes Jahr später unverändert so dastehen wird. Der Text hinter dem Bruch ist schwer zu lesen: Es ist die Zeitung vom 22.7.2011. Auch sie gibt es ein halbes Jahr später noch. Am 25. Juli eine Schweigeminute im ganzen Land. Alle Eisenbahnzüge halten an. Der Verkehr in Oslo kommt zum Erliegen. Am Abend überall Rosenzüge, Fackeln.

Bjørn Tore Godal, Jahrgang 1945, sozialdemokratischer Politiker, ehemaliger Verteidigungsminister und von 2003 bis 2007 norwegischer Botschafter in Berlin, sagt über »22/7«: »Die Tat hat Norwegen völlig unvorbereitet ins Herz getroffen und wurde von vielen als der schlimmste Angriff seit der Nazi-Invasion am 9.4.1940 verstanden. Ich kannte nur ein Opfer, aber meine Enkelin sollte ursprünglich auch auf der Insel sein. Erst kurz zuvor hatte sie sich für einen Urlaub mit ihrer Mutter im Ausland entschieden. Als ehemaliger Minister und ehemaliger Chef der AUF, der Jungsozialisten, wurde ich von der Regierung gebeten, auf zwei Beerdigungen zu sprechen. Dieser Anschlag hat unser Land verändert. Wir sind wund und brauchen Zeit, um die Katastrophe einzuordnen.«

Die Ermittler nehmen ihre Arbeit auf. Eine Sonderkommission mit 80 Beamten wird eingerichtet. Das komplette obere Stockwerk des Polizeihauptquartiers ist dafür geräumt worden. Während der Verhöre soll Anders Breivik jeden einzelnen seiner 77 Morde erklären. Er sitzt in einem kleinen Zimmer mit bequemen blauen Sesseln. Er soll sich erinnern. Es geht nicht um Konfrontation, sagen die Ermittler, sondern um jedes Detail. Der Tempelritter erinnert sich viel und gern. Mehr als 100 Stunden Aussagen sind schon auf Band. Eine Art Sprech-Amok. Anders Breivik bleibt ganz »kosmischer Krieger«. Da seine zweite Geburt erst 2083 vollendet sein wird, gelingt es ihm, seine Destruktionsenergie über den Akt der Verwüstung hin aufrechtzuerhalten. Verantwortung? Sein Morden dient nur noch als kaltblütiges Entree für den vermeintlichen Missions-Akt nach der Tat. Ein herber Paradigmenwechsel in der Schule des Tötens, an dem die abstrakten Väter des Internets eifrig mitgeschrieben haben.

PORT ARTHUR, APRIL 1996: Der autistoide Martin Bryant wütet sich durch seinen »anderen Schauplatz« und tötet Touristen wie Nachbarn als seine Selbstobjekte – jener inneren Dimension des Erlebens von anderen, die das Selbst lebenslang stützt und benötigt. Frustrierte frühkindliche Bedürftigkeit, Entwertung, Beschämung, das Gefühl der Leere, Hass, Neid, Dissoziation, Isolation und intensive Spiegelverhältnisse aktivieren ein Größenselbst, das in seinem Todesauftritt vor allem eines sucht: einen Zugang zu sich selbst. Ist das Psychotische erzählbar? Erzählbar ist zumindest die Logik der entbundenen Enttäuschungswut, die Fall für Fall Parallelen aufweist. Und doch hat jeder Amoklauf immer auch etwas Singuläres, stirbt mit jeder dieser Katastrophen irreversibel ein einzigartiger Lebenskosmos: der Opfer, der traumatisierten Angehörigen, der beschämten Angehörigen des Täters, der Gesellschaft. Das Grauen ist unabweisbar da.

Seit Columbine und dem Einbruch der Neuen Medien ist der Amok-Komplex zu einem lernenden System geworden, das nicht aufgehört hat, die Gesellschaft mit neuen Handlungsmodellen zu schocken. In Erfurt, Emsdetten und Winnenden verschalten sich historische Schulen der Destruktion mit zeitgenössischen. Das Virtuelle wird zum geistigen Raum, in den sich die jungen Mordläufer während ihrer Schläfer-Episode versenken können, den ihre verkrümmten, narzisstischen Seelen aber auch mehr denn je als Potenzbühne für die medialen Selbstinszenierungen nach ihren »Operationen« nutzen. Das Virtuelle als Resonanzfolie, als Verstärker sowie zunehmend als Maskierungsraum. Zehn Jahre sind viel Zeit. Anders Breivik als

Langzeit-User von Cyberkinderspielen und gleichzeitig als Medienzocker, der das Suggestible, Erhitzte der Zeit zu nutzen weiß. Er spielt mit den Erkaltungssyndromen des Jetzt, einer neuen sozialen Brutalität, die ihm das Plazet für sein eigenes Spiegelungsverfahren geben soll. Oder? Warum dieser neuen Form von Perversion nicht entgehen?

Neben dem Täter geht es der Sonderkommission auch um Hinweise auf Mittäter, Anstifter und Geldgeber. In 30 Ländern hat man um Amtshilfe gebeten. Allein neun Ermittler sind ausschließlich mit der Spurensuche im Internet befasst. »Die große Rolle der sozialen Medien ist eine Besonderheit in dem Fall«, erklärt der Ermittlungsleiter. Der Anwalt von Anders Breivik sagt über seinen Mandanten: »Er hat eine Auffassung von der Wirklichkeit, die kein einziger Mensch mit ihm teilt. Das zeigt sich an der Art, wie er über die Dinge spricht, was er für Fragen stellt.« Auch die beiden Psychiater, Torgeir Husby und Synne Sørheim, die den Auftrag erhalten, den sogenannten Breivik-Rapport zu erstellen, scheinen mit dem Missionar ihre Schwierigkeiten zu haben. 243 Seiten umfasst der Befund, der am 29.11.2011 vorgestellt wird. Die Diagnose ist eindeutig: Anders Breivik ist krank, unzurechnungsfähig, und kann aus diesem Grund nicht von einem Gericht bestraft werden. Sie halten fest: »Er bietet das Bild stabiler, allumfassender Wahnvorstellungen, deren Symptome bizarren Charakter haben. Laut ICD-10 erfüllt er die Kriterien für F20.0, für eine paranoide Schizophrenie. Diese wird nach vier Kriterien beurteilt: 1. Der Beobachtete war während der Tat psychotisch. 2. Der Beobachtete war während der Untersuchung psychotisch. 3. Der Beobachtete war in der Zeit der ihm zur Last gelegten Handlung nicht bewusstlos. 4. Der Beobachtete ist nicht in hohem Maße psychisch entwicklungsgehemmt.«

Weiter schreiben sie: »Seine Hinrichtungen schildert er unemotional, mit leicht starrem Blick. Er blinzelt viel. Seine Mimik ist reduziert, die Körpersprache versteift. Wenn er spricht, bewegt er sich kaum im Stuhl. Lässt man ihn erzählen, kommt er immer wieder auf dasselbe zurück: Die Opfer seien aus Liebe zum norwegischen Volk gestorben. Er spricht unentwegt über die notwendige Radikalisierung, die eigene Ritterschaft, den kommenden Staatsstreich und die Machtübernahme in Norwegen. Er kennt keine Reue oder Schuld. Seine Taten seien brutal, aber notwendig gewesen, um Norwegen vor der muslimischen Kolonialisierung zu retten. Deshalb sei er nicht schuldig. Bei den ersten vier Menschen sei es ihm schwer gefallen zu schießen. Aber da sei die Musik »Lux Aeterna« aus »Herr der Ringe« gewesen, die ihn über Kopfhörer aufputschte, ihn euphorisierte. Und da seien die Drogen, die Amphetamine, gewesen. Er habe dann auf Autopilot umgeschaltet. Es sei ihm gelungen, eine ungeheuer komplexe Tat zu planen und durchzuführen.«

Ein Satz, der Norwegen spaltet, weil er nur schwer mit der Unzurechnungsfähigkeit des Amokschützen in Einklang zu bringen ist, die beide Gutachter ihm attestieren. Der Riss geht tief. Was soll man davon halten? Die Verunsicherung im Land scheint ein halbes Jahr nach dem Attentat nur größer geworden. Für die etwa 1000 Nebenkläger im Breivik-Prozess, der am 16.4.2012 beginnen soll, spricht sich mehr als die Hälfte der 170 Anwälte für ein neues Gutachten aus. Das erste sei schlicht »zu monokausal«, sagen sie. Andere wiederum befürchten, das könne das Verfahren in die Länge ziehen. Norwegen – ein Traumaland. Die Debatte um das Gutachten ist dabei insbesondere an die Frage gekoppelt, wie die Gesellschaft mit dem Breivik-Fall umgehen soll. Und was seine Tat tatsächlich mit dem europäischen Rechtsextremismus zu tun hat. Fragen ohne Antworten.

Um das Regierungsviertel wird rasch eine Art »Berliner Mauer« gezogen. Etliche Ministergebäude sind mit Planen abgehängt, die Innenstadt ist eine einzige Baustelle. Überall Risse. Am 13.1.2012 ordnet das Gericht ein zweites Gutachten an. Damit rechnete niemand. Sowohl die Staatsanwaltschaft als auch der Verteidiger von Anders Breivik hatten sich mit dem Erstgutachten einverstanden erklärt. Doch der öffentliche Druck und die Experten-Kritik nahmen mit jeder Woche zu. Die deutlichste Gegenstimme kam wohl von Johan Cullberg, in Skandinavien eine Koryphäe in Sachen Psychiatrie und Psychoanalyse: »Als ich dieses Gutachten gelesen habe, musste ich ständig den Kopf schütteln. Keines der beschriebenen Symptome weist eindeutig auf eine Psychose hin.« Der 78-jährige Cullberg geht auch davon aus, dass Anders Breivik krank ist, spricht aber ausdrücklich nicht von einer Psychose. Bei einer Schizophrenie drifte man in eine Traumwelt ab, sagt er, und verlöre den Kontakt zur Wirklichkeit. »Breiviks Äußerungen zeigen aber, dass er durchaus in der Lage ist, Vorstellung und Realität zu trennen. Auch die komplizierte Vorbereitung seiner Anschläge spricht nicht dafür.« Johan Cullberg plädiert in dem Fall für eine Persönlichkeitsstörung, die jedoch keine Straffreiheit rechtfertigen würde. »Die meisten großen Verbrecher haben eine Form von Persönlichkeitsstörung. Die Gefängnisse sind voll von solchen Leuten«. Es sieht nach einem langen Weg der juristischen Aufarbeitung aus. Sie aber wäre ein wichtiger Schritt für die Norweger – und nicht nur für sie.

An den Fassaden des Osloer Hauptbahnhofs, schreibt die »Neue Zürcher Zeitung« vom 28.12.2011, hängt ein Memento mori von Jan Christensen. Die Kunstkritikerin der Zeitung »Aftenposten«, die das Anrollen einer Welle von 22/7-Kunst voraussieht, zweifelt daran, dass die Kunst sich zur Auseinandersetzung mit dem Ereignis eignet. Allerdings gäbe es ein Bild, das sie nicht vergessen könne: Arnold Böcklins »Toteninsel«. Die Jungsozialisten wollen so schnell wie möglich auf ihre Insel zurück. Der Schriftsteller Roy Jacobsen, der auf der Insel war, fragt, ob es richtig sei, zur Normalität zurückzukehren, »bevor Trauerarbeit geleistet ist«, und befürwortet einen Ort der Stille. Altrocker Bruce Springsteen hat angekündigt, er wolle zum ersten Jahrestag des Massakers auf Utøya auftreten. Anders Breivik gab bekannt, er wolle ein Buch schreiben.

KONTINENTALDRIFTEN. Der Fährsteg, von dem aus das Boot nach Utøya startet. Der Atlantik, die Gischt. Auf der Insel drüben ein einzelnes, vor sich hinflackerndes Licht. Das Licht für die Toten. Die Insel sieht aus wie ein zur Seite gelegter Walfisch. Das Meer ist rauh und unruhig. Man steht am Bug einer Landschaft, die zu einer politischen geworden ist. Der Steg schiebt sich weit vor, als stünde man an einem Übergang. Am anderen Ende der Welt liegt Port Arthur. Wozu diese lange Reise? Ist etwas klarer geworden? Unter den Füßen eine große Schieferplatte. Die Wellen klatschen an den Stein. Sie hören sich nackt an. Dazwischen das erste Leben: Flechten und Moose. Ein Punkt, an dem offensichtlich etwas beginnen will. Im Rücken, hinter der Straße, eine hohe Wand. Sedimentgestein. Felsmassive. Gebrochen, schräg aufeinander geschoben. Linienverschiebungen und Querbrüche. Auf dem grauen Schiefer leuchtendrote Markierungen. Die ganze Straße ziehen sich die Zeichen entlang. Laserpunkte. Man ist in einem Gebiet, das dabei ist, wegzurutschen. Die Geschichte der Kontinentaldriften. Stark Gepresstes. Ein unglaublicher Gesteinsdruck. Etwas zieht nach unten, etwas will raus. Vulkan oder Abriss. Man steht vorn, am Bug. Als könne man von da sehen, was grad geschieht.

QUELLENHINWEISE

Port Arthur, 28. April 1996

Recherchen am Ort; Zeitzeugen-Gespräche; Medienrecherchen; *Material:* Mike Bingham: »Suddenly one Sunday. The story of the Port Arthur tragedy based on eyewitness accounts«, HarperCollins Publishers, Sydney, 1996. Robert Wainwright/Paola Totaro: »Born or bred? Martin Bryant: the making of a mass murderer«, Fairfax Books, Pyrmont, 2009.

Erfurt, 26. April 2002

Recherchen am Ort; Gespräche mit ehemaligen Schülern des Gutenberg-Gymnasiums, Lehrern, Journalisten, Ministeriums-Mitarbeitern, Mitarbeitern des Thüringer Landtags, Schulpsychologen, Schulärzten, Erfurter Bürgern; umfassende Zeitzeugen-Gespräche mit Prof. Dr. Gottfried Meinhold, geboren 1936 in Erfurt; *Material:* Ermittlungsakten zum Fall Gutenberg-Gymnasium vom 26. 4. 2002, Abschlussbericht der Kommission Gutenberg-Gymnasium, 19. 4. 2004.

Emsdetten, 20. November 2006

Recherchen am Ort; Gespräche mit Karola Keller, Rektorin der Geschwister-Scholl-Realschule, Georg Moenikes, Bürgermeister von Emsdetten, mit Schülern der Geschwister-Scholl-Realschule, Journalisten und Bürgern von Emsdetten; Medienrecherchen; *Material:* Bericht des Innenministeriums, NRW, zum Amoklauf an der Geschwister-Scholl-Realschule in Emsdetten, 14. 12. 2006.

Winnenden, 11. März 2009

Recherchen am Ort; Gespräche mit den Initiatoren des Aktionsbündnisses Amoklauf Winnenden, mit Journalisten und Mitarbeitern des Stuttgarter Landtags; umfassende Zeitzeugen-Gespräche mit Hansjörg Kofink, geboren 1936 in Stuttgart; *Material:*
Ermittlungsakten zum Fall Winnenden/Wendlingen, Bericht
und Empfehlungen des Sonderausschusses »Konsequenzen aus
dem Amoklauf in Winnenden und Wendlingen: Jugendgefährdung und Jugendgewalt, Bericht des Expertenkreises Amok »Prävention, Intervention, Opferhilfe, Medien«.

Insel Utøya, 22. Juli 2011

Recherchen am Ort und in Oslo; Gespräche in den Skandinavischen Botschaften in Berlin; Gespräche mit Carl Tham, ehemaliger Botschafter Schwedens in Berlin, mit Bjørn Tore Godal,
ehemaliger Botschafter Norwegens in Berlin, Trygve Monsen,
Journalist, Ebba Drolshagen, Autorin und Übersetzerin; Medienrecherchen; *Material:* Breivik-Rapport von Torgeir Husby und
Synne Sørheim, 29. 11. 2011.

Der Textauszug auf Seite 294 f. ist dem Band entnommen: Gisela
Mayer: »Die Kälte darf nicht siegen!« © 2010 Ullstein Buchverlage
GmbH, Berlin. Wir danken für die Abdruckgenehmigung.

DANKSAGUNG

Das Buch ist ein Buch an der Grenze. Für die Bereitschaft, den Pass mit mir zu gehen, für Gedanken, konkrete Hinweise, Vertrauen und vorbehaltlose Fürsprache danke ich zuallererst Gottfried Meinhold und Hansjörg Kofink.

Mein ausdrücklicher Dank für Gespräche, Reisen, Hilfen, Material, Konkretes und Details gilt Carla Hicks und John Hicks, Michael Krämer, Simon Perikles, Udo Rohnstock, Inga Schmidt, Trygve Monsen, Bjørn Tore Godal, Carl Tham, Karin Viklund-Bornhausen, Karola Keller, Georg Moenikes, Gisela Mayer, Hardy Schober, Jürgen Walter, Uschi Götz, Klaus Jansen, Bernd Carstensen, Uwe Soukup, Rahel-Juliane Weiss, Roland Merten, Gregor Hermann, Roger Staub, Britta Bannenberg, Klaus-Jürgen Bauknecht, Michael Baumbach, Michael Reinsch, Andreas Tretner und den vielen nachdenklichen Studenten meiner Hochschule.

Ich danke auch all jenen Gesprächspartnern, insbesondere in Thüringen, sehr herzlich, von denen ich wichtige Informationen und Materialien erhalten habe, die sich aber aus persönlichkeitsrechtlichen Gründen entschieden, namentlich nicht genannt zu werden.

Ich danke vor allem Andreas Petersen, aber auch Sigrun Kofink, Gerit und Gerd Decke für Langmut, gedankliche Klärung, Zeit sowie ihren Beistand in Sachen überraschender Menüs, selbstgemachten Kamillentees oder handgeschöpfter Zotter-Schokoladen. All das war so bitter nötig wie kostbar.

Ich danke Ebba Drolshagen für ihre Übersetzungen aus dem Norwegischen.

Ich danke meiner Lektorin Christine Treml für ihren Weitsinn im Hinblick auf den Text, ihre Ruhe und schier grenzenlose Loyalität. Nicht zuletzt danke ich Tom Kraushaar und Michael Zöllner, Katharina Wilts, Marion Heck, Verena Krieg, Judith Mark und all den Mitarbeitern von Klett-Cotta, die das Buch wollten und mit auf den Weg gebracht haben.

I. G.

LITERATURAUSWAHL

Augé, Marc: Nicht-Orte. Verlag C. H. Beck, München, 2010.

Bannenberg, Britta: Amok. Ursachen erkennen – Warnsignale verstehen – Katastrophen verhindern. Gütersloher Verlagshaus, Gütersloh, 2010.

Bataille, Georges: Henker und Opfer. Matthes & Seitz Verlag, Berlin, 2008.

Baudrillard, Jean: Der Geist des Terrorismus. Passagen Verlag, Wien, 2002.

Baudrillard, Jean: Die Intelligenz des Bösen. Passagen Verlag, Wien, 2006.

Bauer, Joachim: Schmerzgrenze. Vom Ursprung alltäglicher und globaler Gewalt. Karl Blessing Verlag, München, 2011.

Bingham, Mike: Suddenly one Sunday. The story of the Port Arthur tragedy based on eyewitness accounts. HarperCollins Publishers, Sydney, 1996.

Böhm, Thomas/Kaplan, Suzanne: Rache. Zur Psychodynamik einer unheimlichen Lust und ihrer Zähmung. Psychosozial-Verlag, Gießen, 2009.

Bohleber, Werner (Hrsg.): Psyche. Zeitschrift für Psychoanalyse und ihre Anwendungen. Beschämung. Ressentiment. Vergeltung. Klett-Cotta, Stuttgart, 2008.

Bollas, Christopher: Der Schatten des Objekts. Das ungedachte Bekannte. Zur Psychologie der frühen Entwicklung. Klett-Cotta, Stuttgart, 1997.

Brizendine, Louann: Das männliche Gehirn. Warum Männer anders sind als Frauen. Wilhelm Goldmann Verlag, München, 2011.

Busch, Michael/Jeskow, Jan/Stutz, Rüdiger (Hrsg.): Zwischen Prekarisierung und Protest. Die Lebenslagen und Generationsbilder von Jugendlichen in Ost und West. Transcript Verlag, Bielefeld, 2010.

Byung-Chul, Han: Typologie der Gewalt. Matthes & Seitz, Berlin, 2011.

David-Ménard, Monique: Deleuze und die Psychoanalyse. Ein Streit. Diaphanes, Zürich/Berlin, 2009.

De Waal, Frans: Das Prinzip Emphathie. Was wir von der Natur für eine bessere Gesellschaft lernen können. Carl Hanser Verlag, München, 2011.

Eisenberg, Götz: ... damit mich kein Mensch mehr vergisst! Warum Amok und Gewalt kein Zufall sind. Pattloch Verlag, München, 2010.

Foucault, Michel: Die Anormalen. Suhrkamp Verlag, Frankfurt am Main, 2005.

Franscell, Ron: Delivered from Evil. True stories of ordinary people who faced monstrous mass killers and survived. Fair Winds Press, Beverly, 2011.

Freud, Anna: Das Ich und die Abwehrmechanismen. Fischer Taschenbuch Verlag, Frankfurt am Main, 1984.

Funk, Rainer: Der entgrenzte Mensch. Warum ein Leben ohne Grenzen nicht frei, sondern abhängig macht. Gütersloher Verlagshaus, Gütersloh, 2011.

Gaertner, Joachim: Ich bin voller Hass – und das liebe ich. Dokumentarischer Roman. Aus den Originaldokumenten zum Attentat an der Columbine Highschool. Eichborn Verlag, Frankfurt am Main, 2009.

Geipel, Ines: »Für heute reicht's.« Amok in Erfurt. Rowohlt. Berlin Verlag, Berlin, 2004.

Geipel, Ines: Seelenriss. Depression und Leistungsdruck. Klett Cotta, Stuttgart, 2010.

Gerke, Martin/Rupp, Heinz (Hrsg.): Schreiben statt Schweigen. Die Schüler der Albertville-Realschule schreiben zum Amoklauf von Winnenden. Verlag und Buchhandlung der evangelischen Gesellschaft, Stuttgart, 2011.

Girard, René: Das Ende der Gewalt. Analyse des Menschheitsverhängnisses. Verlag Herder, Freiburg im Breisgau, 2009.

Goffman, Erving: Stigma. Über Techniken der Bewältigung

beschädigter Identität. Suhrkamp Verlag, Frankfurt am Main, 1967.

Goltermann, Svenja: Die Gesellschaft der Überlebenden. Deutsche Kriegsheimkehrer und ihre Gewalterfahrungen im Zweiten Weltkrieg. Pantheon Verlag, München, 2009.

Gruen, Arno: Der Wahnsinn der Normalität. Realismus als Krankheit: eine Theorie der menschlichen Destruktivität. Deutscher Taschenbuch Verlag, München, 1989.

Herbst, Ludolf: Hitlers Charisma. Die Erfindung eines deutschen Messias. Fischer Taschenbuch Verlag, Frankfurt am Main, 2011.

King, Vera/Gerisch, Benigna (Hrsg.): Zeitgewinn und Zeitverlust. Folgen und Grenzen der Beschleunigung. Campus Verlag, Frankfurt am Main, 2009.

Koenen, Gerd: Vesper, Ensslin, Baader. Urszenen des deutschen Terrorismus. Fischer Taschenbuch Verlag, Frankfurt am Main, 2005.

Langman, Peter: Amok im Kopf. Warum Schüler töten. Beltz Verlag, Weinheim und Basel, 2009.

Legendre, Pierre: Das Verbrechen des Gefreiten Lortie. Abhandlung über den Vater. Rombach, Freiburg im Breisgau, 1998.

Lethen, Helmut: Der Sound der Väter. Gottfried Benn und seine Zeit. Rowohlt. Berlin Verlag, Berlin, 2006.

Littell, Jonathan: Die Wohlgesinnten. Marginalienband. Berlin Verlag, Berlin, 2008.

Littell, Jonathan: Das Trockene und das Feuchte. Ein kurzer Einfall in faschistisches Gelände. Berlin Verlag, Berlin, 2009.

Mayer, Gisela: »Die Kälte darf nicht siegen!« Was Menschlichkeit gegen Gewalt bewirken kann. Ullstein Buchverlage, Berlin, 2010.

Nancy, Jean-Luc/Schérer, René: Ouvertüren. Texte zu Gilles Deleuze. Diaphanes, Zürich/Berlin, 2008.

Neitzel, Sönke/Welzer, Harald: Soldaten. Protokolle vom Kämpfen, Töten und Sterben. S. Fischer Verlag, Frankfurt am Main, 2011.

Nieraad, Jürgen: Die Spur der Gewalt. Zur Geschichte des Schrecklichen in der Literatur und ihrer Theorie. Zu Klampen Verlag, Lüneburg, 1994.

Rattner, Josef/Danzer, Georg (Hrsg.): Dänemark und Norwegen in Europa. Geistesgeschichtliche und literarische Essays. Verlag Königshausen & Neumann, Würzburg, 2004.

Rosenfield, Israel: Das Fremde, das Vertraute und das Vergessene. Anatomie des Bewusstseins. S. Fischer Verlag, Frankfurt am Main, 1992.

Roth, Jürgen: Ermitteln verboten! Warum die Polizei den Kampf gegen die Kriminalität aufgegeben hat. Eichborn Verlag, Frankfurt am Main, 2004.

Stadt Winnenden (Hrsg.): Winnenden. Gestern und heute. Harmonie und Missklang unter Menschen, Tieren und Orgelpfeifen. Verlag Regionalkultur, Heidelberg, 2005.

Seidler, Christoph/Froese, Michael J. (Hrsg.): Traumatisierungen in (Ost-)Deutschland. Psychosozial-Verlag, Gießen, 2006.

Sloterdijk, Peter/Heinrichs, Hans-Jürgen: Die Sonne und der Tod. Dialogische Untersuchungen. Suhrkamp Verlag, Frankfurt am Main, 2006.

Sloterdijk, Peter: Stress und Freiheit. Suhrkamp Verlag, Berlin. 2011.

Takeda, Arata: Ästhetik der Selbstzerstörung. Selbstmordattentäter in der abendländischen Literatur. Wilhelm Fink Verlag, München, 2010.

Tamas, Gellert: Der Lasermann. Vom Eliteschüler zum Serientäter. Militzke Verlag, Leipzig, 2007.

Theweleit, Klaus: Männerphantasien I und II. Männerkörper – zur Psychoanalyse des weißen Terrors. Rowohlt Taschenbuch Verlag, Reinbek, 1980.

Theweleit, Klaus: Der Knall. 11. September, das Verschwinden der Realität und ein Kriegsmodell. Stroemfeld Verlag, Frankfurt am Main, 2002.

Vogl, Joseph: Ort der Gewalt. Kafkas literarische Ethik. Diaphanes, Zürich, 2010.

Wainwright, Robert/Totaro, Paola: Born or Bred? Martin Bryant: the making of a mass murderer. Fairfax Books, Pyrmont, 2009.

Welzer, Harald: Täter. Wie aus ganz normalen Menschen Massenmörder werden. Fischer Taschenbuch Verlag, Frankfurt am Main, 2007.

Werler, Tobias: Nation, Gemeinschaft, Bildung. Die Evolution des modernen skandinavischen Wohlfahrtstaates und das Schulsystem. Schneider Verlag Hohengehren, Baltmannsweiler, 2004.

Wurmser, Léon: Die zerbrochene Wirklichkeit. Psychoanalyse als das Studium von Konflikt und Komplementarität. Die Suche nach dem Absoluten und das Finden des Maßes, Band 1. Vandenhoeck & Ruprecht Verlag, Göttingen, 2001.

www.klett-cotta.de

Ines Geipel
Seelenriss
Depression und
Leistungsdruck

240 Seiten, gebunden mit
Schutzumschlag
ISBN 978-3-608-94659-8

Depression – Der Schatten von Tempo und Erfolg

Was macht Manager, Politiker, Studenten depressiv?
Was lässt Weltklassesportler an ihrer Seele leiden? Ines
Geipel zeigt, wie ständiger Erfolgszwang und Eigendrill
in unserer Gesellschaft krankmachende Bedingungen
schaffen und zu einer rasant wachsenden Zahl an
Depressionen führen.

»Ines Geipel hat die Depression, die Pest unserer Tage,
an ihrer unheimlichsten Stelle getroffen.«
Christian Geyer / Frankfurter Allgemeine

Klett-Cotta